# Allegorie und Eros

SERIE PIPER
Band 682

*Zu diesem Buch*

Vor 100 Jahren, am 5. Februar 1887, wurde Albert Conrad Kiehtreiber, der sich später Albert Paris Gütersloh nannte, in Wien geboren.

Sein Leben und sein Werk sollen durch diesen Materialienband neu erschlossen werden: Ein Leben, das wie wenig andere mit der Kulturmetropole Wien aufs engste verflochten ist, ein Werk, das in seinem barocken Gedanken- und Bilderreichtum seinesgleichen sucht in der deutschen Literatur unseres Jahrhunderts. Gütersloh, eine jener seltenen Doppelbegabungen als Maler und Schriftsteller, stand mit fast allen wichtigen Persönlichkeiten der Wiener Kunst- und Literaturszene in mehr oder weniger engem Kontakt. Eine Auswahl aus den Spuren dieser Begegnungen führt dieser Band vor – von Schiele und Klimt bis zum »Phantastischen Realismus«, von Franz Blei, Karl Kraus und Arthur Schnitzler über Robert Musil, Hermann Broch und Heimito von Doderer bis zu Peter Marginter, Herbert Eisenreich und Peter von Tramin.

Ebenso ausführlich wird die Rezeption seines literarischen Werkes dokumentiert, beginnend mit dem ersten vollendeten Roman *Die tanzende Törin* (1911), besonders berücksichtigt wird sein monumentales Hauptwerk, der Roman *Sonne und Mond* (1962).

Neben der Neuausgabe seiner Werke in der »Serie Piper« soll dieser Band die Möglichkeit geben, einen literarisch bedeutsamsten Autoren der österreichischen Literatur zu entdecken und neu zu würdigen.

# ALLEGORIE UND EROS

Texte von und mit Albert Paris Gütersloh

Herausgegeben von Jeremy Adler

Piper
München Zürich

Von Albert Paris Gütersloh liegen
in der Serie Piper bereits vor:
Sonne und Mond (305)
Der Lügner unter Bürgern (335)
Eine sagenhafte Figur (372)
Die Fabel von der Freundschaft (460)
Weitere Werke sind in Vorbereitung

ISBN 3-492-10682-x
Originalausgabe
Dezember 1986
© R. Piper GmbH & Co. KG, München 1986
Umschlag: Federico Luci
Umschlagphoto: Albert-Paris-Gütersloh-Archiv, Wien
Gesamtherstellung: Clausen & Bosse, Leck
Printed in Germany

# Inhalt

## »Die Rettung« und die »Rote Garde«

## Spuren und Freundschaften

## Die kritische Rezeption der ersten Bücher

## Frühe umfassende Würdigungen

## »Sonne und Mond«

## Die sagenhafte Figur

# Anhang

# Einleitung

## Heribert Hutter
## Apokalyptisches Reden »Der Fall Gütersloh«

Er »faszinierte mit seiner Sprachkunst, die den Gegenstand mit der Arabeske einfing und über die Metapher zum reinen Gedanken führte. Nach Gütersloh wurden Reden zu Vernissagen unmöglich. Er war die letzte Figur einer sagenhaften Rede-Kultur«. Mit diesen wenigen Worten charakterisierte Kurt Moldovan Gütersloh und spielte gleichzeitig darauf an, daß der Titel eines Romanes für die Figur des Autors steht: *Eine sagenhafte Figur*. Dahinter steckt mehr als ein geistreiches Wortspiel. Dieses endgültige Reden – dixi-basta! – mit volltönender Stimme und einem Gestus, der Michelangelos Christus des Jüngsten Gerichts entnommen schien, das bestehende Ordnungen zertrümmerte und aufs Geratewohl hingeworfene Dinge als schönste Ordnung (nach Heraklit) betrachtete, das den Zuhörer fast greifbar ansprang, beutelte und in die Ohnmacht eigener Sprachlosigkeit stieß, war nur eine, aber die eindrücklichste Facette Güterslohs. Seine vielfältigen Ausdrucksmöglichkeiten lassen, von welcher Seite auch immer man sich ihm nähert, Kontraste und scheinbare Widersprüche auftreten, die eher einem Fabelwesen als einem realen Menschen zuzugehören scheinen. Einem »grüngoldschimmernden Drachen«, wie ihn Alfred Schmeller nannte, einem »Ichthyosaurus, mit rhetorischer Optik ausgestattet«, einem Malerdichter, »Schauspielerphilosoph und Theologieoberregisseur, Vorleser lebender Bilder«.

Gütersloh war für die Literaten ein Maler, für bildende Künstler ein Schreiber und beiden vor allem wortgewaltiger Akteur – wovon die berufenen Schauspieler auch wieder nichts wissen wollten. Er widerstand erfolgreich einer Klassifizierung, war in seiner weltanschaulichen Haltung genausowenig zuzuordnen wie als Lehrer, als Kritiker, als Mensch. »Im Verborgenen großen Glanz verbreitend« (Schmeller) »verbarg er sich im Scheinwerferlicht« (Hutter). Schon zu Lebzeiten wurde er mythisiert, zu einer sagenhaften Figur.

Geboren wurde A(lbert) P(aris) G(ütersloh) im Wiener Stadt-
teil Gumpendorf von Eltern ländlicher Herkunft am 5. Februar
1887 als Albert Conrad Kiehtreiber. Den Namen Gütersloh entnahm er einer oft anekdotisch erzählten Begegnung mit drei Damen aus Gütersloh in Bozen und verwendete ihn seit 1906 als
Schriftstellerpseudonym. Fünfzehn Jahre später ließ er ihn lega-
lisieren, so daß er mit bürgerlichem Namen ein Gütersloh war,
der sich bis 1918 Paris von, dann Paris Gütersloh und seit 1926
mit dem Kürzel APG nannte.

Zunächst aber nannte er sich auch Volkmar von der Egg und
auch Albert Matthäus. Als dieser hatte er seine einzige abge-
schlossene Ausbildung bei Alexander Popp vom Raimundtheater zum Schauspieler erhalten. Denn nach Gymnasialjahren im
Benediktinerstift Melk und bei den Franziskanern in Bozen
hatte er sich zwar die Grundlagen zu einem fundierten humani-
stischen Wissen erworben, aber keinen »Schulerfolg« erreicht
und den Weg zur Bühne gesucht. Reichenhall, Mährisch-Ostrau, Karlsbad und noch nach dem Ersten Weltkrieg das Münchner Schauspielhaus und das Wiener Burgtheater sind Stationen
des Schauspielers, Regisseurs und Bühnenbildners Gütersloh.

Eine weitere Existenz Güterslohs entstammt einem Freundeskreis, der ihn zum Malen animierte. Anton Faistauer war ein
Schulkollege, Egon Schiele und Max Oppenheimer (MOPP)
Freunde, die ihm im »Klimt-Kreis« begegneten. Erste Erfolge
auch auf diesem Gebiet verdeutlichten die Mehrfachbegabung –
damit aber auch die Schwierigkeit einer Selbstdefinition. In der
1926 erschienenen »großen und kleinen Geschichte«, die den
von ihm abgelehnten Titel *Bekenntnisse eines modernen Malers*
trägt, schreibt er (§ 24): »Wer von den Hervorbringungen meiner Hand nichts als die Bildwerke kennt, oder nichts als die
Schriften, wird, wiewohl dem Belesenen Namensgleichheit auffällt, den Maler nicht für den Schriftsteller halten. Denn: ich
selber erkenne schreibend mich nicht wieder und malend liegt
meines Wesens andere Hemisphäre mir in unzugänglichem
Dunkel.«

Allerdings: »Mit Regelmäßigkeit durch meine einander feindlichen Häuser zu ziehen, gilt mir für höchstes Rechttun.«

Symptomatisch ist das Jahr 1911, in dem der zwei Jahre zuvor in Berlin entstandene Roman *Die tanzende Törin* erstmals erschienen ist, der später als eine »Inkunabel expressionistischer Dichtung« bezeichnet wurde (Blei). Gleichzeitig wurde der *Versuch einer Vorrede* gedruckt, die erste selbständige Publikation über Egon Schiele, in der Gütersloh sich als seherischer Kunstkritiker erwies. Im selben Jahr brachte ihm eine Reihe von Aquarellen in der Ausstellung des Salon d'automne in Paris die Mitgliedschaft dieser Vereinigung ein.

Den so verschiedenen Aussageformen ist dennoch ein Grundthema gemeinsam, das Gütersloh auch späterhin immer wieder bewegt hat: das Problem des Eros. Und zwar Eros als bewegende, lebendige Kraft im Gegensatz zum finalisierenden Thanatos. Nicht nur als hedonistisches Spiel im Sinne des Fin de siècle und auch nicht als schicksalhaftes Ausgeliefertsein an den Sexus. Allerdings auch nicht in der unbeschwerten Form, wie es die immer wieder angespielten Bezüge zur Antike in Wort und Bild nahelegen, sondern mit dem ganzen Gewicht der christlich-abendländischen Geschichte.

Vor diesem Hintergrund gewinnen die Figuren Güterslohs über die Erzählung und über die psychologische Vertiefung hinaus gleichnishafte Bedeutung für die Schwierigkeit, wenn nicht Unmöglichkeit, end-gültig zu entscheiden, das für richtig Erkannte auch auf geradem Wege zu erreichen.

Deshalb verläßt das Mädchen Ruth, die *tanzende Törin*, mit einer Lüge das Elternhaus und fliegt von Mann zu Mann und bleibt unberührt; deshalb gebraucht der Held des Romans *Der Lügner unter Bürgern*, Thomas, ebenfalls eine Lüge; deshalb sucht der Baron Kirill zwischen den definierten Wegen seiner Mitmenschen einen eigenen Weg, der ihn zur *sagenhaften Figur* macht. Aus der gleichen Verantwortung agieren Lunarin und Till, die Protagonisten des Hauptwerkes des Schriftstellers Gütersloh, der Materiologie *Sonne und Mond*, und lassen den Leser in Verwirrung zurück. Und deshalb schließlich wird in der *Fabel von der Freundschaft* Faust mit einer frommen Lüge doch in die Verdammnis geführt.

Dieser ernste Hintergrund wird oft durch die bildhafte Sprache überdeckt, die Rede ist und nicht Schreibe, die Situationen und Personen lebendig werden läßt mit Wortwitz und Handlungsspiel, mit direkter Ansprache und »Reden beiseit« wie auf der Bühne einer Vorstadt (Gumpendorf). Auch in den kleinen Anliegen und Gelegenheitsarbeiten, wie Vorworten, Einführungen, Rezensionen und vor allem in den zahlreichen Reden zu den verschiedensten Anlässen erwies sich Gütersloh immer wieder als ein meisterlicher Beherrscher der Sprache, die für ihn auch Maßstab war, denn »ein Gedanke hat genau so viel Wert, wie die Sprache darauf legt, eine zu sein«.

Dieses Sprachethos, das manchmal ausufert und scheinbar abirrt, Selbstzweck von Sprachartistik zu sein scheint, findet immer wieder zurück zur Schärfe des Gedankens und Präzision der Formulierung. Das wird bei den Schriften zur Kunst deutlich, die nach längeren Präludien das Thema plötzlich erfassen. Der erwähnte Aufsatz über Egon Schiele beginnt: »Eines sollten wir endlich fallen lassen: den Begriff Kunst.« 1911 mußten diese Worte mehr als revolutionär geklungen haben. Ähnlich wie die Passage in der gemeinsam mit Franz Blei herausgegebenen Zeitschrift »Die Rettung« 1919: »Es lebe der Kommunismus und die katholische Kirche.«

Beide so unterschiedlichen Äußerungen zeigen die Einsicht in die Notwendigkeit von Veränderungen, die Gütersloh auch späterhin, selbst wenn er sie persönlich nicht nachvollziehen wollte, für wichtig hielt und mit ganzem persönlichem Einsatz unterstützte. Bedeutsam wurde diese Einstellung in den Jahren nach dem Zweiten Weltkrieg, als er mit dem Gewicht eines Akademieprofessors und Präsidenten des Art-Club für die Freiheit der Kunst in allen ihren Erscheinungen eintrat. Das betraf nicht nur die später sogenannte »Wiener Schule des phantastischen Realismus«, als deren geistiger Vater er gilt, sondern auch die expressiven und die gegenstandslosen Richtungen. In seinen eigenen Bildern ist Gütersloh jedoch immer dem Gegenstand verpflichtet geblieben. In den kleinformatigen Gouachen, den sogenannten »Miniaturen«, die er »durchaus in der ironischen Absicht, Wichtiges en bagatelle zu behandeln« anfertigte und die den größeren Teil seines malerischen Werkes ausmachen, ist zudem die Erzählung ein wesentliches Element. Wie auf einer Guckkastenbühne – ein Vergleich, der durch das kleine Format, die exakte Umrahmung, die bildparallel oder frontal zum Betrachter agierenden Figurinen, die geringe Raumtiefe nahegelegt wird – ist eine trotz äußerer Kennzeichen nicht näher bestimmbare Welt anekdotisch dargestellt. Beschaulich und sentimental, anzüglich und ironisiert sind mythologische Themen verbürgerlicht, religiöse vermenschlicht und die bürgerlichen pathetisiert.

Einen gewissen Gegensatz scheinen die Ölbilder zu bilden. Schon vom Thema her unterscheiden sie sich. Die Inhalte sind ausschließlich Landschaft, Stilleben und Bildnis. Mit einer überscharfen Optik, die für Österreich ganz früh auf den Kubismus reagiert, dann auf die Neue Sachlichkeit, wird der Raum zum Körper, der Körper zur Fläche. Ein Bildgewebe gleichwertiger Einzelheiten, wie es folgerichtig zu gewirkten Bildern, zu Gobelins führt, die er schon in den zwanziger Jahren wieder aufnahm und sowohl in der Kunstgewerbeschule vor 1938 als auch in der Akademie der bildenden Künste nach 1945 als Lehrfach initiierte. Gütersloh war als Schriftsteller, als Maler und auch als Schauspieler und Bühnenbildner relativ früh bekannt und auch anerkannt. Er gehörte schon von seinem Bekanntenkreis her zur »Elite« und setzte sich für Schönberg als Maler und Musil als Dramatiker ein. Seine Freundschaften mit Franz Blei und auch mit Hermann Bahr sind ebenso wie die jahrelange Verbindung mit Doderer gewichtige Momente österreichischer Kultur.

Acht Jahre wirkte er als Lehrer an der Kunstgewerbeschule und fast achtzehn als Professor der Akademie der bildenden Künste in Wien. Dazwischen waren sieben Jahre Berufsverbot als politisch unerwünschter »entarteter« Künstler.

Werke seiner Hand hängen in Museen und öffentlichen Gebäuden, befinden sich in Kirchen und Privatsammlungen. Zwanzig Bücher sind gedruckt worden und eine Unzahl von Aufsätzen ist in Zeitschriften und Zeitungen erschienen. Ausstellungen von Los Angeles bis Venedig, Paris und Berlin haben seine Kunst bekannt gemacht. Seine Schüler, denen er mehr Anreger als Vorbild sein wollte, haben weltweit reüssiert. Dennoch ist er nicht populär in breitem Sinn geworden. Die hohen Ansprüche, die er an sich stellte, verlangte er auch von seinem Publikum. Seine monologische Diktion ließ sich nicht vermarkten, seine Introvertiertheit nicht kommunizieren. Das ging bis in persönlichste Bereiche. Die Verquickung von Geschichtlichkeit und Gegenwart, von Sinnlichkeit und Spiritualität, von Öffentlichkeit und Einkapselung haben den Mann, der »immer das andere tat, als was man von ihm erwartete« (Hutter) zum bestbekannten Unbekannten gemacht. Am 16. Mai 1973 verstummte in Baden bei Wien die irdische Stimme Güterslohs.

# Gütersloh über Gütersloh

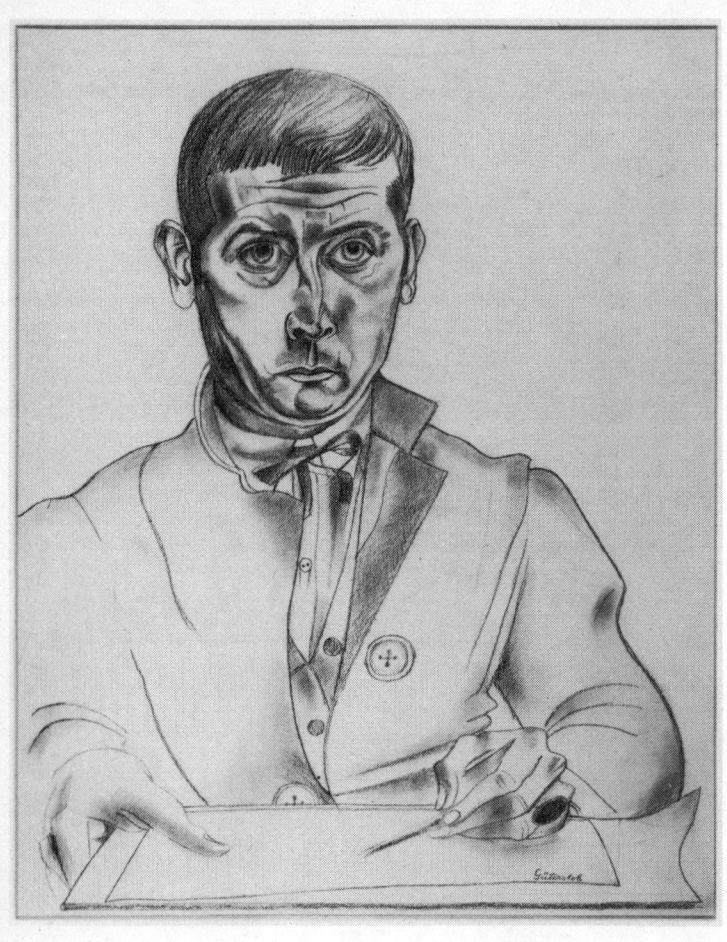

»Ein Kenner literarischer Gerichte wird schon nach der ersten Kostprobe sein Geschmacksurteil fertig haben – daß diese Gedichte keine Gedichte sind, sondern poetisierte Tagebuchaufzeichnungen ...«
Gütersloh
Nachwort,
*Musik zu einem Lebenslauf.*

# I. Gedichte

## Selbstbildnis 1910

Geschwärzter Blättertisch mit Lampenblume schlaff,
mit Vogelgekreisch aus Blätterholzwald.
Vor dem Fenster ein Gegenüberhaus als Wissenschaft.
Ich stehe im dunklen Rock,
geschlossen zu Rede,
gewaschen,
dufthaltig,
schwachen Haars,
rasiert,
ein Rosatropfen,
unter der Zimmerdecke.

# Ich fahre zum ersten Mal in einem Automobil

[1913]

Während die Aussicht auf das Unendliche
den Querschnitt lähmt,
erscheint befruchtet Kind an Kind.
Die Blume Eile fällt in Wind, ich rieche Zeit,
verdoppelt durch den Spiegel Schnelligkeit.
In meinem Kauern schüttelt sich mein Schoß in Loosen.
Ich starre eckig in den Spalt von Straßen.
Gequetschte Früchte stehn auf Rad und dunkeln,
ich hüpfe Blau, ich raßle unter Wolke,
beschatte mit der Pfütze mein Gesicht,
und neige Böschung, die ich schiefer zeichne.
Geleiseschenkel öffne weit ich, lesender, als je ein Buch.

# Entschlossen zur Abseitigkeit

[1916]

O einsame Abendmahle ohne wirklichen Trunk!
Ich heb einen Becher voll leerer Hölle,
voll Langeweile, trotz meines Lebens Verdunkelung,
und trotzdem ich eines Nebenbuhlers Schnelle
im vollen Bienenton mich übersteigen höre!
O Treppe in das Gemach, wo ich schwöre,
dich in meinem Kopfe stets so entzückt zu halten,
so ausgespannt wie einen Falter, und selber so gekreuzigt zu
sein, so ganz,
wie die aus Liebe häßlichen Christusgestalten,
aber mit einem Schwalbennest in ihrem Dornenkranz!
O wo ist die Zeit, da ich mich was erkühnte,
zusammenzulügen, und auch zu fühlen!
Ach wer sah in des Erfolges Sonne dann, daß ich sühnte,
recht gehabt zu haben, und glücklich zu spielen?
Nun aber bin ich müde der Meistergriffe,
und fast glücklich im Mute zur Unvollkommenheit.
Ferner bereise so nur der Funke die abgestimmten Schiffe! – –

Edler als der göttliche Sprung, erscheint mir die Kluft, die zu weit.
Es knote ein andrer die bezaubernden Tiefen
zusammen an ihrer gedachten Verlängerung.
Ich aber falle als Staub auf meiner Magie Hieroglyphen,
Ich sei das Unleserliche meiner einstgen Begeisterung.


## Grabschrift für viele Tage unseres Lebens

Manchmal deutet eine mahnende Gebärde
zwingend auf mein schwaches Herz und auf ein verblassendes
                                        Bild,
aber zwischen den Zusammenhängen stehn die Pferde
ungesattelt, während die Entfernung schwillt.


## Spruch

Die ihr des Lebens Straße wandelt, blickt seitab:
dorthin bin ich als Leidender gestellt an einen Stab.

Warum ich euch dies unverrücklich Bild gewähre?
Zur einen Hälfte straft mich Gott, zur andern bin ich Lehre.

Und wie das eine blaue südlich Himmelszelt
den winterlichen Firmament des Nord erhält,
so facht mein Schmerz des Engels Wange an,
auf daß er Glaube, Liebe, Hoffnung blasen kann.

## Schwermut

Gewaltig staunt der Mensch
und altert unter der Braue.
Liebe rührt ihn an und vergeht,
denn vor dem Finger des Sterblichen
weicht das Ewige zurück.
Da birgt er das herrliche Haupt
bei alten Töpfen und Schutt.
Und leise zürnt er der Gottheit.

## II. Prosa

## Curriculum vitae

Ich wurde am 5. Februar 1887 zu Wien als Sohn Wiener Bürger geboren. Ich besuchte daselbst die Volksschule, hernach bei den Benediktinern zu Melk und bei den Franziskanern zu Bozen das Gymnasium. Dem exakten Kursus folgten einige, sowohl im wörtlichen wie im übertragenen Sinne, wirre Wanderjahre, die ich auf kleineren und kleinsten Theatern zubrachte, wohl bitter fühlend ihren Charakter als Provisorium, aber unfähig noch zu erkunden, in welch ein Definitives sie und wann übergehen würden. Ich schrieb und zeichnete, ohne Absicht der Kunst, setzte Stücke in Szene und entwarf die gehörenden Dekorationen, mit den bescheidenen Mitteln einer so jugendlichen Person und unter der Armut der provinziellen Umstände. Die Fügung mußte eingreifen, einen der Ebene nach durchaus vorauszuberechnenden Ablauf, ferne von den späteren und heutigen Zielen, gewissermaßen in der Verlorenheit des nicht Unbedingten, also des nicht Dezidierten, auf jene Ziele endlich auszurichten. 1907 etwa hatte ich das Glück, Gustav Klimt kennenzulernen, der mich sogleich, ich möchte sagen auf mein mir selbst noch unbekanntes Gesicht hin, in die geringe Zahl seiner Freunde oder Schüler aufnahm. Ich begann nun ernsthaft zu malen. Gleich die erste Ausstellung meiner Arbeiten in der Galerie Pisko brachte mir den Reininghauspreis. Es folgte 1909, über Klimts Empfehlung, ein Engagement als Bühnenbildner bei Max Reinhardt am Deutschen Theater in Berlin. Dieses Jahr ist für mich und in einem gewissen Sinne auch für die deutsche Literatur von entscheidender Bedeutung geworden: damals nämlich habe ich in wenigen gesichteerfüllten Monaten mein erstes Buch *Die tanzende Törin* geschrieben, jenes Werk, das Franz Blei in der Festrede zu meinem 50. Geburtstag eine der wenigen Inkunabeln des expressionistischen Stiles in Deutschland genannt hat. (Abgedruckt in Franz Bleis »Zeitgenossen«, erschienen bei de Lange, Amsterdam 1940.) Dieses Buch hat, wie man zu sagen pflegt, Schule gemacht, jene Schule, in der bedeutende, nach mir gekommene Autoren erfolgreich und dankbar gesessen sind. In dieselbe Zeit fiel auch meine Aufnahme als Sozietär in den Pariser »salon d'automne«. 14 dort ausgestellte Bilder verschafften mir diese für einen Ausländer und Unbekannten außergewöhnliche Ehrung. Zwei Jahre später ging ich dann selbst nach Paris, wo ich, studierend und arbeitend, bis 1913 verblieb. Diesem längeren Aufenthalte sowie vielen späteren kürzeren Besuchen der für den Maler so lehrreichen Stadt verdanke ich die entscheidensten Anregungen in meiner Kunst. Es kam der August 1914.

Nach dem Krieg übersiedelte ich von Wien, wo sich mir kein breiteres Wirkungsfeld zeigen wollte, – ich hatte allerdings 1918 mit viel Erfolg am Burgtheater ein Stück von Tolstoi und ein Stück von Molière ausgestattet – nach München, woselbst ich, noch einmal meiner alten Liebe zum Theater folgend, als erster Spielleiter und zugleich Bühnenbildner in den Verband des von der großen Tragödin Hermine Körner geleiteten Schauspielhauses in der Maximilianstraße trat. In dieselbe Zeit fällt das Erscheinen meiner vier nächsten Bücher, zweier Romane, einer Erzählung und einer philosophisch-historischen Schrift im Verlag Jakob Hegner, Hellerau. Für eines dieser Bücher, den Roman *Innozenz*, erhielt ich im Jahre 1923 den deutschen Theodor-Fontane-Preis. Das nämliche Jahr sah mich in Rom, wo ich mein mir selbst und der kleinen Gemeinde, die sich inzwischen gebildet hatte, wichtigstes Buch schrieb: *Die große und kleine Geschichte*, eine Art Autobiographie – quasi un' allegoria, – wie der Untertitel sagt –, das im Verlage Zahn und Diamant erschienen ist. Von Rom kehrte ich für mehrere Jahre nach Wien zurück. Hier nun widmete ich mich ausschließlich der Malerei, vor allem der von mir so sehr geliebten Kunst des Gobelins. Ich hatte das Glück, sowohl vom Staate wie auch von der Gemeinde Wien mit bedeutenden Aufträgen bedacht zu werden. Dementsprechend befinden sich auch fast alle Werke dieser Art entweder in Staats- oder Gemeindebesitz, soferne sie nämlich ihre Verfemung durch das Dritte Reich überstanden haben sollten und somit das Licht des heutigen Tages wieder erblicken können. Ich nenne: das Triptychon »Himmlische und irdische Liebe«, geschaffen für die exposition des arts decoratifs, Paris 1925, für welches ich den grand prix erhielt, den »Südlichen Hafen«, den Dollfuss-Seipel-Gobelin, den sogenannten Gemeindegobelin mit der Aufschrift »Opera pacis belli nostri instrumenta«, den Gobelin »Romantik« und den Schönbrunner Gobelin, wiederum für Paris geschaffen, der mir 1938 abermals den grand prix brachte. 1926 erhielt ich übrigens zum ersten Mal den österreichischen Staatspreis. 1928 übersiedelte ich nach Cagnes-sur-mer in Südfrankreich, wo die für mein Malen bisher fruchtbarste, zwei Jahre dauernde Epoche begann. Zahlreiche Landschaften und Stilleben, alle in Privatbesitz, entstanden da in der bezaubernden Landschaft des Renoir und des Matisse, in dem gesegneten Gärtnerlande der côte d'azur. Dort traf mich die Berufung an die Kunstgewerbeschule in Wien, deren Lehrkörper ich von 1930 bis 1938 angehörte. Ich leitete an dieser Schule zuerst die Klasse »Studium der menschlichen Gestalt«, dann die Klasse »Kirchliche Kunst«. Nebenbei, aber nur kurze Zeit, hielt ich an derselben Anstalt Vorträge zur Geschichte der kunstgewerblichen Techniken. Außer zahlreichen Werken der reinen Malerei schuf ich während dieser Zeit Mosaiken und Glasfenster für die Pfarrkirche in Mauer, für die Kirche der Siedlung Sandleiten, drei große Panneaus für die Ausstellung des Kunsthandwerks im österreichischen Museum für Kunst und Industrie, und große Figurenbilder für einen Festsaal. Während dieser Zeit erhielt ich zum zweiten Mal den österreichischen Staatspreis, und zwar für eine Kollektive meiner Bilder in der Secession. Ich erwähne noch, daß sich Werke meiner Hand in der österreichischen Staatsgalerie, in Sammlungen zu Paris, Stockholm, Berlin, Buenos Aires befinden. Noch 1938 konnte eine Ausstellung meiner Arbeiten in The Artists Gallery in New York stattfinden. Am Tage des Einmarsches der deutschen Truppen in Wien wurde ich vom Amte eines Professors an der Kunstgewerbeschule in Wien suspendiert, im April desselben Jahres vom Ministerium für Wirtschaft und Arbeit aufgefordert, um meine Versetzung in den dauernden Ruhestand anzusuchen und mit 30. Juni 1938 pensioniert. Selbstverständlich ermangelte einige Zeit später das Präsidium der Reichskulturkammer in Berlin nicht, das Berufsverbot über mich auszusprechen. Es begann eine Zeit der bittersten Armut und der unausgesetzten Belästigung durch Organe der Staatspolizei. August 1942 wurde ich von der Geheimen Staatspolizei in Wien verhaftet und unter Androhung des Straflagers und sonstiger strenger staatspolizeilicher Strafen zur sofortigen Aufnahme irgendeiner von mir selbst zu suchenden Tätigkeit innerhalb der Rüstungsindustrie verhalten. Ab August 1942 bis 30. April 1945 war ich als Bureauangestellter in verschiedenen Betrieben der Rüstungsindustrie tätig. Der Maler und Schriftsteller war ausgelöscht.

Wien, am 11. Juni 1945.

## Aus den *Bekenntnissen eines modernen Malers*

[1926]

Wer von den Hervorbringungen meiner Hand nichts als die Bildwerke kennt, oder nichts als die Schriften, wird, wie wohl dem Belesenen Namensgleichheit auffällt, den Maler nicht für den Schriftsteller halten. Denn: ich selber erkenne schreibend mich nicht wieder und malend liegt meines Wesens andere Hemisphäre mir in unzugänglichem Dunkel. Nie unterstützen meine Talente einander, nie bemühn sie sich ums Selbe, stets setzt der abwesenden Neigung die herrschende ihren Fuß – wahrlich in effigie – auf den Nacken. Was immer ich treibe, verdecke ich ein im Augenblicke Nichtgetriebenes. Und doch bin ich mit der Größe des geworfenen Schattens immer, wenn gleich im unfruchtbaren Besitze, dessen auch, was ruht. Und ich habe mit dem ganzen Selbstbewußtsein teil an dem, was eben den heilenden Schlaf tut. Und wie die nimmer ruhende Sonne, erfreue auch ich mich der Entlassung der Müden. Doch bleib ich selbst in ewiger Bewegung. Mit Regelmäßigkeit durch meine einander feindlichen Häuser zu ziehen, gilt mir für höchstes Rechttun.

Die moralische Bedeutung aber dieser zwei auf- und absteigenden Talente, ihre mir was bedeutende Bedeutung, liegt in der Verhüllung oder Blendung der einen durch die andere Tätigkeit. Nicht nur dem scharfsinnigen Laien, auch mir selber ist der Ort unbekannt, wo aus dem Maler der Schreibende, oder dieser aus jenem erklärt werden könnte. Ich genieße also, welcher Neigung immer ich eben mich hingebe, des schönen Glücks der Anonymität, dessen ich gar nicht oder nicht so subtiler Weise genösse, wenn ich nichts sonst wäre als ein Malender oder ein Schriftsteller. Sowohl für den gemeinen wie für den höchsten Verstand bleiben diese zwei schaffenden Personen grundverschiedene, ja feindliche Naturen, die sie auch sind, vorausgesetzt, daß sie mit größter Dezision zu den Grenzen ihrer Begriffe hin sich bewegen.

Niemals, weder für mich noch für den zudringlichsten Psychologen, wird das Dunkel sich erhellen, wo diese zwei Naturen ineinander übergehen, um jene eine Person zu bilden, die sie in der Pseudologie dieser Wirklichkeit vorstellen. Mit einem einzigen erfundenen Namen die verschiedenen Hervorbringungen des ein und selben Quells einander entfremden, so ein durchaus fragwürdiges, leicht zu lüftendes, jedem Indiskreten ausgeliefertes, bloß kokettes Geheimnis um die Person zaubern, das bereitet noch keinen wahren Anonymus. In einem solchen, eigentlich scherzhaften, Falle hängt Alles, hängen das ganze Glück der Verborgenheit, die ganze Sittlichkeit dieses Glücks von einem dummen oder halb gescheiten, von einem komödienhaften Zufalle ab und steht das ganze zurechtgedichtete Leben unter der so gar nicht supranaturalen Kategorie des bloßen Scharfsinns aller Grade. In dem Augenblicke erst, wo ein Bildhauer Philosoph wird, wo für den gemeinen wie für den höchsten Verstand entweder das Formen oder das Bekennen dieser Person fragwürdig werden, wo die Gefahr anhebt, daß Beide, der Bildhauer Sokrates wie der Seelenbildner Sokrates – da mögen sie hier wie dort gleich Vorzügliches leisten – zu dilettierenden Schatten herabsinken, bloß aus dem Grunde ihres gemeinsamen Leibes und weil mit der kentaurischen Bildung solcher Seele ein frommes Maß überschritten, der Zorn Apollos herabgerufen wird, in diesem Augenblicke erst – gleichgültig, welch ein Zeichen eben am Himmel steht, Meißel oder Griffel – trennt sich ein Teil des Werks vom Urheber, wird ein Werk gen das andere gehalten anonym und dem Autor selber unwahrscheinlich.

Gewiß, ich selbst und jene, die man Alle Welt nennt, wissen, daß diese selben Hände sowohl gemalt wie geschrieben haben. Aber dieses Wissen ist genau so viel wert wie das Nichtwissen der Atheisten von Gott: nämlich nichts.

# Hieronymus von Gaza
## Wenn Gütersloh über Gütersloh schriebe ...

[1948]

Wenn Gütersloh über Gütersloh schriebe, der Schriftsteller über den Maler, käme der letztere ebenso schlecht weg, wie der erstere schlecht wegkommen würde, wenn jener ihn unter die Feder nähme, was er, Gott sei Dank, aber nicht kann, oder wenn er's könnte, nicht können dürfte, denn der Pinsel ist das allein ihm zustehende Werkzeug. Der allgemein kritische Verstand beider Herren, vermehrt um das gleich beträchtliche Vermögen beider zur Selbstkritik, würde das jeweilige Objekt ihrer Deskription zu einem solchen von monströser Objektivität machen. Nun aber ist, ein Beispiel von der größten Distanz zu geben, die einer zu sich selbst gewinnen kann, nicht die Aufgabe dieser Schrift. Sie soll ja die Bedeutung, die Gütersloh als bildender Künstler hat, nicht nur nicht einschränken, sondern sogar noch erweitern, und zwar gegen den ziemlich ausdrücklichen Wunsch des Schreibenden, den Malenden wegen dessen größerer Sinnlichkeit auf einer niedrigeren Stufe zu sehen.

Daß er nicht Schule gemacht hat – welches Schulemachen heutigentags für fast das einzige Kriterium der Bedeutung eines Künstlers gehalten wird –, hat einen sehr einfachen Grund: Er ist inimitabel. Er besitzt keinen anderen Stil als den seinen, den er, auch wenn er nicht schriebe oder malte, besäße, und so müßten die, die so bilden wollten wie er, erst seine Art zu leben nachahmen. Und da liegt die kaum zu überwindende Schwierigkeit. Es sei denn, einer probierte es mit der imitatio im Sinne eines sehr weltlichen Thomas a Kempis. Der Dichter wurde geboren, poeta nascitur, 1887 zu Wien, der Maler ebendaselbst, etwa 1909, geschaffen, und zwar von der Notwendigkeit, einer Gruppe junger Künstler, die Klimt ihren Vater nannten, mit noch einem Pinsel beizuspringen, denn es herrschte Not an Mann. Bald glaubte ihm niemand mehr, daß er nur aushilfsweise male, und sooft er malte – was aber nicht oft geschah –, glaubte er es selbst nicht. Natürlich bereute und bereut der aus dem Farbenrausch erwachende Schriftsteller den Exzeß des Malers, doch, wie wir glauben, zu Unrecht.

Die gut vierhundert, der Darstellung eines verklärten bürgerlichen Lebens gewidmeten Blätter, ironisch oszillierend zwischen Frivolität und Sentimentalität, zwischen geschliffenem Zynismus und aufrichtiger Heuchelei, sind ebensoviele Seiten seiner Literatur, nur in einer anderen, aber nicht minder grazilen und durchgeistigten Schrift. Es gibt wenig Bilder von derselben Hand, die nach Maurerart gemalt sind. Und die halten auch wir für Fälle aus der sonst traumwandlerischen Sicherheit dieser Person und von dem Dache der weitesten Fern-, aber auch Feinsicht. In der Regel, vor der Natur sowohl wie auf den großen Formaten seiner freien Erfindungen, bedient er sich des spitzen Haarpinsels, der ja der Feder am nächsten kommt, der chirurgisch schnell und tief in die untersten henidären Weichgründe eindringenden Instrumente.

Nun aber darf man das noch so treffliche Dissimulieren der mitgeborenen Handhabe, darf man das oft vollkommene Umsetzen der Vorzüge eines Schreibenden in solche eines Malenden nicht dessen Technik nennen, das unmöglich Anderskönnen nicht ein Nochdazu- oder Besserkönnen. Eine künstlerische Leistung, die man auch als eine sittliche ansprechen will – ein Wollen, das allerdings nicht sehr geläufig –, darf keinen anderen Weg oder Ausweg eingeschlagen haben, als einen, der in dem Stoffe, mit dem sie gewirkt worden, bereits vorgebildet gelegen ist. Ein klerischer Mensch bewährt sich nicht in der Ehe, und wenn er in ihr jeden Nichtzölibatär weit überträfe, und ein Mann nicht als Maler, wenn er den eigentlichen Mann woanders stellt, oder zu stellen jederzeit in der Lage wäre. Dieser Einwand, den expressis verbis nicht bald wer machen, jeder aber, wie der Blinde das Hindernis, fühlen wird, ist es wohl, der die Bemühungen, das Güterslohsche Malwerk der zeitgenössischen Kunst ein- und irgendeiner augenblicklich urgenten Problematik zuzuordnen, auf eine stille Weise scheitern läßt. Es steht also einsam, nicht aber, weil zu groß (wer wagt heute und woran, Über- oder Unterwuchs zu messen?), sondern weil zu abseits, und abseits, nicht wegen Unfaßlichkeit (es gehört vielmehr zu den faßlichsten Hervorbringungen!), sondern ob der Eisesluft, die sein Urheber, das Herkommen von den Alpengipfeln der Begriffe nicht verleugnen könnend, über es hinhaucht. Berühmtheit im antikischen Sinne, die ihm früh zuteil geworden, wird nie Bekanntheit im modernen, der enge Kreis der Wahlverwandten nie zum weiten des sogenannten Publikums, das zu einem solchen aus den zufälligsten, anorganischsten, verdächtigsten Gründen wird, und ob so vieler Geburtsfehler nie jene haarfeine Linie zu übertreten vermag, die um was immer Gegenständliches die Spiritualität zieht. Sehr richtig daher wendet sich unser Künstler, ein posthumus gleich mehrere Jahrhunderte, von Zeit zu Zeit dieser Zeit, die er ganz und gar nicht zum Teufel wünscht (wie dies die Avantgarde der Hölle tut, die heuchlerisch ein nicht wieder herstellbares Paradies bedauert), sondern epochaler als sie ist oder ihm zuleide nicht sein will, an eine imaginäre Elite, der er, tragischer Grieche oder Renaissancist, das Bedürfnis zuschreibt, Staatsaktionen und Feste vor einem tiefsinnigen Hintergrund zu feiern, und lieber noch vor der Wand des Mene-Tekel in Belsazars Palast als vor der leeren, keine metaphysische Zustimmung oder Mahnung ausstoßenden eines jetzigen Hauses, es sei zum Regieren oder zum Prassen bestimmt. Wir sprechen von Güterslohs Wandteppichen, und abschließend deswegen von ihnen, weil sie nicht nur vorbildlich jene Blöße verdekken, die in ihrer besoffenen Nüchternheit unsere Bauherren und Baumeister sich geben, sondern auch vollkommen den Sprung, der bei allen anderen bildnerischen Gelegenheiten durch die nur eine Person des Dichters und Malers läuft, die Spur von Jovis Blitz.

## Welches Buch nehmen Sie in den Urlaub mit?

[1952]

»Ein Schriftsteller hat niemals Urlaub, ist immer im Dienst. Denn es kann ja die Gegenwart, zu der er, er allein, in die historische Distanz getreten ist, nicht aufhören, die Ausnahme zu beunruhigen, anzufechten, in die Regel heimholen zu wollen. Deswegen bewegt sich dauernd der verlängerte Arm seiner militärischen Wachheit: die Feder. Den Angriff zurückschlagend der direkten Sinnlichkeit, und vortragend den Angriff der indirekten. Begreiflich, bei dem Fehlen jeder Pausenlosigkeit zwischen Defensive und Offensive, daß Ferialität nicht das kleinste Plätzchen findet. Im Ausnahmezustand gibt es nur den Griff nach dem Ganz-Andern, wie ein Theolog die Sache nennen könnte. Nach Mutters Brief, als nach der heiligsten und spannendsten Schrift, greift im Feld der junge Soldat, nach jenem der Geliebten, der des Geliebtwerdens immer unsichere Liebende (er hielte denn, der Dummkopf, gestern mit ihr das Bett geteilt zu haben, für einen stringenten Beweis). Ich lese keine Belleliteratur, es sei denn die meiner Freunde, Franz Bleis, Robert Musils, Hermann Brochs und Doderers. Sie alle hatten und haben nämlich die Höflichkeit, mir schriftlich und präzise zu kommen, und nicht im Pyjama des Telephongesprächs oder im Nachthemd ebenso unerlaubt vertraulich wie formloser Mitteilungen. Von jenem Ganz-Andern aber sprechen Thomas von Aquino und Thomas a Kempis. Die Imitatio Christi und die Summa Theologiae sind die einzigen Bücher, die dauernd zu lesen ich mir erlaube, daheim und auf der Reise, obwohl ich unwürdig bin, sie zu lesen. Vielleicht aber wissen jene, die dieser Bücher würdiger wären, nicht, daß sie existieren. So tritt eben für den abwesenden Berufenen der anwesend Unberufene stellvertretend ein.«

## Zum Schriftsteller geboren

[1956]

wurde ich sehr früh, durch allerlei Umstände in die Malerei verschlagen, wie Robinson auf seine nach ihm so benannte Insel. Aber ich habe mich am Schicksal gerächt: meine Malereien sind Literatur. Entweder ungeschriebene Bücher oder Illustrationen zu geschriebenen. Auch die Ölbilder und auch die Gobelins, deren viele ich verfertigt habe. Romantiker in einer unromantischen Zeit, lebe ich in zwei Welten. Mein Verkehr sind Könige, Diktatoren, Heilige (insoferne sie schon heilig genug sind, um mit mir Sünder zu verkehren); auch Schwäne liebe ich, wegen ihrer absoluten Unfähigkeit, Auto zu fahren, unter den Katzen habe ich einige charmante Freundinnen, und vor allen Dingen habe ich Portraits von Blumen gemalt. Ich sage Portraits; denn: die Botaniker reden Unsinn, wenn sie behaupten, eine Pflanze sähe der andern ähnlich. Im Gegenteil: Sie haben ihr Ich so gut wie die Menschen oder so wenig wie diese. Mein Bildungsgang zeichnet sich dadurch aus, daß ich weder dieses noch jenes gelernt habe, sondern mir im Laufe meines langen Lebens ein so vielgestaltiges Unwissen erworben habe, daß ich immer näher zum Grund der Dinge gekommen bin und kaum ein Gelehrter es mit mir aufnehmen könnte. Meine Farben beziehe ich aus der Natur zwischen 6 und 7 Uhr morgens oder zwischen 5 und 6 Uhr nachmittags, natürlich nur im Sommer und im Süden, denn den Winter und den Norden halte ich für das Klima und die Gegend jener bohrenden Dummheit, die durch immer neue technische Erfindungen und philosophische Erkenntnisse das einfache Leben so sehr erschwert. Meine Eltern waren Seefahrer, und von ihnen habe ich die Landscheu und die bunten Hemden. Ich war infolge meiner Normannenvergangenheit also schon in Amerika, ehe es entdeckt wurde und brauche daher jetzt nicht hinzufahren. Mein erbittertster Feind und Gegner ist der Ernst des Lebens, doch habe ich ihm schon viele Streiche gespielt. Der schönste und erfolgreichste wird mir mit meinem Ableben gelingen, weil er die törichte Nachwelt vor die Aufgabe stellt, mein umfassendes Werk zu katalogisieren, und mich selbst zum Gegenstand von Doktorarbeiten zu machen.

## Auf dem Linienwall

[1966]

Ich bin katholischer Leute Kind und mehr vom Lande als von der Stadt. Die Heimat meines Vaters ist das Waldviertel, Paygarten heißt der Ort, die meiner Mutter, einer geborenen Wienerin, das alte Krätzel um die Griechenkirche. Von den Verwandten meines Vaters, die zum größten Teile Bauern geblieben waren, habe ich näher nur einen seiner Neffen gekannt, der unweit von uns wohnte, einen sehr schönen, schwarzen, sanften Mann, Musterzeichner in einer Tuchfabrik. Er soll unglücklich verheiratet gewesen sein, eine Tatsache, die bemerkenswerter Weise mir schon damals einen großen Eindruck gemacht hat. In einem rauchigen Kaffeehaus, dem Raimundtheater gegenüber, fand er, noch jung an Jahren, einen jähen Tod.

Regen und innigen Umgang hingegen hatte ich von früh auf mit meiner Großmutter mütterlicherseits, aus Neumarkt-Kallham im Oberösterreichischen gebürtig, Tochter eines Schuhmachermeisters. Von ihr lernte ich beten, gerne die Kirche besuchen und ein Bild des dornengekrönten Heilandes verehren, das im Wohnzimmer über einem grünen Sofa hing. Ich danke ihr die erste Kenntnis des Credos und des Englischen Grußes, den sie mit einem heute nur mehr selten gehörten Nachsatz sprach: selig der Leib, der dich getragen, selig die Brüste, die du gesogen! In einer Ecke der stets sauberen Küche, näher dem Plafond als dem Fußboden, stand auf einem Brettchen eine geschwärzte Figur der Madonna. Eine dunkelrote Lampe brannte zu ihren Füßen Tag und Nacht. Ebensogut entsinne ich mich einer Kommode, der ich, kaum gekommen, schon ein dickes Heiligenleben entnahm, das wie die Kommode selber, stark nach dem peruvianischen Balsam roch, den die Großmutter für ihr spärliches Haar verwendete. Eine Zither war noch da, die mein Onkel Ludwig, ein ältlicher Hagestolz, der im Kabinette hauste, spielte. Ihr Klang rührt mich noch heute. Sie ist das Spinett der Armen.

Meine Großmutter war eine vortreffliche Köchin. An hohen Festen oder zu den Namenstagen – denn nach katholischem Brauche wurden nur diese, der heiligen Patrone wegen, gefeiert – gab es bei ihr, oder von ihr gespendet, stets eine Fülle der duftigsten Kuchen und feinsten Bäckereien, deren Rezepte alle der gräflich-pallavicinischen Küche entstammten, was sie stolz bekannte, denn dort hatte sie ihre Kunst erlernt. Der Glasschrank auf unserer Kredenz roch noch wochenlang nach den herrschaftlichen Kostproben. Aber auch heute, wenn ich meine Nase hineinstecke, duftet er wie damals, nur zarter und ferner. Es geht mit diesen vergänglichen Gebilden einer vergangenen Zeit fast so wie mit den weit beständigeren Hervorbringungen unserer Voreltern, den Samten, Seiden, Linnenstücken und Wohlgerüchen; sie können nur sehr schwer sterben und brauchen in der Regel mehr Jahre zu dem Geschäfte als oft eines Menschen längstes Leben ausmachen. Vielleicht sind die Erinnerungen an die letzte bürgerliche Epoche deswegen so durchdringend, so unauslöschlich, so ausgegossen mit dem Golde der Schwermut und so wenig von ihrem Gedächtnisplatz zu rücken wie Erzstatuen – obwohl zwischen heut' und einst wahrlich genug Bedeutendes dem still duldenden Geiste sich eingeprägt hat –, weil das, was erinnert wird, neben oder vor den Eigenschaften, die es als merkenswürdig erscheinen lassen, eine von seinem äußeren Anblicke unabhängige Qualität besitzt. Man könnte sie die Qualität der echten Dauer nennen. Ist eine Kerze aus Bienenwachs gegossen, so wird ihr Licht unvergeßlicher sein als das einer aus Unschlitt gefertigten.

Der sechste Gemeindebezirk, bestehend aus Gumpendorf und Mariahilf, jenes mehr ein Handwerker-, dieses mehr ein Geschäftsviertel, das eine hoch, das andere tief gelegen, trug um die Jahrhundertwende noch hie und da, obwohl recht stadtnah, die Spuren seiner ländlichen Vergangenheit. Es gab viel ebenerdige und einstöckige, durchwegs mit Schindeln gedeckte Häuser, Gärten und Höfe, auch die letzteren nicht ohne Grün, und sei's nur des in Kübeln wachsenden Oleanders. Diese erstreckten sich als Bauplätze auf die noch nicht begehrten Gründe. Man erblickte sie durch die vielfarbigen Glasscheiben der Türe, die den Hausflur beschloß. Ein Hackstock, das winterliche Holz zu scheiteln, und ein quietschender Pumpenbrunnen fehlten in keinem Hofe, ebensowenig im Garten das Salettl des Hausherrn, der in meiner Vorstellung aussieht und sich gehabt wie Danhausers Prasser auf dem Gemälde im Hofmuseum, einem der ersten Bilder überhaupt, die ich als österreichischer Bub gesehen habe und wohl hab' sehen müssen. Was zu einer Vorzeit gehört, die ein Jahrhundert, die aber auch nur ein Lustrum dauern kann, ist immer vollständig und gedrängt in ihrer Nachzeit versammelt, wie der hilflos gefangene Käfer auf dem Grund eines Gefäßes mit steilen, glatten Wänden: das Modell und sein Maler, der Herr und der ihn parodierende Lump, eine bestimmte, nie mehr so wiederkehrende Christlichkeit der Kirche und das ihr gemäße Frommsein.

Die Straßen, Gassen genannt, eine Bezeichnung, die noch nichts Hippodamisches hat, waren zum großen Teil noch nicht gepflastert, sondern zeigten den ursprünglichen Lehm, dem gelegentlich Schotter zugeführt wurde, daß er sommers weniger staube, nach Regengüssen und in der Schneeschmelze nicht uferlos sich auflöse. Trotzdem fuhren bei den hier herrschenden starken Winden, die entweder von den Ausläufern der Alpen abstürzen oder über die pannonische Ebene einhergefegt kommen, die schönsten asiatischen Staubwolken auf und machten die Fenster fast erblinden, oder sah man nach den Herbst- und Frühlingswassern, die reichlicher als heute, wie mir scheinen will, niederrauschten, Stiefel wie Kleider in einer Art von Bedreckung, die sonst nur beim Marsche durch erweichte Felder zu entstehen vermag. Die am Ofenschirm trocknenden Strümpfe und Hüllen gehörten zum winterlichen Charakter des Wohnzimmers wie die schmunzelnden Äpfel und ihr weihnachtlicher Geruch, die größere Wärme, der regelmäßige Schnupfen und die Schneemasse draußen, die, war sie einmal gefallen, bis zum nächsten Tauwetter jedes Haus zu einer ummauerten Burg machte und so manche Gasse zum abgelegensten Winkel der Welt. Das Klirren der Schlittschuhe an unseren Armen hatte noch wirklich was vom Klirren des Frostes, die roten Nasen und Ohren der Kömmlinge schienen dem scharfen Zug der freien Landschaft ausgesetzt gewesen zu sein, und in unseren vielen dicken Westen, Röcken, Mänteln und Mützen, in Fäustling, Muff und Schal sahen wir aufgeplustert aus wie Riesensperlinge nach dem Bade, auch reicher, auch unheimlicher und auch ein bißchen feig. Es kann auch das Geschrei, das die vom Polareis eingeschlossenen Forscher über das unerwartete Erscheinen ihrer Retter gewißlich erhoben haben, nicht freudiger und nicht schriller geklungen haben als jenes, das die Besucher anstimmten, wenn sie in die überhitzte und gemütlich erleuchtete Stube traten oder wenn wir wo unsere Visite abstatteten. Es wurde damals in den kleinbürgerlichen Haushalten, die ja gestern noch an den Stall oder an die einfache Werkstatt gegrenzt hatten, überhaupt viel geschrien und sehr laut geredet. Seine Stimme mäßigen (oder gar schweigen) lernt man erst, wenn sie vom brüchigen Horne des dörflichen Nachtwächters zur schmiegsamen Violine im städtischen Quartett geworden, wenn die pralle Mitgift urgesunder Herkunft aufgezehrt ist und über dem blutrot untergehenden Vorfahren der fahle Mond des Enkels erscheint. Dann beginnt mit der Nacht und ihren zweideutigen Lauten das Espengeflüster der Konversation. Es ist, als ob die baldigen Schatten ihrer selber sich schon jetzt in einer schemenhaften Sprache übten.

Gen Westen zu grenzte der sechste Bezirk an den sogenannten Linienwall, eine baumlose, lehmgelbe, nur hie und da von einer dünnen Grasnarbe überzogene, reichlich unebene Zone von beträchtlicher Breite – reichte sie doch drüben bis an die Stufen der Kirche Maria vom Siege – und ohne andere Übergänge (die weiter oben beim Westbahnhofe sie querende Mariahilfer Straße ausgenommen) als jene, die spielende Kinder oder besonders eilige Personen in das nachgiebige Erdreich getreten hatten. Löcher, in denen tagelang das Regenwasser stand, und Höhlen von einer für die jugendliche Phantasie beträchtlichen Tiefe, wahre Laufgräben, die das Anschleichen und Entkommen kleiner Indianer oder Räuber ermöglichten, eine salzige, kräftige Luft wie auf Uferböschungen, die für die der Prärien gelten konnte, der Blick auf die Wolkenungetüme über den kleinen nadelöhrfenstrigen Häusern, das Hereinblauen der gar nicht mehr fernen Wienerwaldberge und nicht zuletzt der schlechte Ruf, den das Brachfeld als Aufenthaltsort vazierender oder leichtfertiger Personen und solcher aus dem niedersten Volke gehabt hat: alle diese Umstände, die erst jetzt, da ich mit Sorgfalt erinnere, richtig zusammenfließen und fast im selben Augenblicke auch schon das Bild in seine Bestandteile zerlegen, haben sicher auf das Kind gewirkt und es sehr gerne gerade dorthin gehen lassen, obwohl es den Eltern, die mit ihrem einzigen Söhnchen höher hinaus wollten, gewiß nicht recht gewesen wäre, wenn – ja, wenn die Großmutter sie um ihre Meinung gefragt hätte. Sie wohnte in der Millergasse, also ganz nahe dem Walle, und führte mich, wenn sie Luft schnappen wollte, dorthin, gewissermaßen vor dem Dorf auf die Weide. Ich glaube nicht, daß sie jemals in einem Park ordentlich auf einer Bank oder gar auf einem Mietsessel gesessen ist. Übrigens gab es zu jener Zeit im weiteren Umkreis keinen öffentlichen Garten. Sie fühlte wohl, wegen ihrer Demut und Schlichtheit – war sie doch, ehe sie heiratete, Magd gewesen – keinen Beweggrund zu jenem städtischen Anstand, den die Gauner aller Rassen, wenn sie bei der Linie einmarschieren, am allerschnellsten annahmen. Das frommen Personen besonders eigene Bewußtsein, nur ein Pilger nach der Ewigkeit, nur flüchtiger Gast in dem Hospiz der Welt zu sein, ließ sie keine Anstalten treffen, ihren Stand zu verlassen und in einen höheren zu übersiedeln, als ob der wohnliche vor der Vergänglichkeit des Irdischen geschützter wäre. Als Witwe nach einem vermögenden, kurze Zeit sogar reich gewesenen Handelsmanne, der auch Bürger der Stadt geworden war – eine Würde, die damals noch auszeichnete –, hätte sie das gute Recht gehabt, eine alte Dame mit geringer oder gar keiner Bildung zu werden, statt eine alte Frau zu bleiben, die nur über das zum bloßen Dasein Wesentliche Bescheid gewußt hat.

So saßen denn ich, das feinere Bürschchen, dem der Vater einen Magistratsdirektor- oder Fabrikantensessel, die Mutter einen Platz unter den Großen des Burgtheaters zugedacht hatten (weil sie während der Schwangerschaft von solcher Zukunft geträumt hat) und die gröbere Großmutter, die wochentags ein Kopftuch, sonntags den Linzer Bund aus schwarzer Seide und ein bäuerlich geschnittenes Kleid vom selben Stoffe trug, einträchtig nebeneinander auf dem Linienwalle – sie oft den Rosenkranz in der Hand –, bis es Zeit wurde, heimzukehren oder zum Segen in die Lazaristenkirche zu gehen. Auch die Ecksteine eines Haustors und die Stufen zu einem Laden, noch Gewölbe genannt, dienten der Rast. In der Höhe unseres Sitzes verrichteten die Hunde ihr dreibeiniges Geschäft.

Aus solcher Perspektive, auf deren Fluchtpunkt ich saß wie die Kugel tief im Flintenlaufe, das Leben zu sehen, näher der armen Kreatur als den stolzen Zylinderhüten, das ist, so klein auch ich und die Anlässe waren, gewiß nicht ohne Einfluß gewesen auf so manche Erscheinung meines späteren Daseins.

# Über Kritik und über mich selbst

[1964]

Im ersten Dezennium dieses Jahrhunderts wurde ein junger Mensch von schon einigem literarischem Ansehen – er hatte ein Buch geschrieben, das für die militanten Ungläubigen von damals sofort an die Stelle der bisherigen Korane oder Bibeln getreten war, den ersten expressionistischen Roman – als Kunstkriegsberichterstatter nach Paris geschickt. Und in der Tat: Paris glich einem Schlachtfeld. Allerdings einem bereits so ziemlich eindeutig von den Modernisten beherrschten. Man wußte zwar noch nicht genau, was von den malerisch herumliegenden Artefakten des Freundes oder des Feindes ist, wer tot, verwundet oder heil, wer Vorkämpfer, wer bloß Mitkämpfer, wer Original und wer bereits Nachahmer, aber: dieses genaue Wissen hat man nicht, und hat man auch nicht nötig zu haben, solange da und dort noch einige Gewehre knallen, und die große Gemeinschaft der Marodeure noch nicht wagt, die Erde der Heldengräber in geschäftblühendes Land zu verwandeln. Es war der von Zeit zu Zeit immer wiederkehrende prüflingshafte Augenblick des Überfragtseins der Kritik. Soferne wir nämlich die kritische Tätigkeit als eine solche betrachten, der als Werkstoff ein Kunstwerk vorausliegen muß, wir aber zugleich nicht umhin können, einzuräumen, daß der notwendige Kunstcharakter des Werkstoffes keineswegs feststeht. Der kritische Geist, der in einer das sichere Erbe allgemein anerkannter Väter weitertradierenden Epoche an die leichtere Aufgabe sich gewöhnt hat, nur bald kleinere, bald größere Abweichungen vom gültigen Maximum zu inkriminieren, sieht sich dem sogenannten Neuen gegenüber – von dem begreiflicherweise weder das Maximum noch das Minimum bereits feststeht – in die höchst peinliche Lage versetzt, zwischen Wert und Unwert entscheiden zu sollen beziehungsweise zu müssen. Woher aber nimmt er nun, der bis dahin mit dem akademischen Lineal die richtige oder falsche Länge eines Maler- oder Bildhauerarmes gemessen hat, einen Maßstab, der nicht nur die übliche Gradeinteilung aufweist, sondern auch jener Zauberstab ist, der jenes der Nachwelt vorbehaltene Urteil in das der Gegenwart verwandelt? Was unmöglich ist, aber immer wieder als möglich vorgetäuscht wird, um die unverläßliche Kinderstube der Zeitungsleser bei Respekt vor dem gedruckten Wort zu erhalten.

Ich gestatte mir, meine trockenen Ausführungen mit einer saftigen Anekdote zu unterbrechen. Es gab damals ein angesehenes Blatt, »Die Neue Freie Presse«, in deren Feuilletonteil die jungen Künstler aufs schmählichste behandelt wurden. Ob zu Recht oder zu Unrecht, kommt nach oben Gesagtem nicht in Frage. Denn: Wert und Unwert des Neuen trennen sich erst dann voneinander, wenn es alt geworden ist; wie ja im Menschen der Mensch erst dann erscheint, wenn Schönheit und Kraft dahingefallen sind, und er ohne die zusätzlichen Hilfsmittel der Natur, ohne Schwert und Schild im Kampfgetümmel steht, und sozusagen nackt an das Gute oder Christliche im Nebenmenschen appellieren muß: spät, aber doch. Ich kehre zur Anekdote zurück:

Als den jungen Künstlern das Maß der ihre Hervorbringungen herabsetzende Adjektiva voll zu sein schien, begaben sie sich zum Herausgeber des Blattes, dem Herrenhausmitgliede und Leibmodell des Satirenzeichners Karl Kraus – der aus diesem Ruhme bereits eine legendäre Existenz zu führen begonnen hatte: die höchste Art von Leben, die einer führen kann! – zum Herrn Moritz Benedikt, und verklagten bitter den unseligen Seligmann. »Meine Herren«, sagte mit eiserner Liebenswürdigkeit, die wahrscheinlich auch der Höllenfürst zeigt, soferne ihm jemand von den Rechten Gottes spricht, Herr Moritz Benedikt, »Meine Herren! Urteilen Sie selbst: welchen Glauben noch würden meine Leser dem Börsenteil meines Blattes entgegenbringen, wenn ich unter dem Striche Ihre unsichere Ware anpriese. Möglich, ja gewiß, daß Sie die Raffaels von morgen sind, sowie wahrscheinlich der Jud, den ich eben an seinen Hosenträgern hinausgeworfen habe, der Rothschild von morgen ist. Aber lassen Sie mir Zeit. Denn Sie sind unsterblich. Ich aber bin ebenso vergänglich, wie meine Leser vergänglich sind. Wollen Sie uns armen Würmern nicht diese wenigen Jahre ökonomischer Sicherheit vergönnen? Lassen Sie mir zehn, lassen Sie mir zwanzig, lassen Sie mir fünfzig Jahre Zeit – Sie selbst haben ja unendlich viel Zeit –, und dann kommen Sie wieder. Und seien Sie versichert, daß ich mich keinen Augenblick lang bedenken werde, dem Kapital zu empfehlen, einen Großteil desselben in Ihre Werke zu investieren!«

Herr Benedikt sah das Problem nur von einer Seite, eben von der Börsenseite, aber er sah eines vorliegen. Er verstand, ohne je vielleicht den horazischen Wortlaut gelesen zu haben, das auch auf eine vorzeitig wertende Kritik sich beziehende: nonum primatur in annum. Er wußte als Mann der Wirtschaft, gewohnt, in den langen Zeiträumen des Amortisierens von Kapitaleinlagen zu denken, daß große Unternehmungen, die von ihrer Natur aus auf Dauer hingeordnet sind, wie politische und künstlerische, nicht von einer einzigen Generation sowohl gewertet wie ausgewertet werden können. Daß weder eine Fabrik noch ein Maleratelier isoliert im soziologischen Ganzen stehen! Daß die Prozesse, die von außen her an ihnen tätig sind, die intensive Langsamkeit des gutta cavat lapidem haben, des stetig auf einen Stein fallenden Tropfens aus einem undichten Wasserhahn!

Den heutigen und hiesigen Verhältnissen uns zuwendend, in der Kritik und Kunst zueinander stehen, müssen wir die Feststellung machen, daß sie weitaus freundlicher sind, als die damaligen gewesen waren. Abgesehen von einigen Käseblättchen, die eine Mischung von Reaktion und Provinz gegen das schmerzliche Gliederreißen des Avantgardismus empfehlen, zeigen die Journale keine prinzipielle Scheu mehr vor dem Neuen. Ja, man kann sogar sagen, daß sie einem skandalösen Vorfalle auf dem Gebiete des Malens oder Bildhauens beinahe den Rang des neuesten Raubmordes oder der jüngsten Kinderschändung zubilligen.

Wie sollen wir eine solche Gunstbezeugung deuten? Sitzen in den Redaktionen vielleicht Leute der fünften Kolonne des allgemein Modernen, nämlich Avantgardisten? Oder Philosophen, die den Begriff der Kritik so sauber aus dem wilden Fleisch seiner Konkretionen zu lösen verstehen wie der gelernte Vorschneider das gebratene Ferkelchen von seinen Knochen? Oder hat vielleicht gar das die Kunstausstellung stürmende Publikum Protest eingelegt, daß die Journale ihr sowohl den Umsatz wie die sogenannte Kultur hebendes, überaus lobenswürdiges Verhalten einfach totschweigen? Nichts von alledem. Die Beweggründe dieser scheinbaren Gesinnungsänderung liegen tiefer, ja liegen ebenso tief wie die des seligen Herrn Benedikt, liegen ebenfalls auf der Börsenseite. Um jetzt das harte Wort zu sagen, das die berufsmäßigen Ästhetiker nicht gerne hören, weil es nicht von einer Stimme aus einem nebulosen Himmel gesprochen wird, nicht aus einem fingierten metaphysischen Hinterkopf tönt, sondern aus der Erde, gleichsam als Solostimme über dem harmonischen Zusammenklang der Dissonanzen, wie ich den soziologischen Befund nennen möchte. Wir sind arm geworden. Nicht so sehr an barem Gelde – sondern an Beziehungen des Geldes zu jedem Tun und Lassen des Einzelnen: – arm an metaphorischen Ausdrucksformen für Geldwert, zu welchen metaphorischen Ausdrucksformen nicht nur eine strenge Moralität innerhalb des egoistischen Familienganzen, ein auf wenige staatlich genehmigte Bekenntnisse eingeschränkter Konfessionalismus, ein kritikloser Patriotismus, der weniger dem Vaterlande als der Erhaltung des Status quo in demselben galt, auch die Förderung der Operetten und der Heurigengesinnung – alles Sicherungen gegen eine Erschütterung der Rente –, zu zählen gewesen sind, sondern auch Kunst und Wissenschaft, die gewissermaßen die Aufgabe hatten, ihren bis nun erreichten Hochstand als den höchstmöglichen, nicht mehr überschreitbaren, zu bekräftigen und somit auch zu perennieren.

Folge dieser Pax austro-hungarica war – wie wir Älteren bezeugen können –, daß Künste und Wissenschaften wahrhaftig blühten. Zwar wie im Glashaus, nämlich fern von ihrem echten Erdboden – deswegen geschützt auch vor jedem Erdbeben – Inzucht treibend mit der Tradition und wegen ihrer etwas anämischen Schönheit das Sonntagsvergnügen der spazierengeführten, wohlerzogenen, gelehrten und kunstbegeisterten Kinder: aber sie blühten, und blühten so lange, als der Gärtner ihnen die nötige warme Luft zublasen konnte, und das heißt, solange es Leute gegeben hat, die eine nur scheinbar überflüssige Dampfheizung bei Betrieb zu erhalten vermocht haben. 1914 erkaltete das unterirdische kapitalistische Röhrensystem zum ersten Male. Und wie zum Beweise für unsere Theorie von den unendlich vielen metaphorischen Ausdrucksformen des in Arbeit angelegten Geldes, welche Formen gleichsam die Rolle der roten Blutkörperchen spielten und Leben selbst bis dorthin trugen, wo ein neues Leben dem alten sich widersetzte, also bis in die revolutionäre Zelle, die den Wirten, den sie hohlfrißt und zerstört, zur Vorbedingung hat wie die Antithese die These, starb in noch jugendlichem Alter der Expressionismus. Jäher hat kaum jemals eine sogenannte Bewegung ihr Ende gefunden. Fast alle anderen Bewegungen – und jede Bewegung, wo gewollte Bewegungslosigkeit herrscht, ist eine Revolution – haben das Mannes-, ja oft das Greisenalter erreicht, wie etwa der Impressionismus, weil die Epoche, wider welche sie sich bewegt haben, sie überdauert hat. Wir haben seit 1914 einen kurzen geschichtlichen Atem. Politische Systeme überstürzen einander. Krieg und Frieden, Monarchie, Demokratie, Totalitarismus und wieder Demokratie traten einander auf die Fersen. Eine Vermögensumschichtung folgte der anderen. Der Altbesitz, gewohnt, jeder ihm eignenden oder zur Aneignung bereitstehenden Sache Dauer zu vindizieren beziehungsweise sie der Zensur des Dauerbegriffs zu unterwerfen, hat selbstverständlich bei der Aneignung bloß materieller Dinge nicht haltgemacht – denn alles, was Habitus geworden ist, die Tugendhaftigkeit oder die Lasterhaftigkeit, das Raffen oder Verzichten, tendiert zu immer weiterer Sublimierung –, sondern ist zu den geistigen Gütern fortgeschritten, nicht natürlich um dieser selbst willen, sondern deswegen, weil in einem kapitalistisch durchorganisierten Ganzen auch die geistigen Werte Wertpapiere sind oder zu solchen werden können. Wie Macht sich in Recht verwandelt, so verwandelt sich Kapital, wenn es wenigstens ein langes Lebensalter unter derselben Hand bleibt, notwendig in Kultur, das heißt, die Tendenz zu Sublimierung setzt sich immer mehr durch, erreicht in großzügigem Mäzenatentum seine Akme, um in den Söhnen oder den Enkeln, spätestens in den Urenkeln, die dann weder Kaufleute noch Künstler sein werden – eine lebensuntüchtige Kreuzung aus beiden –, ebenso notwendig wieder zu zerfallen. Schon diese recht abgekürzte Geschichte eines normalen Vermögensverlaufs in einer friedlichen Epoche, eine welche zum Beispiel die franzisko-josephinische gewesen ist, zeigt deutlich, wie diese unter abnormalen Umständen aussehen wird. Die neuen Reichen nämlich gelangen gar nicht bis zu jener Stelle, auf der die obenerwähnte Sublimierung stattzufinden pflegt. Sie haben nur Zeit, aber keine Dauer, soferne wir unter Dauer eine bereits unüberblickbar gewordene Zeitmenge verstehen, welcher ex defectu des Wahrnehmungsvermögens eine denkerisch falsche, aber für die Praxis höchst nützliche Unendlichkeit innewohnt.

Es besteht sonach für das Nachkriegs- oder Nachumsturzkapital so gut wie gar keine oder eine nur ganz geringe Möglichkeit, an der Förderung geistiger Güter sich zu beteiligen. Die ägyptische Sorge um die Sicherung auch des Entferntesten, des Geistigsten also, weil auch in diesem Entferntesten und Geistigsten ein Materielles deponiert worden ist, herrscht nicht mehr. Das Vermögen hat nur noch Beziehung zum allernächsten geldschaffenden Wert. Und somit erübrigt sich, es zu warnen, in annoch dubiosen Werten sich festzulegen. Was heute und hierzulande in der bildenden Kunst geschieht, geschieht jenseits der höchst geringräumigen Interessenzone der noch besitzenden Klasse. Dieses Geschehen berührt sie nicht und gefährdet sie nicht. Und so versteht man jetzt das sonst gar nicht so selbstverständliche Erscheinen der Kritik im Schafspelz des abgrundtiefen Verständnisses für die Abirrungen der sogenannt modernen Kunst. Es besteht ja heute nicht die geringste Gefahr, es könnte ein privater Jemand ein Bild oder die Statue eines modernen Künstlers kaufen beziehungsweise von der Kritik zu solch kühner Tat sich bewegen oder von derselben Kritik von einer unvernünftigen sich abhalten lassen. Setzt er diese Tat dennoch, so setzt er sie als eine die Regel bestätigende Ausnahme oder aus einem von Schuldgefühlen ob seiner schwächlichen Reaktion auf geistige Werte beunruhigten Gewissen, das durch den schweren Bußakt des Erwerbens eines Kunstdings Absolution und Befriedigung zu erlangen hofft, oder als eine bald mehr, bald weniger gut getarnte Caritas, als welche die diesbezüglichen Bemühungen des Staates, der Länder und der Gemeinden anzusprechen sind. Aber Mensch und Institution empfangen Anregungen zu ihrem Tun oder Korrekturen desselben nicht von den kritischen Äußerungen, denen der Charakter des berufsmäßig Notwendigen fehlt und der Charakter einer Liebhaberei eignet, durch welchen Charakter – wegen seiner Unnützheit, seiner Ferialität, seiner köstlichen, aber auch kostspieligen Überflüssigkeit – diese Äußerungen fast den Charakter einer Kunstausübung erreichen.

Und damit sind wir auf einem großen, aber notwendigen Umweg wieder bei jenem jungen Manne angelangt, den wir als Kunstberichterstatter in das Paris von vor 1910 haben einziehen sehen. Als der vom Literarischen herkommende junge Mann seine ersten Besuche bei den Futuristen und Kubisten, bei Matisse, Utrillo, Chagall, Kißling, bei Archipenko und Zatkine im Salon des Indépendants, des Salon d'automne, in den Ateliers und bei den Kunsthändlern, vor allem bei Ambroise Vollard, wo ihm die letzten Cézannes gezeigt worden waren, beendet und in sein kleines Zimmer an der Ecke Rue du Faubourg St. Honoré und der Place des Ternes sich zurückgezogen hatte, um eine sogenannte Kritik zu schreiben, mußte er, ohne die Feder aus dem Tintenfasse ziehen zu können, zuerst das folgende den vier Wänden bekennen: daß die Inhalte der gesehenen Werke ihn zwar sehr verwandt, ja sogar sehr bekannt anmuteten, er aber schließlich nicht nach hier gekommen sei, um von neuen oder neugefaßten Inhalten zu berichten – wie das die niederste Art der Literaturkritik tut –, sondern von dem neuen Wie des Gesagten, kurz: von der Sprache, in der diese Inhalte vorgetragen wurden. Noch kürzer: er hätte zu erforschen, ob Inhalt oder Ausdruck einander decken, ob gerade diese Mal- und Figurenbildweise auch die einzige ihren Gegenständen angemessene sei. Denn nicht am Erfinden von kühnen Fabeln erkennt man den Dichter, sondern an der solcher Kühnheit adäquaten oder sie noch übertreffenden Sprache. Denn einer Sprache, die wahrhaft die Sprache ist, fällt von außen oder innen nichts zu, was nicht genau ihrem Vokabelschatz und der ihr eigentümlichen Grammatik entspricht. Was den sogenannten Stoff anlangt, gibt es im echten Maler und im echten Dichter eine Vorherbestimmung desselben. Nur diesem Maler da oder diesem Dichter dort kommen nur dieses Modell beziehungsweise nur diese Farben zu. Was also unserem jungen Manne nach dem ersten Blicke auf eine Seite Prosa, ja schon auf den Eingangssatz in Evidenz sich verhärtet hätte, daß da ein

Schulaufsatzschreiber an der Feder nagt, dort ein Schriftsteller dieselbe Feder wie einen Griffel gebraucht und in das Papier wie in Erz gräbt – dieses mühelose, weil erstige Urteilen über das Organische oder Unorganische eines auf künstliche Weise Zustandegekommenen, von welchem Ururteile alle ihm folgenden Urteile, wie schön oder häßlich, gekonnt oder ungekonnt, dependieren – so etwa, wie die Wissenschaft der Ontologie von dem aristotelisch-tomistischen Satze ausgeht, primum quod cadit in conceptionem intellectus est ens, was auf deutsch heißt, das erste, was in die Begreifung des Verstandes fällt, ist seiend – wollte nicht und nicht vor der bemalten Leinwanden standhalten. Was war die Ursache dieses Versagens? Der Inhalt konnte es nicht sein. Denn der Inhalt war entweder verständlich oder doch verstehbar, wie etwa die zerlegte Gitarre des Picasso. Da aber der Inhalt eines Bildes nicht nur nicht das ganze Bild ist, vielmehr nur das Gerippe, das der Maler mit Farben bekleidet, so müssen doch wohl zumindest drei Viertel des Bildes von einem unverstehbaren oder zumindest nicht gleich verstehbaren, ja – so paradox das für den Augenblick des Aussprechens klingen mag – gewissermaßen unsichtbaren Element erfüllt sein. Und wenn Sie nun einen beliebigen, Ihnen bekannten Laien an die Zeugenbarriere rufen, so werden Sie hören, daß er gerade das Unsichtbare des deutlich Dargestellten nicht sieht. Er sieht wohl, sozusagen in gröbsten Umrissen, daß da was gemalt ist, aber er sieht nicht und kann nicht sehen – deswegen ist er Laie –, daß gerade dieses Wie des Malens gerade diesem Was des Gemalten entspricht. Denn diese Entsprechung ist ja nur eine dem geistigen Auge wahrnehmbare.

Als unser junger Mann so weit in seinem Nachdenken gekommen war, erinnerte er seinen früher gefundenen Satz, den er jetzt also neu formulierte, daß nur jener Inhalt in die Sprache einginge, der auf die Apperzeptionsfähigkeit des ihn Erlebenden paßt wie der Zapfen in den Spund; und nur soviel des Inhalts, als seine Sprache Vokabeln hat. Somit also diese selbe Sache, je nach Vokabelreichtum oder -armut der Sprache, auf die verschiedenste Weise dargestellt werden kann. Daher kommt, daß eine Felsenzeichnung und ein Bild, sagen wir des Tizian, in bezug auf ein

Mehr oder Weniger der Vollkommenheit gar nicht miteinander verglichen werden können. Sowohl jenes wie dieses, dürfen wir mit vielem Rechte annehmen, entspricht hinsichtlich des von beiden Künstlern Ausgedrückten dem Bestande an vorhanden gewesenen Sprachmitteln. Da also nunmehr feststeht, daß primär die Sprache ist, sekundär – das heißt von ihr bedingt – das sogenannte Erlebnis, so sei es unabdingbar notwendig, meinte unser gewissenhafter Kritiker, die Sprache des Malers zu erlernen und zum Erlebnis des Malers vorzudringen. Ein gewissenhafter Kritiker also habe nicht dieses Bild schön, jenes häßlich zu finden, dieses verständlich, jenes unverständlich, als ob irgend jemandem, dem Künstler oder dem Kunstfreund, mit solchen Findungen gedient wäre, sondern er hätte in seiner kritischen Schrift vor allen Dingen die Frage zu erheben, warum dieses so und warum dieses anders sei, und zwar, unter vorläufiger Zurücksetzung seiner Subjektivität, die Frage aus den objektiven Gegebenheiten zu beantworten. Und um dies zu können, muß oder soll er eine längere Weile oder auch ein Leben lang den Gegebenheiten, die nicht einen Dichter, sondern gerade einen Maler hervorbringen und durch diesen Maler gerade dieses Bild, sich ausliefern. Er muß demnach als Experiment ausführen, was jener von Natur aus tut.

Lassen Sie mich Ihnen jetzt ein Beispiel geben. Sokrates war ein Bildhauer zu Athen, kein Philosoph. Wann schon sind Bildhauer Philosophen? Man weiß auch nicht, ob er ein großer oder ein schlechter Bildhauer gewesen ist. Ich nehme an, und nicht ohne Grund, daß er eine Art von Kunstgewerbler gewesen ist, der kleine Götterfiguren zum Hausgebrauch für fromme Leute verfertigt hat. Er muß aber eine gewisse schöpferische Unzufriedenheit mit dieser wenig schöpferischen Beschäftigung gezeigt haben. Er muß den Eindruck eines Grüblers gemacht haben, der erst sucht, worüber er grübeln könnte. Er muß jenen gerade nicht seltenen Leuten geglichen haben, denen man anzusehen glaubt, daß sie keinen Schritt zu tun vermögen, ohne auf eine krachende Problemnuß zu treten, die aber, wenn man sie dazu bringt, den Mund zu öffnen, eine Banalität aus demselben schlüpfen lassen. Es gibt also nur zwei Möglichkeiten, die in Ansehung eines wie beschriebenen Menschen in Betracht kommen:

Entweder liegt eine Scheinschwangerschaft des Gehirns vor, die früher oder später mit der Entladung einiger leerer Winde enden wird, oder es handelt sich wirklich um ein Gedankenkind, das nicht und nicht den Schoß verlassen will, und also des Geburtshelfers bedarf. Die Freunde des Sokrates, zwischen diesen zwei Möglichkeiten stehend, vermochten einerseits für keine sich zu entscheiden, andererseits aber auch nicht mehr länger die traurigen Blicke eines Wesens, das nicht weiß, ob es noch Jungfrau oder bereits Mutter ist, zu ertragen. So wandten sie sich denn an die oberste Autorität in einer solch kitzligen Sache, an den delphischen Gott, um aus seinem Orakelmunde zu erfahren, wer denn nun eigentlich dieser Sokrates sei, und erhielten zur Antwort den verblüffenden Satz: Der Weiseste aller Menschen. Stellen Sie sich nun lebhaft die blitzneue Situation vor, in der sich ein sozusagen gewöhnlicher Mensch befindet, von dem jedoch der Gott, der nicht lügen kann, der nur des öftern recht zweideutig redet, um uns nämlich erstens nicht um den freien Willensentscheid zu bringen, zweitens, um unserem Hirn auch noch was zu tun übrigzulassen, behauptet, er, dieser gewöhnliche Mensch, sei nicht nur ein recht gescheiter oder immerhin weiser, nein, er sei der gescheiteste und weiseste aller Menschen. Sagen Sie nun, was würden Sie machen, wenn der Gott, an den Sie glauben, solches von Ihnen behauptet? Werden Sie nicht alles daransetzen, ja als religiöse Menschen daransetzen müssen, daß der Gott nicht lügt, ja gar nicht lügen kann? Werden Sie nun nicht stante pede und auf Teufel-komm-raus gescheit, weise, genial werden, gegen Ihr Besserwissen von Ihrer eigenen Dummheit und Ihrer eigenen Unwissenheit und Ihrer Ihnen nur zu bekannten Ungenialität? Werden Sie nicht ab diesem schrecklichen Orakelspruche sich unentwegt auf allen Gassen, auf allen Märkten, in allen Gesellschaften unter Hoch und Nieder herumtreiben, jeden Athener beim Mantelknopf fassen, jeden in eine Diskussion verwickeln, und jeden dahin bringen müssen, zuzugeben, daß er nichts wisse, Sie hingegen es besser wüßten? Das also ist der seltsame Fall des Sokrates, der, wie oben gesagt, kein Philosoph gewesen ist, sondern gezwungen worden ist, ein Philosoph zu werden. Wenn nun einer, der kein Maler ist, Maler wird, das heißt, ein gezwungener Maler wird, wie Sokrates ein gezwungener Philosoph – der eigentlich berufsmäßig angelegte Philosoph war Platon –, also Maler wird, nicht um Maler zu werden oder Maler zu bleiben, sondern um die Malerei zu erkennen, wie Sokrates das Erkennen erkannt, das Denken gedacht hat, so haben Sie in einem solchen Menschen auch das Urbild des Kritikers gesehen.

# III. *Aphorismus und Essay*

## Zwischen Gut und Böse

[1914]

Als man sich selber in den Rücken fiel, da erst, wurde man ein Charakter.

Wenn du dich häutest, Mensch, so hüte dich vor jenen, die deine Haut zu Markte tragen könnten.

Vernichte, was du warst, oder sei dies nie gewesen. Künstler, es ist dein Geschick, in Einzelwesen zu zerfallen, denen dein Ich nachzuweisen, vergeblich ist. Nicht, wer deine Aschenhaufen, ofter Phönix, in eine Kette reiht, ergibt die Summe deines Wesens: denn senkrecht stiegst du immer aus Verbranntem, oder stießest herab auf dein zu Verbrennendes. Nur die reineren Vögel wissen um deine Spur, nicht aber die Hunde, die der Ebene der Exkremente leben. Nur die Spitze der, auf deine gestrige Häutung, gefällten Höhe grenzt deine wahre Existenz ab gegen das Unendliche.

Im Kampfe mit dem Guten hat der Böse nur eine Unverwundbarkeit: die, sich nur Blößen zu geben.

Das bestimmteste Erkennen ist immer nur die Ahnung von einem ersten, aber sichtbaren Gesichte, und die Gewißheit über ein zweites, aber unsichtbares Gesicht.

Der Böse fürchtet seine Verwirklichung durch die Ehe. Denn es könnte sich herausstellen, daß er Gott nicht sucht, was er bis jetzt zu verschweigen im Stande gewesen war, das Weib könnte die letzte Stufe, und nicht die vorletzte sein. Nur wer in die Ehe tritt, und hinter ihr noch etwas wahrnimmt, der wird auch hinter dem Tode Gott anschauen.

Den Bösen erkennt man an der Informiertheit über sich selbst.

Im Gesetze nimmt die Schwere der Welt sich nicht mehr ernst. In den Gesetzen benimmt sie sich leichter als der freie Fall, und rechnet die Geschwindigkeit durch das Angezogenwerden, dem Menschen, den sie richtet, nicht mehr an.

Der Neid ist die Annahme, der Andere hätte verwirklicht, was der Gipfel meiner Phantasie ist. Im Neide überschätzt die Phantasie sich selbst, und läßt, offenen Mundes, einer falschen Wirklichkeit den Vortritt.

Im Neide überschätzt der eine Mensch das Glück des andern.

## Über den Essay

[1919]

Der Essay ist die Novelle des puren Intellekts. Ein einsamer Gedankengang mit dem Stigma der Interessantheit, vorhanden in einem bekannten und bewohnten Gebäude. Nur von ferne hallt in eine leidenschaftliche Stille, die vom Rande des Absurden trinkt: der Paradeschritt des Methodus. Im Essay wird, was schon klösterliche Fliese im System war, wieder in Assoziationen aufgelockert und als roter, sinnlicher Ziegel, als eine freischwebende Projektion schon tragenden Steines auf einen idealen Haufen geworfen. So entsteht immer neues Material, obwohl eine Biographie, eine Abhandlung abgeschlossen scheinten. Dieser Regressus, der eine Abgeschlossenheit wieder auflöst, wohl zu wissenschaftlichen Zwecken, nicht aber unter wissenschaftlichen Wonnen, sondern unter solchen des Künstlers, stellt den Essay nicht nur formal außerhalb des wissenschaftlichen Stiles. Befreit sich im Essay ein bestimmter Gesichtspunkt zum Mute, ihn einer für sicher angenommenen Wertung gegenüber zu behaupten und befreit sich in dem unter neue Beobachtung gestellten Werke das darin offensichtlich zu kurz gekommene Detail, um in dem frischen Elemente des eigenwilligen Beobachters aufzublühen, so kann dieser Vorgang wohl zu einem wissenschaftlichen Resultate führen, nicht aber ein wissenschaftlicher sein, weil Behauptung und Entgegenkommen nicht auf Grund eines logischen, sondern eines Instinktschlusses einander korrespondieren, und sie, wenn sie dies tun, nur in einem dichterischen Glücke, nicht aber in einem rein vernünftigen sich ausleben können. Was immer der Essay schildern möge, schildert er letzten Endes nur, *wie* gedacht wird, *wie* in allen Stadien seiner Entwicklung das aussieht, was im Systeme dann in strengster, geschlechtsloser Form erscheint. Es wird also der Ablauf einer Entwicklung gezeigt, und zwar nach einer Richtung hin, die durchaus nicht die wesentliche, wohl aber die sinnlichere sein muß, diejenige, welche zum ursprünglichen Erlebnisse des Denkers noch mit einer gewissen Porträttreue sich verhält. Der rasche, einseitige Ablauf, und zwar auf der sinnlichen Ebene, die noch vorhandene, nicht schon vergeistigte Nähe zum Erlebnis, die Knüpfung des Erlebnisses aber an einen problematischen Punkt des reinen Denkens oder irgendeiner Biographie, das alles definiert den Essay als eine Novelle, und zwar als die Novelle des reinen Intellekts. Aus einem mytischen Urgrunde kommend, diesen aber schrittweise immer mehr verhehlend, immer tiefer in das Meer der reinen Vernunft watend, läßt der Essay, unter Ausübung aller Künste der schmerzhaften und jähen Übergänge, langsam und schonend, den von Mystik genesenden Gedanken nur vorsichtig der Kristallsonne des Intellekts aussetzend, den Urgrund zurück, ohne jedoch eine gewisse Gläubigkeit zu einem Unfaßbaren, und kindliche Einfalt vor ihm, die religiöse Scheu, aufzugeben. Sobald der Essay den freien Ozean der reinen Vernunft erreicht hat, vom Rhythmus und Wellenschlage des wissenschaftlichen Methodus erfaßt und gewiegt wird, versinkt er spurlos, soferne er ein echter Essay ist, jene Form nämlich, die die Brücke von den Künsten zu den Wissenschaften herstellt, jene Brücke, worüber jener Mensch eilt, der von der Unzulänglichkeit der künstlerischen Mittel zugleich mit der sinnlichen Darstellung eines bedeutsamen Vorganges auch dessen Lehre und Determination von anderen Lehren auszudrücken, an den Busen der Philosophie eilt, wo wieder ein Mangel an Plastik, das Fehlen einer gleichfalls höchst wichtigen Dimension des Dargestellten ihn entsetzt. Für die Wissenden ihrer Unbefriedigtheit sowohl in den

Künsten wie in der Philosophie, ist der Essay recht der Platz, wo sie ihre peripathetische Verzweiflung in harmonischer Form aussagen können. Diese notgedrungene nicht anders zu denkende Fassung der Verzweiflung in harmonischer Formen, zwingt den Essay in den Bereich der Kunst, der Kunstformen, und hält ihn der Philosophie ferne, die vermöge ihrer blutstillenden, ermutigenden Wirkung für die Verzweiflung nur Wiederlegung, doch nicht verewigende Formen hat. Im Essay offenbart sich die Verzweiflung des unschöpferischen Menschen so sanft, so harmonisch, daß in ihm das Unschöpferische des Tragischen benommen, als eine jugendliche Vorstufe zum Schöpfer und als resignierender Abklang einst so selbstbewußten Denkens erscheint. Frühreifer Assoziationstaumel und ungeheuer wissende Resignation vollführen da zusammen die Musik der unendlichen Interessantheit, die uns sublimste Genüsse verschafft, weil sie mit noch sinnlichen, der Todesfurcht ausgelieferten Gliedmaßen vor einem unsterblichen Himmel ohne lähmende Einsicht agiert.

## Drei Minuten von gestern

[1932]

Wir Österreicher befinden uns seit fast vierundzwanzig Stunden wieder einmal im erhebenden Zustand der Schadenfreude über jene große Welt, in der der Dollar rollt. Auf einer Reise vom goldenen Hollywood nach dem goldenen Prag kommt man nicht ungestraft durch das staubige Wiener-Neustadt. Die schöne Anna May-Wong wird schon viele Autos (in Film und Wirklichkeit) ohne Fahrerschein gelenkt und auf den schönen kalifornischen Straßen gut eine Million Räder (wenigstens mit ihren schönen Augen) gestreift haben. Aber sie mußte erst – wie der Barbar nach Hellas – in das mystische Land des Amtskappels kommen, um jene höheren Weihen zu empfangen, die eine sehr komplizierte Menschlichkeit gegen den höchst einfachen Fortschritt schleudert. Hier hat das Fahrrad was gegen das Auto und das Auto was gegen das Fahrrad. Und gar der Fußgänger ist da kein, wenn auch bescheidener, Vorwärtskommer, sondern ein Stehengebliebener. Ein überwundener, musealer Typ, dessen kaninchenhafte Vermehrung durch Dalles in einem wunderbaren Widerspruch zu seinem Gestorbensein steht. Und als dessen wesentlichste Funktion das Sättigen der Luft mit Ressentiment erscheint. Man denke: ein Cadillac aus Amerika, gelenkt von Anna May-Wong, multipliziert mit den Millionentantiemen des Komponisten der »Rosemarie«, der das Glück hatte, neben ihr im Unglückswagen zu sitzen, und das Ganze dividiert durch Wiener-Neustadt? Mußte da nicht was passieren? Mußte da nicht Blut eines armen Radfahrers am Kotflügel des Fortschritts kleben bleiben? Ebensowenig wie mit offenem Licht in das gaserfüllte Zimmer eines Selbstmörders soll man mit der Gnade der Götter auf dem Haupte die Hölle betreten.

Es ändert nichts an der Substanz obiger Geschichte, daß es gar nicht die berühmte Anny aus Hollywood, sondern eine unbekannte Mary aus New York gewesen sein soll. Denn Amerika bleibt Amerika und Österreich Österreich. Und was den armen Radfahrer anlangt, so wird er das Gewicht des Wagens, der ihn überfahren, bestimmt nicht darauf legen, daß ihn die Diva selber gesteuert habe.

## Aus einer Rede von 1947

Ich bin des festen Glaubens, daß der Künstler vor allen Dingen, beziehungsweise Kunstdingen, selbst ein Kunstwerk und ein Vorbild des Menschlichen zu sein hat, daß sittliche und ästhetische Qualität ein und dasselbe sind, daß er an der Spitze aller Ideen, die den Namen Idee verdienen, und würden sie auch auf den abgelegensten Fachgebieten formuliert werden, schreiten muß, damit er so zur Wiederherstellung der uns leider verlorengegangenen Universalität sein Teil beitrage.

# So geht's nicht!

[1951]

Bemerkungen zur Ausstellung »Aus dem Leben der arbeitenden Menschen« im
Künstlerhaus.

Der Schreiber dieser Zeilen hat mehrere Jahre, und gerade die
entscheidenden, in Fabrik und Kontor zugebräcbt. Er kennt
den finsteren, frühmorgendlichen Anmarsch zur Arbeitsstätte
hinter aufgestelltem Rockkragen in der grimmigen Winterkälte,
im schweigsamen, schwankenden Trupp, der noch einen langen
Balken Schlaf zu tragen scheint; er kennt den Blick aus den Ga-
leerenfenstern des maschinendröhnenden oder ängstlich stillen
Raumes – denn nebenan rechnet der unberechenbare Chef – in
die Freiheit einer mythisch vorindustriellen Landschaft oder
auf eine Stadtstraße, voll von Menschen, die die Erlaubnis haben, nichts zu tun oder was Überflüssiges oder nur das Not-
wendigste. Er kennt aber auch das zarte, fast rekonvaleszente
Treten aus dem Fabriktor in die violette abendliche Freiheit,
und das bis zu Tränen rührende Glück, wieder Einzelgänger
sein zu dürfen, wenn auch nur bis zu Zimmertür und Bett.
Denn die Müdigkeit ist zu groß, daß Gewissen zu gut, das Leben (unbesehen, ungenossen) zu schön, die Ruhe der Nacht zu
kostbar, um das Wälzen von Problemen über schlummerlose
Kissen zu gestatten.

Ja, wenn jemand der Natur sehr nahekommt, so ist es der
schwer und manuell arbeitende Mensch! Daß er von ihr, von
ihrem Wesen, nicht zu berichten vermag, versteht sich aus dem
Begriff der Natur. Die Natur malt nicht und schreibt nicht. Deswegen bedarf sie des Künstlers als des Übersetzers ihrer Taub-
stummensprache in eine allgemein verständliche.

Dieser Übersetzer jedoch kann nicht übersetzen, was er selber
nicht zu lesen versteht. Das heißt: Es ist unmöglich, an das
Leben des Arbeiters, das erst seit hundert Jahren im schuldge-
fühlbedrückten Bewußtsein der nicht, oder nicht unter sozialer
Verantwortlichkeit, arbeitenden Menschheit existiert, so heran-
zutreten wie an die längst zu Kostümpuppen herabgesunkenen
Gestalten der feudalen oder bürgerlichen Welt, die ohne zusätz-

liche Mühe der gedankenlosen Künstlerhand entquellen, ja in dieser lokalisiert zu sein scheinen.

Kurz und binseneinfach: dem Darstellen muß das Erleben vorangehen.

# Drei Worte zum Verständnis der »Moderne«

[1953]

### 1.

Alle Kunst ist Geschichtschreibung. Alle Geschichtschreibung ist Verewigung und Urteil. Aber die Verewigung des Urteils die unlösbare Vermischung der beobachtenden Physiognomie mit den Zügen der beobachtenden Epoche bestimmt den Begriff Kunst erst ganz.

### 2.

Und das unterscheidet die jeweilige »Moderne« von allen früheren Richtungen, die einmal nicht weniger modern gewesen sind, daß ihr Urteilscharakter ihre Verewigungsleistung noch ganz beschattet, daß ihr Urteil noch beurteilt werden kann, daß im gleichen Raume in der gleichen Zeit mit der verwandelten Natur die unverwandelte noch lebendig sich bewegt.

### 3.

Wenn der chirurgische Meisterschnitt des Todes die ungleichen, dennoch verzwillingten Schwestern: Natur und Kunst des Heute, trennt, wenn mit Modell und Maler zugleich der Fall, die »causa«, in Grab und Museum sinkt und eine neue Generation vor den Schranken des Lichts und im Halbdunkel einer Tat steht, verblaßt das fast juristische Interesse am rechten Urteil, und an die Stelle der sittlichen Erregung über Mein und Dein am Zeitbilde tritt die ästhetische Billigung des Gewesenen.

# Aus den *Wörterbüchern*

[1966]

## Roman

Es ist unerlaubt, die Technik des Romans an ein Stadtwesen der Historie oder der Gegenwart – sofern es in letzterer ein solches geben sollte – oder gar an das Dorf, ob groß, ob klein, gleichgültig, in welcher Landschaft, noch gleichgültiger, in welchem Jahrhundert es liegt, zu wenden. Die Polis fällt, besonders wegen der Art ihrer Fortpflanzung, die Kolonisierung heißt und Parthenogenese ist, so sehr aus dem heutigen Tag heraus, daß sie nur Gegenstand der Poesie, nicht aber der Prosa sein kann, die als solche weder staunt noch bewundert, sondern untersucht, zweifelt, kritisiert. Nicht besser, was sein Mißverhältnis zu gemeinter Technik anlangt, nur anders, urtümlicher, hoffnungsloser (für den Schriftsteller, nicht für den Poeten) verhält es sich mit dem Dorf oder mit der Kleinstadt, die das Dorf ja nur dissimuliert. Bewohnt von geschichtslosen Fellachen, die auf den Rädern der Zivilisation, unter die sie, ohne das Überfahrenwordensein gemerkt zu haben, gekommen sind, an ihre Geschäfte eilen, wenn sie nicht – was im Effekt aber auf dasselbe hinausläuft – noch einen Holzpflug ziehn und dem Lehm, aus dem sie gemacht worden, näher stehn, als dem, der aus diesem Lehm sie gemacht hat, dämmern echtes und getarntes Dorf noch weit hinter der schon für die Polis behaupteten Unmöglichkeit, *de jure* vom Roman ergriffen werden zu können. Denn der Roman ist eine echt großstädtische Erfindung. Sie wäre schon in Alexandreia möglich gewesen, ist aber trotz Alexandreia doch nicht nicht möglich gewesen, weil dieser ersten wirklichen Weltstadt unseres Kulturkreises, des griechisch-römischen, noch ihre herabgekommenen Christen gefehlt haben, jene überaus interessanten, aber nicht mehr als interessanten, Gestalten, denen auch der Begriff der Interessantheit zu danken ist – siehe unsern Lunarin! –, die ihren freien Willen zum Bösen aus der orthodoxen Ablehnung der Prädestination beziehen, aus ihrem subtilen Abfall vom Erlöser die pseudoerlöserische Droge einer christlichen, den Nächsten mehr als Gott liebenden, Psychologie herstellen – alle Psychologie ist ihrem Ursprunge nach christlich, dem Wesen ihrer Therapie nach widerchristlich, was der Faszinator, der Charmeur und sein Doppelgänger in der bodenlosen Weisheit des *Tout comprendre c'est tout pardonner* und Stifter des religionfreien Liberalismus bündig beweisen – und nach ihrem Bruch mit der Einheit der Welt diese Welt mit den Debris der vielzähligsten Dezimalbrüche überschwemmen. Die Technik des Romans ist die artistische *par excellence*; weswegen sie – wir können dies bedauern, aber nicht leugnen – Totalitätsanspruch erhebt, welchen Anspruch alle andern Techniken auch bereits anerkannt haben oder über kurz oder lang werden anerkennen müssen. Der Roman ist, in Nietzsches dramatischem Bild vom platonischen Dialog, dem Vor-Bild des Romans, »der Kahn, auf dem die schiffbrüchige ältere Poesie samt ihren Kindern sich rettete«. Wer das Aug' nicht für die eigene Tragik verschließt, wer nicht glücklicher, nicht begabter, nicht »klassischer« sein will, als sein Äon sein kann, wird nun mit Wehmut vielleicht ob des Abschiednehmen-Müssens von vielen liebgewordenen Substraten begreifen, daß die Technik des Romans nur dort applikabel ist, wo mit der Technik überhaupt auf peinlichst gleiche Höhe und auf dem Du- und Bocksfuße gestanden wird; wo man ihr Schicksal zu dem eigenen gemacht hat; wo man mit ihr steht oder fällt; ja, auch fallen will, weil ohne ihre selbstverständlichen Wunder das Leben wieder mysteriös würde und also nicht mehr lebenswert wäre; wo man nicht mehr an Gott, sondern an den Atheismus glaubt, aber mit derselben Inbrunst. Den von der Romankunst dargestellten Leuten darf die Grundbedingung ihres Lebens, ihres So-und-nicht-anders-Leben-Wollens, natürlich nie zu Bewußtsein steigen. Zu dieser Grundbedingung muß der mit einer dauernd starken Schlagseite zu Kritik dahinsegelnde platonische Kahn, will er nicht scheitern, distinkten Abstand wahren. Das dezidiert Bewußte und das bewußt Dezidierte gehen gegen den Strich des Romans, der, bei seinem Begriffe zu bleiben, unerschütterlich fest auf der Ergriffenheitsstufe stehen muß, die ihn geboren, mit Totalität ausgestattet und zu einer Alleinherrschaft erhoben hat, wie sie noch niemals von einer Kunstgattung ausgeübt worden ist. Jetzt ist es an der Zeit, das Wesen dieser innerhalb der Christenheit bis nun nicht dagewesenen Ergriffenheitsstufe zu verraten: Gesamthaltung gewordene Undezidiertheit. Solange jenes allgemeine, in den Demokratien auch gesetzlich festgelegte Sich-nicht-entscheiden-Können oder -Wollen, das, wir sind versucht, zu sagen, pathogene Vorrecht einiger Weniger gewesen ist – was wissen wir von den Dummköpfen etwa der Zeit Bernhards von Clairveaux? –; solange nur eine rechtlose ungeheure Mehrheit die Masse von heute, diese heute allein rechtsetzende juristische Person, vertreten hat – was wissen wir von der Helotenschaft Spartas, von den Sklavenheeren Roms? –; solange es das furchtbare Phänomen einer perennierten Gegenwart, des einen Tages, der zu einem seiner Augenblicke sagt: Verweile doch, du bist so schön (und das einzige Vehikel, unser aller Rollen ins Gericht zu verzögern!), noch nicht gegeben hat, nur ein Gestern und ein Morgen, zwischen denen nichts als der ethische Blitz vermittelte; nur eine nächste Vergangenheit und eine nächste Zukunft, nichts dazwischen, welche zwei an dem Menschen zogen wie die Rosse an den Magdeburger Halbkugeln, und dieser Mensch kaum mehr war als Widerstand gegen das Zerrissenwerden und Drang, zu erplatzen: solange also alles wie beschrieben gewesen, ist in dem einzig erleuchteten Blickfeldstreifen der historischen Nacht nur der Dezidierte gestanden, Held, Dichter, Heiliger, Philosoph, der allein dadurch schon ein Dezidierter war, daß er mit vollstimmiger, neidloser Zustimmung der Recht- oder Namenlosen von eben diesen gründlich sich unterschied, ohne, verzinsend gleichsam die Übereinstimmung mit dem göttlichen Willen zu unüberbrückbarer Kluft zwischen gleichen gottebenbildlichen Wesen – er täte denn ein Übriges, aber auch dieses nur auf seiner nicht überschreitbaren Ergriffenheitsstufe, wie des Kaisers Vetter, der Graf von Aquin, der zum Bettelmönch Thomas geworden ist – das menschliche Gerechtigkeitsgefühl entgegenzusetzen, das russische Herz, das soziale Gewissen; ja, ohne auch nur zu ahnen, daß solche anfangs heilsamen, später unbedingt tödlichen Gifte überhaupt gewonnen werden können, hatte der Roman wegen des noch Fehlens des gar nicht Gedachtwerden-Könnens der ihn konstituierenden Totalität, die Hoch und Nieder, Reich und Arm, Fromm wie Unfromm, Revolutionäre wie Konterrevolutionäre im selben Ausmaß säkularisieren wird, keine Stätte.

Über unsere Aufgabe in einem literarischen Leben, das es vielleicht wieder geben wird, nachdenkend, kommen wir dahin, sie im Verbreiten von Unsicherheit zu sehen. Wir zum Beispiel versprechen einen Roman, verfassen einen solchen auch, so gut wir können, das heißt soviel wie: besser denn gemeiniglich gekonnt wird, lassen aber keinen, der nur einigermaßen auf unseres Handwerks Finesse und Symbolik sich versteht, im Zweifel darüber, daß die Tafel, die wir so präzis bemalen, nicht die letzte Wand ist, davor unser Vermögen, zur Schöpfung zu gelangen, und dahinter das der Schöpfung, zu uns zu gelangen, resignieren. Wir bekennen offen, und sind uns der Bedeutung unseres Credo voll bewußt, daß eines Romanes Anfang ein zufälliger ist und sein muß, und daß sein Ende unendlich weit hinausgeschoben werden kann und soll; keinesfalls hat er ein solches notwendig in sich: nur die Müdigkeit oder der Tod des Autors setzen es. Was nun die ihm eigentümliche Breite anlangt, sein mähliches Sichergießen in die Runde, das den ursprünglich pfeilgerechten Ablauf zu einem dem Weltumfang gleichen Kreise krümmt, so ist zu sagen, daß an die Peripherie auch der sie Beschreibende nie gelangt: des Lebens Weitschweifigkeit kann gar nicht abgesehen, sein dauerndes seitliches Ausbiegen vor dem Sog zu einem Ende in der Zeit nicht vorausgewußt, seine galoppierende Flucht auf dem Kreuzer aus dem Gulden nicht verhindert werden. Es macht also die in unserer Physik begründete Schwäche die Unmöglichkeit eines rein physikalischen Naturalismus offenbar: Versuche, das Beilager des Begriffs mit einer astronomischen Zahl zu schildern, zu schildern bis zum unvermeidlichen Abortdeckel, den der also Schreibende auf sein Tintenfaß legt, scheitern auf der tausendsten Seite Buchs und Lebens genau so früh, wie spät auf der dreihundertsten oder zweiten, wenn der schon *ab initio* schiffbrüchige Autor einsichtig und gütig genug gewesen wäre, es bei der oder jener bewenden zu lassen.

# Sprache

Ein Gedanke hat genau so viel Wert, wie die Sprache darauf legt, eine zu sein. Hinter dem Wort steht so wenig das eigentlich Gemeinte, wie hinter dem Spiegel wir stehn, wenn wir davor stehn. Daß dem anders sei, glauben nur die Affen der Zoo- und Ideologie. Vergeblich hoffen die Geschreibseligen, man werde die Sprache, die sie nicht haben, mit den Gedanken entschuldigen, die sie zu haben glauben. Ja, nur glauben, denn: nicht sie haben, begatten, bezeugen, durch Zeugen *en ton kallon*, den Gedanken, sondern er hat sie wie der Hund den Hasen, den er entgegen allen Bewegungen eines Hasen beutelt. Wieviel Wahres und Falsches, Gutes und Böses, jenes ohne zu fruchten, dieses mit gesegneten Würfen Unheil säend, wäre nicht gedacht oder wäre wenigstens nicht niedergeschrieben worden, wenn es der Zensur der Grammatik sich unterworfen hätte, oder wenn es wenigstens geahnt haben würde, daß es eine solche Zensur gibt! Sowohl die paradoxale Wirkungslosigkeit des zweifellos Wahren, wie die ebenso paradoxale Wirkungshaftigkeit des offenkundig Falschen gehen auf den Nichtbesitz einer autochthonen Sprache als auf ihren letzten Grund zurück. Die Nichtsprache hat demnach zwei merkwürdige Eigenschaften: sie entkräftet das Wahre, ohne zugleich sein Licht zu verdunkeln, und verstärkt das Falsche, ohne der Gewißheit, daß es uns betrügt, gegen den großen Reiz der illusionären Welt zum Siege verhelfen zu können. Einesteils also ist sie mächtig genug, die Sonne ihrer Wärme zu berauben, anderntteils ist sie außerstande, dem Mißbrauch derselben Mächtigkeit durch die Geister der Finsternis vorzubeugen. Welcher Schluß nun muß aus so distaktem Verhalten gezogen werden? Der vor allem: daß der Nichtbesitz einer autochthonen Sprache eine eminente sittliche Gefahr für den Besitzer eines solchen Nichtbesitzes bedeutet, und sei er schon im Mutterschoße mit noch soviel natürlichen Tugenden übergossen worden. Notwendig werden diese natürlichen Tugenden, wenn der Nichtsprache tatsächlich jene zwei Eigenschaften innewohnen (woran wir aber nicht zweifeln), die das Licht um jenes Wort bringen, das man nur erleuchtet lesen kann, und die in der Finsternis lesbar machen, was nie hätte niedergeschrieben werden sollen, immer schwächer werden und schließlich auch ihr natürliches Ende finden, statt, organisch in ihn übergehend, ihren übernatürlichen Anfang. Die sittliche Person, wenn sie eine solche zu bleiben wünscht, hat also neben ihrer einen Pflicht, das Gute zu tun, auch die, grammatisch zu denken. Ohne die zweite zu erfüllen, gleichzeitig, besser noch: vorzeitig, kann die erste nicht erfüllt werden; jedenfalls nicht für längere Zeit.

Vieles grub ich in Marmor. Dennoch verging es. Manches aber haucht' in ein Ohr, ja, bloß in die Luft ich, und siehe: oftmals erkenn' ich die fremdeste Stadt an den eigenen Worten.

Über das, was wir sagen sollen, entscheiden die Götter. Über das, wie wir's sagen wollen, entscheidet das Göttliche in uns.

## Aus dem »Kurzgefaßten Prolog zu meinen Schriften«

[1972]

Es gibt einige wenige Autoren – und ich gehöre zu ihnen –, die den endgültigen Zerfall eines Reiches, in dem die Sonne nie untergegangen ist, des Weltreichs Karls des Fünften, auf dem Erzrest dieses Reiches, Österreich genannt, erlebt und mit Gottes Hilfe überlebt haben. Nicht daß wir, nächste Hinterbliebene, ob des schmerzlichen Verlusts in der üblichen Trauer gingen! O nein! Wohl haben wir Troja fallen sehen! Wohl ist Grieche sein leichter, ruhmvoller, als Trojaner. Aber: die schwierigere und vielleicht sogar ruhmlosere Aufgabe lockt doch mehr! Weil sie nicht von der bloßen Gestaltungssucht des Talentes gefunden werden kann, sondern erfunden werden muß von einem schuldbeladenen Gewissen als die im jetzigen Augenblicke einzig wirksame Art Totenopfer oder die Weise des Rechtfertigens der bislang ungerechtfertigt gebliebenen Ahnen. Die Aufgabe also ist das Verfassen der Biographien der Anchises und Äneas.

# »Die Rettung« und die »Rote Garde«

# A. P. Gütersloh

[Offener Brief an Franz Blei, in: Die Rettung Nr. 1, 6. Dezember 1918]

Das Einzige, was ich als Fortschritt erkennte, wäre eine wesentliche Verkürzung der Einzelpflicht gegen das Allgemeine auf Grund der Anerkennung einer großen Souveränität des einzelnen Menschen, die aber nur durch die Absorption des öffentlichprofanen Lebens durch das religiöse errungen wird. Ich erblickte wesentliche Neuerung nur in einer fast dekadenten Scheu vor dem »Staatsleben«, in einer tiefen Abneigung gegen öffentliche Stellen und gegen das Verlassen der Nähe zum Allernächsten, in einer noch unerhörten Unantastbarkeit des Privatlebens, in einem bis zur Raserei in »gutem Geschmack« gehenden Ekel vor allem, was Not eines waffenklirrenden Vaterlandes, Aufgabe eines überbewußten, auf dem Erdenrund missionierenden Vaterlandes, kurz vor allem, was äußere Politik heißt, die ja notwendig die unbescheidenste, ungeistigste, phrasenhafteste sein muß.

Wir wollen erkennen, daß wir, solange es die politisierte Sphäre gibt, ein öffentliches Amt nicht annehmen würden, weil wir niemandem so viel Macht oder – da diese in einiger Trunkenheit sich aufschwätzen ließe – niemandem so viel Recht über sich selbst zugestehn, Irgendeinen, und sei dieser der Beste, mit der Ausübung von Eingriffen in das Privatleben zu betrauen. »Es gibt keinen, der einen andern zum König machen dürfte«: das ist der erste Grundsatz einer wahren Demokratie.

# Erinnerung an die »Rote Garde« von 1918

[Neues Wiener Journal, 16. Dezember 1922]
Anonym

Am Tage der Ausrufung der Republik konstituierte sich, wie es sich für bewegte Zeiten gehört, jene inzwischen längst vergessene »Rote Garde«, die ein paar Tage zuvor die Stiftskaserne mit einem Handstreich in Besitz genommen hatte. Der k. k. Weltuntergang war eine Tatsache geworden, aber welche Rolle dabei die roten Gardisten zu spielen gedachten, ist nicht ganz klargeworden ...

# Die Kämpfe vor und im Parlament

[Neues Wiener Tagblatt, 13. November 1918]

Bei Beginn sah es vor dem Parlament aus wie vor einer der bekannten politischen Demonstrationen, nur daß diesmal die Teilnehmerzahl größer schien [...]

Die Rote Garde stand unter der Leitung ihres Kommandanten Oberleutnant Kisch; das erste Bataillon führte Oberleutnant Kronecker, das zweite Oberleutnant Walter. Der Kommandant teilte mit, daß 4000 Rote Garden ausgerückt seien und daß zwei Führer der Sozialdemokraten das Versprechen verlangt und erhalten hätten, daß die Ruhe und Ordnung erhalten bleibe. Die Roten Garden standen in einfachen Rotten mit Gewehr, hatten einen Träger mit der roten Fahne, einen Radfahrer, einen Bataillonshornisten und eine Sanitätspatrouille mit [...]

Genau mit dem Glockenschlag der vierten Stunde hörte man Rufe: »Hüte ab!« und »Silentium!« Alles stand mit entblößten Häuptern in feierlichem Schweigen. Man hörte weithin die schallende Stimme eines Redners, des ersten, den man bis über die Straße vernahm und der unter anderm sagte: »Die alte Zeit ist vorüber, eine neue, freie und frohe Zukunft bricht heran.«

Nach dieser Rede begannen die an den Flaggenmasten bereitstehenden Amtsdiener mit dem Aufziehen der weißroten Fahnen. Jetzt setzte die zweite aufregende Szene des Tages ein. Die Fahne war kaum zwei Meter hoch am Mast emporgezogen, als die schwachen Hochrufe von lauten Pfuirufen übertönt wurden. Im gleichen Augenblick griffen einige Leute nach dem Fahnentuch und zogen es wieder herunter. Man sieht einen Offizier den Säbel ziehen und das Tuch herunterschneiden. Gleich darauf wird eine mächtige rote Fahne an dem Aufzug befestigt und geht unter lautem Beifall in die Höhe. Meist Soldaten sind es auch, welche der zweiten weißroten Fahne das gleiche Schicksal bereiten. Am andern Mast waren es gleich zwei aneinandergeknüpfte rote Fahnen, die aufgezogen wurden. Soldaten reißen dann auch von den abgerissenen Fahnen den roten Teil herunter und klettern damit auf die eine Gruppe des Rossebändigers und auf den Brunnen und bedecken die Figuren mit roten Tüchern. Man sieht nun nichts als Rot, nichts als die Farbe der Sozialisten vor dem Gebäude sowie auf den zahlreichen wehenden Fahnen und Standarten des Zuges [...]

Da hört man plötzlich Laute, als ob jemand mit einem Stock auf einen Rollbalken schlüge. Der Bataillonshornist der Roten Garde sagt nach einem prüfenden Blick zur Höhe des Parlaments: »Mir scheint, die werden da oben noch raufen.« Ein andrer meint, daß man wahrscheinlich die Tore des Hauses geschlossen hat und daß sich jemand den Eingang erzwingen will. Die lauten Schläge werden heftiger, rascher. Kein Mensch kümmert sich darum und der Kinomann auf dem Dach des Parlaments kurbelt ruhig weiter.

Der Rote Gardist sagt: »Das sind Schüsse.« In die Menge auf den Rampen kommt eine wilde Bewegung. Ein Feuerstrahl blitzt auf. »Das sind keine Schüsse!« sagt noch ein Zweifler, aber da knattert es schon wie bei einem Infanterieangriff und die ganze Menge vor dem Parlament läuft unter dem rasenden Geknatter, wie man um sein Leben läuft, gebückt und atemlos. Niemand kann ihrem Druck widerstehen. Rückschauend sieht man Soldaten über die Rampe hinaufstürmen und feuern, sieht die Rauchwolken über ihren Köpfen. Man erwartet jeden Augenblick, selbst verwundet zu werden oder Verwundete zu sehen. In richtigem Instinkt laufen die Massen um die Ecken und suchen die Nebengasse zu gewinnen. Das Echo der Schüsse ist so stark, daß man glaubt, auch vom Burgtheater aus werde geschossen. Einige Unerfahrene rufen noch: »Langsam, langsam, es sind ja nur Salutschüsse!« Aber die andern rasen weiter und in wenigen Minuten ist die Ringstraße wie leergefegt.

# Georg Bittner
## Die Wiener »Rote Garde«
## Eine Gründung der Prager Kaffeehausliteraten

[Das Neue 8=Uhr=Blatt, 16. November 1918]

Herr Egon Erwin Kisch, gebürtig aus Prag – nicht umsonst bisher das »Schmockkästchen« Böhmens genannt –, vor dem Kriege Feuilletonist des »Berliner Tageblattes«, Verfasser des mehr pornographischen als erotischen Romans »Der Mädchenhirt«, rückte zu Beginn des Krieges ein, war ein tapferer und guter Soldat (wie man dem jungen Manne denn überhaupt zubilligen muß, daß er in allem, was er tut, durchaus ehrliche, wenn auch vielfach etwas unklare Absichten hat) und wurde nach längerem Frontdienste als Oberleutnant dem Kriegspressequartier zugeteilt. Hier scheint nun Herr Kisch von einem Drange erfaßt worden zu sein, der beim Literaten begreiflich ist und in diesem Falle nur deshalb sehr getadelt werden muß, weil Herr Kisch beschloß, diesem Drange in seiner Eigenschaft als Offizier und, wie er behauptet, Sozialrevolutionär zu frönen, Herr Kisch liest nämlich seinen Namen außerordentlich gern in der Zeitung. Bei der Gründung der »Roten Garde« lagen ihm sicherlich alle selbstischen oder gar unlauteren Absichten ferne und er folgte damit nur dem unklaren und phantastischen Drange seiner jugendlichen Literatenphantasie. Im Kriegspressequartier, das in der letzten Zeit zum Zwecke der Abfassung patriotischer Propagandaschriften eine Reihe von jüngeren federgewandten Leuten an sich gezogen hat, fand nun Kisch einige Gesinnungsgenossen, die ihn bei den Vorarbeiten und bei der Propaganda für die »Rote Garde« unterstützten.

Da ist vor allem Herr Franz Werfel, Sohn eines Kommerzialrates, auch aus Prag, auch Sozialrevolutionär, auch Literat. Man kennt ihn als literarische Begabung [...] Damit ist aber die Runde der geistigen Väter der Wiener »Roten Garde« noch nicht vollkommen geschildert. Zu ihnen gehört auch der ebenfalls im k. und k. Kriegspressequartier eingeteilte Schriftsteller Franz Blei. Er gehörte in seiner Jugend ganz kurze Zeit der sozialdemokratischen Partei an. In den langen Jahren, die seither verflossen sind, hat er mannigfache Wandlungen durchgemacht. Unter anderm gab er eine pornographische Zeitschrift »Der Amethyst« heraus [...]

Der vierte in diesem Bunde ist Herr Kühtreiber, der sich in seiner Eigenschaft als expressionistischer Maler und Schriftsteller Paris von Gütersloh nennt.

Das Werk dieser einigermaßen gemischten Gesellschaft ist also die Wiener »Rote Garde«, die, wie aus dem Berichte der »Arbeiter=Zeitung« hervorging, nun am Tage der Proklamierung der Republik die Schießerei vor dem Parlament verschuldet hat.

## A. P. Gütersloh
## Wer ist der Mörder

[Leitartikel in: Die Rettung, Nr. 2, 13. Dezember 1918]

Auf die Frage, wer die Schuld trüge an dem Blute, das am Tage der Verkündigung des republikanischen Staates vor dem Wiener Parlament geflossen ist, gab eine ungefragte Wiener Abendzeitung die schwere, in ihren Beweggründen gar nicht so leicht zu begreifende Antwort: die Schriftsteller Dr. Franz Blei, P. Gütersloh, Erwin Kisch und Franz Werfel, Soldaten, alle Soldaten des ehemaligen k.u.k. Kriegspressequartiers sogar – ein sozialistischer Katholik, ein dezidierter Christ, ein Sozialdemokrat und ein Weltfreund, diese also seien schuld. Eine Anklage, wie sie schwerer gegen einen Menschen nicht erhoben werden kann, schwer auch dann noch, wenn man mildernd, das heißt der Wahrheit nur die halbe Ehre gebend meint, dadurch nur, daß wir die sogenannte Rote Garde gegründet hätten – die weder Werfel, noch Blei, noch ich »gegründet« haben – dadurch allein hätten wir auch jene schlimmen Schüsse abgefeuert, in deren Folge zwei Menschen das Leben verloren. Welch unmittelbare Wirkung auf das Böse, auf den Hahn noch einer Büchse – noch immer gesetzt, ich wäre einer der geistigen Urheber des Schießens – traut uns ein Mensch zu, der unsere Wirkung im Guten, eine Einflußsphäre überhaupt zu haben, unter friedlichen Umständen glatt geleugnet hätte! Welchen Einfluß will man jetzt plötzlich der Literatur unterschieben, den Dichtern, deren Weltfremdheit bisher der

Spott der sicheren Bürger, deren Unverständlichkeit das gönner-
hafte Gaudium der ihrer Verständlichkeit sicheren politischen
Machthaber jeder Richtung war? Macht man uns nur deswegen
um einen Kopf größer, um uns köpfen zu können? Denunziert
man die Literatur, die Kunst nur deswegen jetzt eines Einflusses
überhaupt, um dereinst witzig sagen zu können, man hätte die
geistigen Werte nicht unterschätzt. Kann diese Schätzung der
geistigen Werte wirklich nur als Denunziation in ängstliche Bür-
gerköpfe geflüstert werden und als maskierter Aufruf nur zu
Bürgerkrieg und Pogrom? Und gibt es gerade für eine Presse
keinen anderen Weg, Söhne des Vaterlandes an ihr Publikum zu
bringen, als diesen über die Gänge eines zugedachten Kriminals?
Der Verfasser des schmählichen Artikels, ein Gewohnheits-
journalist, dem es besser wäre, er hätte mich und meine Freunde,
nicht seine Informatoren gekannt, wird erstaunt sein, jene Zeilen,
die ihm nur ein Honorar bedeuten, mir aber ein Grauenvolles
über seine Seelenverfassung, so ernst, so tragisch genommen zu
lesen, und er wird es lesen mit dem Nachtauge des Bösen, den das
Schicksal nur scheinbar zufällig mit allen Wirkungen seiner Tat
konfrontiert und dem es unheimlich sicher alle Steckbriefe zu-
stellt. Da ich ihn also an meine Worte gebannt weiß – er wird
zurück, wird dies nicht zu Ende gelesen haben wollen, aber sein
Journalistenauge, mächtiger als er, wird ihn zwingen –, will ich
ihm sagen, was er getan hat. Er hat mit seinem Artikel in die
Herzen vieler mir nicht gleichgültiger Menschen – und kein
Mensch, ehe ich ihn nicht kenne, ist mir gleichgültig –, gegen mich
und mein Werk, das er gar nicht kennt und das wohl dem Urteile,
aber nicht dem Vorurteile ausgesetzt sein muß, einen Verdacht
erregt, der außerhalb jener Sphäre schreit, die meine durch Ausübung einer Kunst beschränkte Person beherrscht; er hat meine
menschlichsten Seiten, jene eben, die ich schrieb, mit Blutschuld
übergossen und für das Auge der Allgemeinheit unlesbar gemacht, der ich nur lebe, da ich ihr noch nicht geschrieben habe,
*weil* ich noch lebe. Der Artikelschreiber hat wider mich als den
Vater, der ich bin, die Anschuldigung erhoben, ich hätte indirekt
Kinderblut vergossen – denn ein Knabe wurde, wie ich las, in dem
Tumulte totgetreten –, hat damit also gesagt, ich würde wovor ich
mein Kind schütze, einem anderen haben widerfahren lassen. Er

meint, ich wäre eben ein Bürgerlicher, der solches kann, der aus Kinderarbeit in ungesunden Fabriken fluchwürdigen Reichtum schindet. Er wirft mir genau das also vor, was seiner Kaste vorgeworfen wird, und nicht nur von mir, sondern gerade auch von jener offiziellen Sozialdemokratie, der er mich und meine Freunde denunziert. Er untergräbt mein bürgerliches Ansehen, weil ich ein Haus und Ordnung halte und als Nutznießer der Unordnung sie vor mir selber nicht halten könnte, sondern Abschied nehmen müßte selbst vom geregelten Gange meiner Uhr, hätte ich indirekt auf eine feiernde Menge gefeuert, deren Freude ich über die Ausrufung der Republik, ferne der Menge gerade an diesem Tage, teilte. Er raubt mir die mühsam erworbene Sicherheit des Herzens, insofern er mich zwingt, die Evidenz aller Worte, die ich geschrieben habe und die mir dank der Tatsache jederzeit zur Hand ist, daß diese Worte nur die eigensinnigen Wiederholungen einer einzigen Idee sind, in einem blutrünstigen Lichte zu prüfen: denn keiner Schuld halte ich mich ganz für unschuldig. Sollte je ich aber in einem unscharfen Gespräche, angegriffen vom Distanzlosen, das ein Symbol von Distanz schaffende Mittel der Gewalt gepriesen haben, anläßlich einer Ahnung, vielleicht vom nun erst erfolgtem Angriff, der gerade doppelt verwerflich mir Gewalt erscheinen läßt, so bereue ich es, erkenne es als den Keim der Gewalt, die jener mir zugefügt und fasse die Mahnung nur tiefer mit dem Herzen ein: jederzeit abhold dem Unscharfen und der Neigung des bloß sich auswirkenden Temperaments zu sein. Anläßlich des unbedeutenden Verfassers eines lügenhaften Artikels erkenne, beherzige ich, doch nicht angesichts. Denn wohin kämen wir, wenn wir gegen Gottes Geißeln psychologisierten, und was würden wir gewonnen haben, wenn wir den Aufwand an Lüge und Bosheit gegen uns nichtig fänden und, berichtigt, auch für abgetan? Wir würden da wählerischer gewesen sein als Gott [...]

So werden also die von der jetzt Herrschaft gewordenen Sozialdemokraten abgelegten Kleider, die roten Hosen uns angezogen, uns, die wir eigentlich nur des Kaisers neue Kleider tragen, also fast gar nichts anhaben, kein Tuch einer Partei, wohl wissend, daß man uns Freie und Vogelfreie immer in jener Tracht sehen wird, die man den Prügelknaben jederzeit versetzen will. Es ist nicht das rote Tuch, das erregt, es ist der gelbe Fleck, was den Bürger beruhigt. Was durch die Zeiten wanderte, von Kains Stirn über Neger und Jude, das Taschandalamal, jetzt ist es endlich dort, wo es kein künftiger Lorbeer ganz mehr verhüllen kann. Jetzt wird von seinem entarteten, früh verkommenen Bruder, dessen Interview er sich entziehen konnte, der Dichter, der Schriftsteller gezeichnet, auf das *die* Kunst von nun ab jeder Spießer träfe, dem inkommensurabel bisher eines Dichters Dasein war. Jetzt wird die Literaturgeschichte zum Pitaval, und an Stelle jener Verbrechen, die man selber hätte begehen können, tritt endlich der Verbrecher, mit dem man nicht mehr sympathisiert und den zu töten die reine Freude endlich auch am Rechte verheißt. Erführe das bürgerliche Publikum, das kaum von dem unbegründeten Chok über den Eintritt von Sozialisten in die Regierung sich erholt hat, wer nun seine neuen Gegner und Störer der Ruhe seien, wie könnte es ruhig schlafen teils im Pfühle, teils auf dem Gefühle, eine bedrohte Idee, also noch immer eine Idee zu sein? So aber wiegt das dienstbeflissene Bellen ihrer Preßhunde die Tauben, jene, die die Sprache der Zeit nicht hören, aber das Flüstern eines Konfidenten, in süßem Schlummer. Und diese unverdiente Ruhe wird von meiner Ehre genommen, lebt von meinem Herzen, das sie nun nicht findet, steht als der Stachel unerträglicher Begünstigung vor meinem Auge, das der Schlummer flieht. So werde ich, ohne der Feind der Gesellschaft zu sein, zu dem ihren gestempelt, wie man Schlachtvieh stempelt.

# Eine Ehrenbeleidigungsklage gegen das »Neue 8=Uhr=Blatt«

[Neues Wiener Abendblatt, 11. März 1920]

Anonym

Im »Neuen 8=Uhr=Blatt« erschien am 16. November ein Artikel unter dem Titel »Die Wiener Rote Garde«, den der Chefredakteur dieses Blattes, Georg Bittner, mit seinem Namen gezeichnet hatte. In diesem Artikel bezeichnet Bittner die

Schriftsteller Egon Erwin Kisch, Franz Werfel, Paris von Gütersloh-Kühtreiber und Dr. Franz Blei als »Väter der Roten Garde«. Dr. Franz Blei brachte gegen Georg Bittner wegen dieses Artikels die Ehrenbeleidigungsklage ein, weil er sich durch den Vorwurf der Gesinnungslumperei, darin bestehend, daß Doktor Blei in Berlin die deutschnational gesinnte Zeitschrift »Der Kleiderkasten« und dann die katholische Zeitschrift »Summa« herausgegeben habe, beleidigt fühlte und weil der von ihm herausgegebene »Amethyst« als pornographische Zeitung bezeichnet und ihm vorgehalten wurde, seine Familie habe eine Zeitlang auf ärarische Kosten gelebt. Die erste Verhandlung im Sommer des vergangenen Jahres wurde zur Durchführung damals eingebrachter Beweisanträge vertagt. Die Verhandlung wurde heute vor einem Schwurgerichte unter dem Vorsitz des Oberlandesgerichtsrates Dr. Wessely fortgesetzt. Den in München krank darniederliegenden Dr. Blei vertritt Dr. Sperber, Georg Bittner hat Dr. Herzberg-Fränkl zum Verteidiger.

## Die Väter der »Roten Garde«

[Der Neue Tag, 12. März 1920]
Anonym

Mit seltener Einmütigkeit haben die Wiener Geschworenen im Prozesse des Schriftstellers Franz Blei gegen den Chefredakteur Georg Bittner ihr Urteil gefällt. Sie verneinten sämtliche Schuldfragen einstimmig.

## Robert Musil
## Aus den »Tagebüchern«

[1920]

Bittner-Prozeß:
   Blei, Werfel, Gütersloh – ein paar andre ausgenommen waren sie die einzigen Köpfe im KPQ [= Kriegspressequartier]. Sie werden nun als der Abhub hingestellt und die gesamte KPQ marschiert als Zeugen gegen sie auf.

Ein Herr Bittner, ein lob und tadelsfeier Durchschnittsjourna-
list nennt Blei einen Pornographen (d. i. doch einer, der zu Er-
werbszwecken unzüchtige Schriften schreibt oder verbreitet).
Blei ist als erster in Deutschld. eingetreten für Sternheim, Jam-
mes, Claudel, Chesterton, (um Dankbarkeitszusammenhänge
nicht zu verschweigen:) Musil; er hat damit mehr für gute Literatur getan als die gesamte Concordia [= Wiener »Journalisten-
und Schriftstellerverein«]. Und das Gericht spricht Herrn Bittner frei.

Weil Blei im KPQ war und nachher für die KP wird er ein
Gesinnungslump genannt. Straflos in einer Öffentlichkeit, die
ohneweiters die Zusammenhänge zwischen Bezahlung und
Journalismus schluckt.

Mag sein Katholizismus spielerisch sein, irgendwie kommt er
aus dem Herzen. Und daraus wird ein Gerichtsbeweis gemacht
in einer Republik wo man weiß, daß der Großteil der christlich
sozialen Abgeordneten nur aus Opportunismus bei der Partei
ist.

Herr Lustig-Prean, der bösartigste Macher, der mir im Krieg
untergekommen ist, wird ernsthaft als Zeuge verhört.

Weil Blei den »Kleiderkasten« herausgegeben hat, wird ihm
Mangel an ernster Gesinnung imputiert.

# Spuren und Freundschaften

Emil Alphons Rheinhardt
Porträt des Dichters Paris von Gütersloh

[1913]

Der pagenhafte Spieler mit dem Ernsten
Gibt sich der Linie hin, die er enthüllt,
Aus sich erregt und Ich erst an den Fernsten,
Das er mit sehr gekühltem Leben füllt.
An Fäden spürend, die noch gar nicht sind,
Büßer am Worte, kirchlicher Gebärde
Formt er aus einer sehr banalen Erde.
Aus Sünden und aus Gott, fast Greis, fast Kind,
Ein vielverschlung'nes Ornament.

      Uns sehr entlegen.
Blutfernes erst, Erlöstes, das ihn stillt.
Darüber aber ist ein fremder Segen:
Denn das Entlegenste wird Bild und gilt.


Franz Pfemfert
Brief an Arthur Roessler

31. Mai 1913

Ich bin von Gütersloh begeistert; sehr danke ich Ihnen diesen
Ganzen. Er muß (und wird) in Berlin balde die »Mode« bilden,
und nicht nur in Berlin. Ich weiß nicht, wie Herr v. Gütersloh
darüber denkt, aber eine Gütersloh-Nummer der AKTION
mit diesem Porträt, das Egon Schiele zeichnen müßte, wäre mir
äußerst sympathisch.

# Arthur Roessler
## Paris von Gütersloh

[1914]

Eine problematische Natur mit vielfach fazettierten Seiten. Von zwei Seiten deutlicher wahrnehmbar: als Dichter und Maler. Sein heftiges und klares Denken durchsalzt und durchwürzt die trägen und schalen Stoffe. Als Maler Autodidakt, hat er vermöge seiner genialen Geistigkeit die technische Einfachheit in eine entzückende, überaus raffinierte Primitivität umgewandelt. Seine Farben haben etwas Spirituelles und stark Eindruckhaftes, trotz ihrer materiellen Unwirklichkeit. Am Überzeugen ist ihm gar nichts gelegen, und er wünscht sich für seine Bilder Beschauer, denen gleichfalls nichts daran gelegen ist. Er hält im Grunde, trotz aller möglichen, vorübergehenden Erfolge, das bloß Überreden für durchaus nutzlos. Nur das Ergriffensein gilt ihm wertvoll. Er malt darum nicht etwas Bestimmtes, den oder jenen Mann, dies oder jenes Weib, ein Ding, das ohnedem da ist, sondern etwas, das noch nicht da war, nicht so da war, wie er es empfindet, sieht, darstellt. Seine Gemälde sind der Ausdruck nervöser Empfindungen, empfindlicher Impressionen, entstanden gleichsam wie von selbst, absichtslos und hoffnungslos und dennoch von Verbitterung frei. Seine, auch den Stumpfen irritierende Erscheinung, ein Behälter wunderlichen Wesens, die jünglinghaft schlanke Gestalt mit den in Profil gemmenhaft scharfen Linien und der tiefschwarzen, kappenartigen Römerfrisur ist – bildmäßig gewertet – die interessanteste unter den der Jungwiener Künstler.

# Arthur Schnitzler
## Aus dem »Tagebuch«

24. Dezember 1913. Vormittag.

Schwarz Weiss Ausstellung. Hr. Alphons Rheinhardt stellt sich vor und führt mich. – Schönes: Klimt, Liebermann, Meid u. a. – Affectirte Schwindler: Paris v. Gütersloh, Schiele u. a. – – Erwin Lang – (begabt).

[...] zu Schmidls, Lili Berger, Jacob [Jakob Wassermann] und Julie [Wassermann]; – Dr. Groß. – Lili erzählt von der Hochzeit ihrer Schwester Emma mit Hrn. Kühtreiber (alias Paris v. Gütersloh). – Er spielt den katholisch gläubigen; ein Heiliger kann zugleich hier und in Petersburg sein [...] Discussion zwischen ihm und Vicki [Victor Zuckerkandl]; Baron Dirsztay und Roth, die Schwäger (Roth noch illegitim). – Im Sommer sagt Emma ihrer Schwester; sie habe beschlossen, ein Kind zu kriegen. Erwin Lang sei bereit, Grethl (Wiesenthal, Langs Frau) wäre einverstanden, also habe Lili (die ungehalten war) nichts dreinzureden. (Snob- und Schwindelbande.) – Dr. Groß spielt Mahler und andres. –

7. Juli 1914

Vicki zum Thee; hat heute mit Auszeichnung maturirt. Viel über die Schwindelbande Gütersloh (Kühtreiber, Emma Bergers Mann), Erwin Lang, [Grete] Wiesenthal etc. – Wie in St. Christoph beschlossen wurde, daß Erwin Lang, Grethe W.s Mann Emma Berger ein Kind zu machen hätte; Grethe einverstanden, auch Mutter Lang dafür, bis Herr Paris v. Gütersloh erschien und hiezu erwählt wurde. – Otto Z[uckerkandl] schmiß Herrn Gütersloh hinaus, als er über Klimt, Hoffmann, mich unflätig schimpfte. –

22. Dezember 1918

Im Theater (Bühne) nur während des 3. Aktes [des Dramas »Abschiedssouper«], an dessen Schluß ich für den colossalen Beifall einige Mal dankte, sprach Bernau und viele der Schauspieler; Hrn. Winternitz (früher Costume-Atelier Burgth.). Es ist wohl der stärkste Erfolg, den ich je gehabt habe. –

Dann zu Frau Mahler-Gropius, wo schon O.[Rudolf Olden] –Werfel, Gütersloh, Blei und ein paar andre junge Leute von der äußersten Linken. Karpath. Bald nur Werfel und Karpath. W. sprach geistreich über Fritz Eckstein. Frau Mahler confus-fahrig.

Zum Thee Lili Berger: man sprach von guten alten Zeiten. Brioni – und Frieden. – Vom Tod ihrer Schwester Emma Gütersloh –

6.Juni 1919

Traum (unter vielen –) Sommer. Bad – plötzlich ein Theater, dunkel, Probe?, vorn eine Dame winkt mich herbei. Lili Berger, neben sie erste Reihe, sie ist sehr zärtlich: auch ihre (verstorbne) Schwester (anders aussehend) ist da, Emma (Gütersloh!) – ich küsse ihr die Hand – auf der Bühne drei botticartige Särge, in jedem ein Weib in Bademantel liegend, die in der Mitte entblößt sich in cynischer Weise. –

8.Juni 1918

Nach Tisch Richard [Beer-Hofmann], er spielte mit unsrer kleinen Katz – wir sprachen über den Geist des Heineschen Burgtheaters – die Gütersloh – Blei Atmosphäre.

15.Juni 1919

[Vormittag] bei Salten Vorstandsitzung. Währenddem Nachrichten (an Bauer, Extrablatt) von Schießerei. Verwundungen, etc. die sich bestätigen. In der Arbeiter Ztg. Nachweis der Bestechungen an die Communistenführer hier. Welch ein Gesindel! – Blei (und Genossen) – danken in der Ztg. dem »mutigen Anonymus« der ihre Unterschriften unter jenen Aufruf gesetzt hatte (gegen die Hinrichtung [Ernst] Tollers – die von einem blutrünstigen Bürgertum geplant wird). –

Die Depravation dieses Literatenvolks (Gütersloh, Werfel – [Alexander] Moissi, die [Ida] Roland, [Albert] Ehrenstein auch dabei) dies Gemisch von Opportunismus, Snobismus, Verlogenheit und Schamlosigkeit ist ganz einzig. –

Nm. mit Heini [Heinrich Schnitzler] Quartett von Kopylow. –

Ein paar Verse Weiher.

Richard und Paula [Beer-Hofmann] vor dem Nachtm. Der Communistenputsch.

Gerüchte. Die Enunciation der Bleitruppe: Richard hatte sich über das Gesindel allzusehr geärgert. –

## Hermann Bahr
## Expressionismus

[1916]

### Replik

Bist du so verwegen und willst es wagen, uns Herrn Paris von Gütersloh aus dem Prophetischen zu verdeutschen? Man sieht ein Bild, das man nicht versteht, und liest dann einen Text dazu, den man noch weniger versteht. Nachbarin, euer Fläschchen! Ein ehrlicher Maler, wenn er schon nicht malen kann, macht wenigstens kein Evangelium daraus. Oder wirst du vielleicht die Zaubersprüche der Expressionisten auch noch verteidigen?

### Dunkle Rede

Wenn Paris von Gütersloh sich vernehmen läßt, klingt's nach den Müttern, und niemand merkt, daß dieser so rein nach dem Rechten strebende Künstler meistens die grundgescheitesten Dinge sagt, nur freilich absurd. Warum?

Ich frage mich das auch und war bisweilen auch schon geneigt, diese Mode der dunklen Rede zu schelten. Bin aber doch dann wieder davon abgekommen und nun freilich allmählich schon ganz irre geworden: ich weiß jetzt gar nicht mehr, wie man Wahrheiten vortragen soll. Dunkle Reden ärgern den Hörer, aber klare hört er gar nicht an oder überhört sie; wird ihm nämlich die Wahrheit zu leicht, zu bequem gemacht, dann achtet er sie wieder nicht. Das gilt besonders vom Deutschen, der ja nichts ernst nimmt, solang er nicht dabei schwitzen muß.

# Karl Kraus
## Aus »Die Fackel«

Mitte Januar 1914

... – mit einer zeichnerischen Genialität hingetupft, daß man sich gefangen gibt und nun über das Folgende gar nicht einmal staunt, sondern mit leckermäuligem Behagen schlürft und Schalen hinhält, damit ja kein Tropfen verloren gehe ...

Wer ist denn der Süße? Ein Zeichner, der tupft und dem man sich deshalb gefangen gibt? Ein Konditor? Eine Kuh? Nein, ein Kühtreiber, der unter dem delikaten Pseudonym Paris v. Gütersloh einen Roman geschrieben hat. Alles schlürft, weil der Herr Bahr, diese alte Schlürferin, gesagt hat, es sei süß. Ich weiß aber, daß es bitter ist. Die Schalen wollen oft, daß kein Tropfen verloren gehe, darum halten oft die Tröpfe die Schalen hin. Ich hab einmal von dem Herrn einen Essay geschlürft, in dem war nur ein Satz genießbar, und der war von mir. Ich bin also nicht kompetent. Aber man reize mich nicht, Tropfen aufzufangen. Von dem Roman habe ich nur gehört, daß darin das Wort »Transsubstantion« vorkomme. Es dürfte sich um jene neueste Nervenkunst handeln, die Fremdwörter nur so hintupft. Der Meister soll sich aber tatsächlich auch als Zeichner hervortun. Nach Kokoschka blüht jetzt dies unbefugte Doppelleben. Ich höre, daß auch der Oppenheimer schon schreibt, und glaube, daß es Umstände gibt, unter denen die Seligmänner, die ja sonst nichts haben, recht haben. Es wird dereinst das furchtbare Stigma der Quallenperiode sein, daß die Seligmänner recht hatten. Und ich gehe weiter im Zugeständnis. Den Persönlichkeiten, sage ich, geschieht recht, daß sie von den Seligmännern nicht erkannt und nicht unterschieden wurden. Sie hatten die Schuld, in dieser Periode auf die Welt zu kommen, und das kann ihnen mehr schaden als die Seligmänner schaden können. An dem Unflat, der sich jetzt in den Geistessümpfen der großen Verkehrszentren an ihre Füße hängt, leiden sie mehr als an der Verwechslung.

# Proteste

Ein telegraphisch nach München gesandter Protest gegen die »Hinrichtung Tollers« war von den Namen Seitz, Bauer, Friedrich Adler, Tandler, Schnitzler, Bahr, Beer-Hofmann, Hofmannsthal, Zweig unterzeichnet, ohne daß deren Träger vorher ihre Zustimmung erteilt hatten. Die übrigen Unterschriebenen erließen nunmehr die folgende Erklärung:

Dem mutigen Anonymus, der in einem Augenblick, da einem Kameraden in München die Rache des blutdürstigen Bürgertums drohte, unbekümmert unsere Namen unter seinen Protest setzte, sprechen wir den wärmsten Dank für diese Handlung aus.

Blei, Ehrenstein, Moissi, Gütersloh, Roland, Sonnenschein, Werfel.

Paris von Gütersloh, dessen Name seit Jahren überall dort auftaucht, wo Bewegung ist und wo im Chaos der Plakate von heurigem Wein und heuriger Kunst die Lettern wie tanzende Törinnen uns bannen, war lange vor Ausrufung der Republik ein Revolutionär; denn er hat das Recht des Kaisers zur Verleihung des Adels nie anerkannt. Daß er jedoch die Pflicht des Republikaners, ihn abzulegen, pünktlich befolgt hat, ehrt ihn nicht minder. Hat Paris Gütersloh durch diesen Schritt manche Neider und Feinde bekehrt, so kann freilich seinen Bewunderern, die ihn einen zweiten Kokoschka nennen, nur insoweit recht gegeben werden, als er ein schlechter Dichter ist. Er hat es aber bis zum artistischen Beirat jener Bühne gebracht, die vermutlich, solange Steine für die Dauerhaftigkeit eines Gebäudes und für die Vergänglichkeit eines Geistes sprechen, sich Burgtheater nennen wird. Daß Kautsky & Rottonara keine Expressionisten waren, ist alles, was sich zum Ruhm einer Schauspielkunst, der sie die Folie gaben, sagen läßt. Indes ist es einem Künstler, der sich einen so schönen Namen gemacht hat wie dieser Gütersloh, durchaus nicht zu verargen, daß er das Bedürfnis hat, ihn bei jeder nur möglichen Gelegenheit zu unterschreiben. Wie empfing Fiesco die Verschwörer? »Und hier begrüße ich einen fünften Gast, mir zwar fremd, doch empfohlen genug durch diesen würdigen Zirkel.« »Es ist ein Maler schlechtweg, gnädiger Herr, Romano mit Namen, der sich vom Diebstahl an der Natur ernährt, kein Wappen hat als seinen Pinsel, und nun gegenwärtig ist, die große Linie zu einem Brutuskopfe zu finden.« Da reizt ihn Fiesco: »Du prahlst mit Poetenhitze, der Phantasie marklosem Marionettenspiel, ohne Herz, ohne tatenerwärmende Kraft; stürzest Tyrannen auf Leinwand ... Machst Republiken mit einem Pinsel frei; – kannst deine eigenen Ketten nicht brechen? (Voll und befehlend) Geh! Deine Arbeit ist Gaukelwerk – der Schein weiche der Tat – (Mit Größe, indem er das Tableau umwirft) Ich habe getan, was du nur maltest! (Alle erschüttert.)« Gütersloh (entzündet): Ich auch! ... Denn wenn sich Romano an der kommunistischen Bewegung beteiligt, so ist er schon halb Fiesco.

Ende Dezember 1922

Blei hat den diesjährigen Fontane-Preis Gütersloh, dem Autor des Werkes »Die Rede über Blei oder der Schriftsteller in der Katholizität«, verliehen.

Montag hat Albert Gütersloh

– es ist Paris von Kühtreiber; aber der Abbau hat begonnen – der durch die jüngste Verteilung des Fontane-Preises bekannte Schriftsteller und Maler aparter Aquarelle und Ölbilder, als Gast des Wiener Kulturbundes im Saale der National-Bibliothek aus ungedruckten Schriften vorgelesen. Der selten schöne Bariton Güterslohs mit seiner schauspielerischen Ausgefeiltheit, vermochte die schweren brokatenen Perioden leicht und geschmeidig ins Gehör zu flößen. Güterslohs Art ist die barocke Latinität, so gedrechselt und qualvoll verschlungen sein Stil und seine Gedanken sind, so klanghaft durchsichtig und lateinisch einfach vermochte Gütersloh selbst sie zu durchdringen und wiederzugeben. Vielleicht ist Güterslohs Verwickeltheit nur ein Vorurteil. Nicht bei näherem Hinsehen auf ein oft wie irrsinnig gestaffeltes Satzbild, dagegen wohl sehr beim Hinhören auf diese sich selbst tragenden und schwebenden Satzorganismen erweicht sich jene verstockte Verständnislosigkeit, mit der man im ersten Augenblick Autoren seiner Art entgegentritt.

Wie immer dem sein mag, die meinige ist unerweichlich, ich lasse mir weder schweren Brokat noch schweren Damast ins Ohr flößen, und da der Kulturbund es unter diesen Stoffen nicht tut, so wäre ich nicht so einer:

Das erlesene Publikum des Kulturbundes spendete delikaten Beifall, den eine gespannte Aufmerksamkeit bereits vorbereitet hatte. Gütersloh ist in der letzten Zeit wieder stark in den Vordergrund des öffentlichen Interesses getreten ... Gütersloh als literarische Erscheinung nimmt einen zukünftigen religiösen Standpunkt vorweg, in dem höchste Gehirnlichkeit mit sinnlicher und gemütsmäßiger Einfalt wieder vereinbart erscheint.

## A. P. Gütersloh über Karl Kraus

[1940]

Es ist ein großes literarisches Unglück, wenn Jemanden die Sprache so sehr beherrscht, daß er keines Gedankens mehr fähig ist. Er erreicht so, auf höchst verdienstvolle Weise, das andere Ende der Stupidität.

## Robert Musil
## Aus den »Tagebüchern«

[um 1917–1918]
[»Der Teufel«. Ein katholischer Roman]

Er spürt den Ausschluß der genialen Persönlichkeit aus der katholischen Kirche und die Bevorzugung des handfesten Mittelmaßes. Die christlichsoziale Partei wird ihm zum grauenvollen Symbol. Er hat vom religiösen Standpunkt gar nichts gegen den Bolschewismus einzuwenden, aber Klerikalismus und Sozialismus erscheinen ihm als die großen vernichtenden Bewegungen. Er lernt Typen Blei, Gütersloh, Chesterton, Newman, Hochland kennen. Sie stoßen ihn auch ab. So wächst zwischendurch die Frau, finster wie die Stefanskirche.

[um 1917–1918]

Gü. ins Auswärtige berufen, würde eine Note an Clémenceau mit der höchsten geistigen Pathetik stilisieren. Das Lächerliche liegt wohl im Deplacierten.

*Blei & Gütersloh.* Gemeinsam sind sie besser zu verwenden als einzeln. Mit ihren Projekten, ihren gegenseitig. Entzündungen sind sie ein Paar wie von Cervantes.

[um 1918–1921]
[zu Alfred Döblin, »Wadzeks Kampf mit der Dampfturbine«]

Nervöse Kürze so nervös, so wiederholt, daß sie länger wird als das breiteste Erzählungstempo.

Bleibt als »neue Weis« etwas von der Umkehrung einer Rotationsvorstellung, wie es Gütersloh zum erstenmal eingeführt hat.

Nicht: er löste sich vom Hintergrund los
Sondern: der Hintergrund entließ ihn.
Telegrafenstangen kamen ihnen entgegen.
(Blick aus fahrendem Eisenbahnzug)

Beim aufgeblättert sinnlichen Gütersloh sehr reich. Bei Döblin Sternheimisch gespitzt.

## Expressionismus

[um 1918–1921]

Sie alle [die Expressionisten] folgen Augenblickseindrücken, sind also Impr[essionisten].

Hauptmann: monströses Phänomen brillanter Oberflächenbewegung bei geringer Innenbewegung (ideologischer Beweg.)

Andrerseits fließt die Grenze gegen den Impr. Die tanzende Törin voll von Impression. Noch mehr die Skizzen von Däubler; die hätten auch vor 25 Jahren erschienen sein können.

Ich würde dort, wo ich eine bestimmte Nuance eines Gedankens herausarbeiten will, im Roman dies bedenkenlos durch die Schilderung der Situation des Denkenden zu erzielen suchen. Ich würde eine kleine, die minimale Reihe von Beschreibungen eines Gehabens, einer Umgebung geben, ganz hinter das Pseudo-Objektive zurücktretend. Cendrillon sagte … Und ein kleiner Hof

strahlt um die Sinnlichkeit dieses Satzes, wie um eine Kerzen-
flamme. Ich sehe nicht ein, warum man in Begriffen sich verständigen soll, statt in Vorstellungen. Ich würde mich – vielleicht –
lieber – – in Vorstellungen verständigen, wenn es ginge. Man soll
mir widersprechen.

Aber andere Dichter sind ganz anders, zb. Gütersloh in dem
Fragment aus dem Rausch der Abstrakta. Eine lange, gewogene,
[rhetorische] feierliche Prosa. Wolffenstein – Hölderlin.

Edschmied: Auch nach der Art der Kürze untersuchen.

Werfel – –

17. Juli 1930

Literar. Essays wenigstens anlegen und vorbereiten in der Form:
*Handbuch der literarischen Unrichtigkeiten* zb. die typische
Verführung, die von Gütersloh ausgeht.


# Robert Musil
# Wiener Kunstausstellungen

29. Februar 1924

Künstlerisch hoch stehen die Ausstellungen des *»Hagenbund«*,
aber sie sind nicht bewegend; diese Künstlervereinigung, die
einst eine »gemäßigte Sezession« darstellte, ist heute eine »ge-
schärfte Sezession«, aber das ist derzeit in Wien immer noch
rechts vom Radikalismus. Sie umfaßt sehr gute Maler und um-
schließt viele Nuancen eines zu Würden und Verantwortung gekommenen Expressionismus. Ich möchte den Eindruck, den mir
ihre letzten Ausstellungen gleichermaßen machten, am ehesten
den einer »blühenden Malgemeinschaft« nennen oder auch Flora
eines bestimmten Ausstellungsterrains: man anerkennt den großen Reichtum individueller Formen und Spielarten, aber der
Eindruck einer bodengebundenen, bunten, sich selbst abwan-
delnden Einheit ist stärker. Wenn ich Paris Gütersloh heraus-
hebe, so geschieht es auch nicht wegen seiner malerischen Eigenheit – er ist weder ein Mal-Maler, noch ist seine, vom sphärischen
Zweieck durchwobene Zeichenform eine unabhängige Erfin-

dung, wenngleich Farbe wie Form sehr persönlich variiert sind und einen überaus anregenden Widerspruch von Eigenart und Eklektizismus in sich tragen – sondern weil er Maler und Dichter ist; seine teils hieratisch ornamental, teils spitzpinselig sehende Prosa (die sehr schön ist) wandelt sich in seinen reizvollen kleinen Aquarellen ganz zu optischer Phantasie zurück, zum Augenblicksquerschnitt, aus dem sich das Geschehen ablesen läßt, ohne daß, wenn ich so sagen darf, der kleinste Erzählungsfaden herausstünde, und über das Bild hinauswiese. Diese Fähigkeit, Erzählungen gewissermaßen schweigsam zu malen – alle anderen Versuche, die ich kenne, sind redselig – gibt Gütersloh eine besondere Stellung.

## Martha und Robert Musil
## Briefe

Martha Musil an Annina Marcovaldi
Wien, den 9. September 1918

Randaschl soll uns leider doch fortgenommen werden; grade jetzt entscheidet es sich, ob er noch in irgend einer Eigenschaft beim K.P.Q. bleiben kann; es ist aber sehr unwahrscheinlich. – Daß Hegner enthoben wird, weißt Du wohl schon; jetzt wollen sich Blei und Gütersloh auch entheben lassen.

Wien, den 28. Dezember 1918

Wir sind jetzt wieder regelmäßig mittags im Central, mit Blei, Güterloh Allesch's u.a., abends öfters im Herrenhof.

Wien, den [Poststempel] 3. Juni 1919

Hier ist eine neue Ausstellung: Bund der Jungen … Aber sie ist nicht gut. Gütersloh, Fischer, Faistauer sind dabei, die Faistauers sind nicht schön, hängen schlecht; das hat Fischer verbrochen – und Faistauer, der erst gestern zurückgekommen ist, soll furchtbar schimpfen. Gütersloh hat Aquarelle dort, die in ihrer Art schön sind. Blei u. Gütersloh gehen jetzt immer in ein andres Café, sie wollen nicht mehr im Central sein.

Wien, den 9. Juli 1919

Fürchtest Du Dich, allein bis Salzburg zu fahren? Dann würde ich Dir bis zur Grenze oder bis München entgegenkommen. Augenblicklich sind Blei und Gütersloh in München; aber das sind keine sicheren Reisebegleiter.

Wien, den 10. Oktober 1919

Wir haben noch gar nichts von Blei gehört; nur indirekt von Billy [Sibylle Blei], daß Gütersloh sich nach Wien sehnt, (daß er entlobt ist, weißt Du), nun haben aber Bleis die große Villa gemietet, – ich bin neugierig, was Blei schreiben wird; gewiß hat er wieder unzählige Pläne.

Martha Musil an Franz Blei
Wien, den 21. April 1920

Robert freut sich auf die [Zeitschrift »Die] Rettung«, dankt, grüßt und läßt sich entschuldigen, daß er nicht schreibt, weil er mit dem Abschreiben so viel zu tun hat. Sehr schön, daß Peter wieder gesund ist! Wie geht es Gütersloh?

Robert Musil an A. P. Gütersloh
Wien, den 7. August 1920

Lieber Herr Gütersloh,
    Blei schreibt mir, daß Sie die Schwärmer am Schauspielhaus durchsetzen wollen und werden; lassen Sie mich Ihnen für diesen Akt militanter Freundschaft und Zusammengehörigkeit herzlich danken!
    Ich schicke das Mpt. heute an Blei, weil ich mich Ihrer Adresse nicht sicher fühle. Leider ist es stark durchstrichen und wegen des dünnen Papiers widerwärtig zu lesen, aber da eine Maschinabschrift heute eine Vermögensabgabe ist, mußte ich es so lassen. Einzelne Seiten, wo es zu arg war, sind neu geschrieben und auch nicht gerade schön, aber ich hoffe, die Einheit des Textes und Spielablaufs wird sich über die Hindernisse weg schließlich doch ohne viel Hin und Herlesen einstellen.

Ich glaube, daß das Stück dankbare Rollen enthält und wenn jemand dem Schauspieler die Augen für solche Menschen öffnen kann, sind es Sie; ich wäre sehr zuversichtlich, dankbar und froh, wenn Sie diesen Liebesdienst wirklich auf sich nehmen wollten!!

Ich hoffe, Sie im Herbst wiederzusehn
und bleibe mit herzlichem Gruß Ihr
freundschaftlich ergebener
Robert Musil.

Robert Musil an Berthold Viertel
Wien, den 5. Dezember 1920

Ich veranlasse gleichzeitig, daß Ihnen der Sibyllen Verlag Dresden–Frauenstraße ein Mpt. von mir zusendet, es ist das Drama Die Schwärmer, und bitte Sie, es zu lesen ...

Wenn ich daraus, wie das Stück auf Blei, Gütersloh, Werfel, Buschbeck, Rob. Müller, Polgar, Moritz Heimann, Kahane u. a. gewirkt hat, auf Ihren Eindruck schließen darf, müßte es der sein, daß dieses Neue auch auf der Bühne durchgesetzt werden muß, und gerade Sie wären ja wohl imstande, vorbildlich den ersten Angriff auf das Publikum zu leiten, sobald Sie sich meiner Sache innerlich anzunehmen vermöchten.

Martha und Robert Musil an Annina Marcovaldi
Wien, den 19. Oktober 1922

Bilder und Zeichnungen sind hier rasend teuer. Merkel Bilder zwischen 5–8 Millionen, Harta Bilder drei- bis 12 Millionen, Aquarelle und Zeichnungen von zwei- bis sechshunderttausend. Pechstein und Liebermann entsprechend höher, bei dem Stand der Mark (heute 21.) ist das sehr viel mehr als in Berlin, ich glaube es würde die Reise für Hanna lohnen. – Gütersloh Aquarelle stehn hier 250000. Die Familie Gütersloh: er, sie, Kind, Kindermädchen, Katze und Hund sind jetzt hier und wohnen im Atelier bei Karl Adler, der sein Kind (das er nicht seiner Frau lassen will) mit Gütersloh Kind erziehen lassen will. Karl Adler hat eine Erfindung gemacht, durch die er Milliardär wird, wie er sagt. – Werfel hat ein modernes Stück fertig, es heißt: Schweiger, ich glaube, er ist auf der Reise nach Berlin, um es anzubringen; hier hat er es Beer gegeben.

Robert Musil an Franz Blei
Wien, den 17. Februar 1931

Sie werden wohl schon wissen, daß Gütersloh eine Lehrstelle an der Kunstgewerbeschule bekommt, was sehr erfreulich ist. Er ist sicher ein scharmanter Lehrer, und da sie dort ohnehin schon Farben hören und Töne malen, wird ihnen der theoretische Aufstieg zu Gott nicht schwer fallen.

Wien, den 22. März 1931

Ich sehe, daß ich Sie in Ihrem Schmerz mit Gütersloh allein gelassen habe, denn die Differenz unserer Briefe beträgt acht Tage. Ich wußte nicht, was ich antworten solle. Klarer als Sie mit dem »Erzählton von 1840« kann man nicht ausdrücken, was ich immer murmele, daß G. eben ein Manierist ist. Ein Transvestite. Zwischen einem »Lebenswerk« und einem Henri quatre besteht bei ihm kein Unterschied, und wenn er sein Talent in die Wüste verbannt, so nährt er es dort mit wildem Kunsthonig. Dabei mag ich ihn natürlich auch und finde, daß er unverdient wenig Erfolg hat. Die Sache ist wohl die, daß ein solches preziöses Talent mit seinen Verwandlungskünsten und dem schwer aufzufindenden Nackten, das in den Kleidern steckt, zu einer Literatur gehört, der es nicht gut geht, und bei dem heutigen Marktgedränge schwer den Verlegern plausibel zu machen ist. Es müßte einer sein, der sich manchmal etwas leistet wie Cassirer, der das allerdings lieber mit Pferden tut, oder der unberechenbare Inselbesitzer oder Piper. Sami wird nicht zu bewegen sein, aber daß sich Loerke einsetzt, wäre nicht ganz ausgeschlossen. Und warum interessiert sich eigentlich nicht Schröder oder Borchardt für Gütersloh? Ich würde denken, daß er zur –?– Presse sehr gut passen würde, wobei Sie sich, wenn Ihnen das neue Buch nicht gefällt, ja auch auf die alten stützen könnten.

Ich lese hier in Zeitungen hie und da Prosa von Gütersloh, die vermutlich aus dem neuen Roman stammt, und muß sagen, daß sie mir gefällt. Wie steht es mit dem Ganzen?

Seien Sie versichert, daß meine »Rente« auch gelitten hat; ich bin recht deprimiert, und wenn für Rowohlt schlechte Zeiten kommen oder andauern, so werde ich mir mein Manuskript um den Hals binden und in die Donau gehn können. Unter diesen Umständen ist es wohl verzeihlich, wenn ich von einer Verlagsgemeinschaft mit Gütersloh nicht entzückt bin, der den Verleger Geld kostet, statt es zu bringen, und das bewegliche Talent besitzt, sich persönliche Vorteile zu sichern. Schließlich hat er immer auch noch seine Malerei als zweites Bein, während wir auf einem humpeln, und wenn ich Ihnen auch gern als Gewissensentlastung diene, möchte ich Ihr Gewissen doch nicht so erleichtern, daß Sie an mir die Kraft finden, die Sie für ihn einsetzen. Er scheint Ihnen gegenüber ein wenig in Stimmung zu arbeiten, wenigstens schließe ich das aus Ihrer Mitteilung über das Vertriebsbüro H & U., denn Frau Uji ist die Schwester von Richard Götz, der der Feuilletonredakteur des Tag ist und fleißig Gütersloh druckt und außerdem ein guter Freund jenes begeisterten Güterslohanhängers Doderer ist, von dem Sie ja ein Buch kennen: warum nimmt Gütersloh also den Klageweg über Sie und nicht den ihm so viel näher liegenden?

Grüßen Sie Gütersloh.

Man verlernt jetzt in Deutschland völlig das Briefschreiben durch die Zensur; insofern kann ich also nichts für diesen!

Wien, den 4. Juni 1935

Dem Schicksal entrinne ich ja doch nicht, daß Sie in der Absicht beginnen, über mich oder den Mann o. E. zu schreiben und mich in die Freude der Ankündigung versetzen, dann aber sich am gebundenen Thema langweilen und ins freie Schreiben geraten, das nur noch durch eine Nebel-Nabelschnur mit dem Ausgangspunkt zusammenhängt. Wenn Sie nicht am Ende das mir zu- oder von mir her Gedachte auch noch auf Gütersloh und Broch verteilen, will ich schon zufrieden sein!


## A. P. Gütersloh

An Franz Blei

Wo immer Einer von uns weilt
ist Patmos.
Es spricht nur in Inseln
Diese Zeit vom Ganzen.
Wohl dem, der zurückschaut
und an seine Ferse geheftet sieht
den rosigen Fuß schon der nächsten Jugend.
Uns aber umgibt
mit undeutbaren Segelzeichen
das bittere Meer.
Wie eines Priesters Gewand wogt es,
der den Gott beschwört.
Immer bleibt unser Blick
gen den Horizont gerichtet
oder zu den Öffnungen des Himmels,
wo von Jeher das Kommende aufbricht.

Franz Blei
Das Gütersloh

[1922]

Das Gütersloh ist ein Animal, von dem nur feststeht, daß es ewig ante coitum triste: woraus man erkennt, daß es nur in der männlichen Art vorkommt. Im Hinblick auf diese seine zwecklose Virilität hat man es auch das Nönnchen oder den Klostermatz genannt. Das Gütersloh ist eigentlich ein leichter Vogel, fliegt aber so selten, daß man ihn einen ethisch verkommenen Windbeutel nennen kann. Will man ihn zum Fluge zwingen, so soll er, wie einige behaupten, die sogar hören können, was er singt, anfangen, in rührender Art seine Hemmungen zu besingen. Diese Vogelsprache eines Flügellahmen, dieser Ton, der seine eigene Existenz wieder aufhebt –: es ist zu bezweifeln, ob er auf den Wachsplatten des literarischen Institutes sich wird festhalten lassen, von einer gebräuchlichen Literatur meinen wir, wo alle, die reden können, auch reden wollen. Der Klostermatz liebt die Vernunft über alles. Glaubt aber, sie nicht deutlich genug accentuieren zu können. Daher gilt sein spärlicher Gesang wegen der allzu großen optischen Nähe des großgeschriebenen Kleinsten den Meisten bestenfalls als unverständlich, schlimmstenfalls als pedantisch. Da er überdies kein waschechter Sänger ist, färbt sein prächtiges Gefieder leicht ab, wodurch das Gerücht entstand, das Gütersloh habe etwas mit der Malerei zu tun.

## Hütersloh

– hat, konsequent einen Versuch eines im Namen Gleichklingenden weiterbildend, eine leider aus äußern Umständen unvollendete Periode geschrieben: nach Verbrauch von 7860 Kilo Papier ging dieses in Deutschland aus. Die wieder gehobene Produktion läßt hoffen, daß Hütersloh seinen Satz vollendet.

# Franz Blei
## Gütersloh

[1930]

Als ich im Jahre 1917 Gütersloh traf – nach dem Treffen Musils der zweite Glücksfall meines spirituellen Lebens – und wir miteinander die Aufsätze in der »Rettung« schrieben gegen das Liberal-Ungenaue einer Werktätigkeit, die aus bloßer Übung von Talenten besteht, die sich und ihren Auswirkungen, und seien sie auch noch so groß, eine Eigenbedeutung geben, wie es diese Zeit zum System erhoben hat, an dem sie zugrunde geht, da nahmen wir und wollten wir an einem geläufigen Beispiel, dem der Künste nämlich und im ganz Speziellen dem der »Belletristen«, aufweisen, was Begabungen in diesem liberalen Zeitalter sind. Gütersloh antwortete: »Herabgekommene Religion. Herabgekommene Idee. Verwischter Gott. Getrübter Persönlichkeitsbegriff.« Aber sie wären nicht Begabungen, besäßen sie nicht die fingerfertige Geschicklichkeit, ihre Werke mit Gott, Religion, Idee und Persönlichkeit herzurichten und aufzuputzen, nur damit man die Begabungen für höchste nehme und damit das Werk »Niveau« habe. Und zuweilen gelingt es, mit diesem Christbaumschmuck vorzutäuschen, daß es von innen her und aus dem Keime gewachsene Blüten und Früchte sind. »Es gehört mit zu den schwersten Aufgaben, dem Werke, dem wir unser Leben sowohl geben wie danken, nur eine symbolische, nur eine stellvertretende Bedeutung zu vindizieren. Es bedurfte eines, ich möchte sagen dürfen: innigen Anblicks des Kreuzes, dieser Selbst- und Ansich-Bedeutung des Werkes Kehle und Augen zuzudrücken«, schrieb Gütersloh, für den die Künste »physiologische Reinigungs- und Heilmittel ersten Ranges zu sein scheinen, aber nur dann, wenn man sie selbst bereitet und appliziert«.

Wenn wir, wo sich unser Leben dem Ende zuneigt und sich unser »Wald entlaubet«, nicht mehr gewonnen haben, als daß wir uns unserer Werke erinnern als unserer »bedeutendsten Leistung«, hinter der wir als kümmerliche Greise verschrumpeln, dann hätten wir ja gar nichts gewonnen, denn wir hätten uns selber geistlich verloren. Das nun eintretende Schweigen muß uns eine lautere und lautere Stimme haben als alles unser früheres

Reden. Die Sonne, die auf uns scheint, muß dann eine andere sein als die fahle »Sonne des Ruhmes«. Der Wald, in dem wir rasten, ein anderer als der Bücherwald, Denn die Bücher waren keine Ziele, sondern nur Zeichen auf dem Wege zum Ziele, und wem diese Wegmarken rückschauend nicht in die verdeckende Erde gesunken sind, der ist nicht den spirituellen Weg gegangen, der zum Ziel, sondern den Irrweg der Eitelkeiten, der ins Leere führt.

Daß wir sozusagen das Kind mit dem Bade ausschütteten, indem wir, wie Doderer in einer Schrift über Gütersloh sagt, »die Entgeistung und Frivolisierung der Künste zu einem ihnen innewohnenden Gesetze machten«, wobei der Dichter und Maler Gütersloh den Dichter und Maler überrannte, aber mit einem Mittel, das selber wieder ein dichterisches war, als das zu diesem Zwecke einzig nur mögliche des Essays, des Versuches, zu dem ich ihn als der Nicht-Dichter und darum Essayist versuchte – wobei für mich fraglich bleibt, ob es mir nur an den vollen Taschen des Talentes fehlte oder ob es, falls solche vorhanden, an der Stärke meines sittlichen Widerstandes scheiterte, solche zu öffnen – daß es für Gütersloh, den Dichter und den Maler, zur Überwindung einer Krise nötig war, die Akten in einem gegen sich selber geführten Prozeß so rigoros zu revidieren: das war seine Rettung zum Dichter und zum Maler. Die zeitlichen Umstände waren diesem Prozesse in ihrer Ungunst günstig. Es geschahen die Jahre 1917, 1918, 1919, und mit ihnen zurechtzukommen war das Flöteblasen nicht nur das letzte, sondern das lächerlichste Mittel. Dem Erleben dieser Jahre nackt ausgesetzt, daß wir es erlitten, ließ vergessen, daß vom widerlichen Leiden der Kämpfe um Troja das berauschende Gedicht als ein Monument über den Kadavern jenes Kampfes steht. Das ästhetische Entzücken über die Tragödie des Macbeth weicht dem Schauder, wenn wir den so Entzückten fragen, ob er ein Mitglied dieser Familie Macbeth gewesen sein wollte oder ob er möchte, daß sich seine Familie in eine solche Familie Macbeth wandelte. Wir vergaßen über dem heftig bedrängenden Zeitgeschehen, daß alles Geschehen und So-Sein zufällig ist und daß, was es nichtzufällig macht, nicht in der Welt liegen kann, denn sonst wäre dies wieder zufällig. Und daß es keine Sätze der Ethik, die transzendental ist, geben kann, weil sich die Ethik nicht aussprechen läßt, denn sie hat mit Strafe und Lohn nichts zu tun; die Fragen nach den sich ereignenden Folgen eines Tuns sind belanglos; der ethische Lohn und die ethische Strafe müssen formgebend in der Handlung selber liegen. Wir vergaßen für den Moment, daß Ethik und Ästhetik eins sind.

## Franz Blei
## Kleine Rede auf Gütersloh

[1937]

Der äußere Anlaß, der mich vor dem Vortragenden auf dieses Podium schickt, ist, daß Gütersloh in diesen Tagen fünfzig Jahre alt geworden ist und in den weiteren Kreisen so unbekannt, in den engeren so wenig deutlich bekannt ist, als wäre er nicht nach dreißig Arbeitsjahren fünfzig geworden, sondern stünde mit zwanzig am Anfang seiner Bahn. Es genüge das Faktum festzustellen, auf dessen Begründung ich verzichte, weil sie von der Person des Jubilars wegführte in die wenig erfreulichen Gefilde des Zeitgegebenen, die ihnen ja mehr oder weniger bekannt sind, so bekannt, wie eben unbekannt Gütersloh. Ein Schriftsteller, der malt, ein Maler, der schreibt: so liberal einfach in den Talenten, diesen Nachwerterzeugern, liegt der Fall hier gar nicht.

In einem höheren und tieferen Sinn ist das Talent immer das Zweifelhafte, das Unsittliche, und wer nicht durch Nichtübung es zu überwinden sucht, der gibt sich eine schlechte menschliche Qualifikation. Nur der menschlich Verkümmerte kompensiert seine geistige Minderwertigkeit damit, daß er, da schon Kropf ist, diesen interessant bemalt, da schon Höcker ist, diesen wie ein Goldbergwerk exploitiert. Das Talent als Dominante eines Lebens gibt Fratze eines Lebens, verwirrt und zerstört den Begriff des Lebens überhaupt. Zumal heute, wo jeder zu irgendwas Talent hat und sich damit und darauf etabliert, um diesen Geschäftsausdruck hier höchst passend zu gebrauchen. So unbegabt kann man heute gar nicht sein, um nicht Talent zu haben, – besonders in den freien Berufen der Künste und in den ruchlos freien Berufen der Politik.

Nur das Genie kann eine künstlerische Manifestation rechtfertigen. Das Genie, worunter nicht einer gemeint ist, der ungeheuer viel Talent hat, also ein Übertalent gewissermaßen. Denn das Genie ist nicht eine Quantitätsfrage, sondern eine der Qualität. Wie der Heilige ja nicht die Summe aller Tugenden darstellt. Die integrale Geistigkeit des Genies, dieses universalen katholischen Typus, erträgt es ex se nicht, daß Addition ihrer »Leistungen«, ihrer Materialisation sie definiere, denn sie äußert Begabungen so wenig wie der Heilige Tugenden. Diese Leistungen charakterisieren das Talent, das ein Auge ist, eine Hand, ein Ohr, ein Nervenbündel, eben immer nur Teil, nie Ganzes. Das Ganze des Genies aber: es ist terrestrisch nicht bestimmbar, hat keine irdischen Begrenzungen im Geläufigen. Die Geometrie und das Schreiten am starrenden Abgrund: dieser Zustand des Pascals ist der Zustand des Genies. Sein gesprochenes Wort kehrt in einer ungeheuren Parabolie, deren Scheitelpunkt bei Gott oder in den unsichtbaren Sternen liegt, zu ihm, der es aussprach, wieder zurück, – es nimmt sich wieder zurück, hat für den, der es aussprach, keinerlei definitorischen Charakter und nur zuweilen für die kleine Spanne, welche »die Menschen« heißt, so etwas wie ein Gültiges aus einem Mißverständnis, das notwendig ist wegen der Begrenztheit menschlichen Daseins. Ich sagte Gültiges, besser ist: so etwas wie ein Brauchbares, denn die Menschen haben die Fiktion, daß sie auf der Erde seien, um glücklich zu sein, und sie lassen dazu die Sterne am Finger laufen, wie sie sie brauchen.

Gütersloh probte an seinen malerischen Äußerungen, seiner Geometrie sozusagen, seine menschliche Bedeutung aus und kam gerade durch dieses Engbegrenzte, notwendig Sinnliche, Sinnfällige der Äußerung eines Malers, jedes Malers, auf das sehr Fragliche eines »Werkes«, eines wie ihm schien falsch Geschlossenen, Fixierten, Ruhenden innerhalb einer bewegten unbegrenzten Welt, der gegenüber sich »künstlerisch« aufzuspielen, »schöpferisch« wie man's auch liberal nennt, eine Fälschung eignen Lebens und des Lebens überhaupt enthält, denn diese künstlerische Betätigung, einer nichts als Begabung, eines Talentes, unterschlägt das wahrhaft Ruhende und Bestimmte, nämlich die Gottheit, auch dann, wenn es Heiligenbilder malt und noch so

»intuitiv« vor sich geht. Nur als naives Spiel konnte und kann Gütersloh das Malen treiben, nicht als »Kunst«. Sein Maltalent erzeugte Sachwerte, aber es war und ist ihm keine Personsvermittlung, denn als solche erschiene es ihm frevelhaft und in der Behauptung anderer Maler närrisch.

Bilder sind Bilder und erschöpfen ihren ganzen Sinn, indem man sie eben eine Weile ansieht. Das Ansehen ruft natürlich Emotionen hervor, die vom Blau, vom Rot, vom Figuralen, Landschaftlichen ausgehen, kurz vom Gegenständlichen, – sie münden, wenn man sie etwas forciert, immer im nichts als Banalen. Wo nichts zu deuten ist, gibt's eben keine Deutung.

Das Rätselvolle und daher das Deutbare ist immer und allein das menschliche Wort und es muß nicht einmal im Wohlgefüge eines Satzes stehn, wie die Verse zeigen: »Entzahnte Kiefern schnattern und das schlotternde Gebein, Trunkener vom letzten Strahl«, – diese Verse sind nicht von Stramm, sondern von Goethe.

Gütersloh hat mit 26 Jahren, kurz vor dem Kriege, seinen ersten Roman veröffentlicht: *Die tanzende Törin*. Er gehört zu den wenigen Inkunabeln des expressionistischen Stiles, einer gesamteuropäischen Bewegung von der fratzenhaft gewordnen Wirklichkeit (ein kapitalistischer Begriff, wie Benn sagt) weg zur Wirklichkeit des Geistes, also zur innern Wirklichkeit. Es vollzog sich das etwas rauschhaft-exstatisch, aber doch nicht anders als bei Ekkehart und Jakob Böhme. Und es vollzog sich diese Wendung, diese Abwendung vom Amüsierbetrieb der Künste in der Malerei, der Plastik, der Musik, der Literatur, – sie alle stellten, radikal und tief, antiliberal und unopportunistisch, inmitten eines grauenhaften Wertezerfalls und Wirklichkeitsverkehrung die Frage: wie ist künstlerische Gestaltung möglich, und bekannten sich zu dem Satz Nietzsches, daß Kunst die einzige metaphysische Tätigkeit sei, zu der das Leben uns noch verpflichtet. Das war weder formalistisch noch artistisch. Die Artisten saßen nämlich alle auf den Bänken der Gegenseite, ob sie nun Operetten fabrizierten oder formvollendete Romane, Schlager oder Psychologie. Der Expressionismus weigerte sich, in seinen künstlerischen Äußerungen nur ein Niederschlag der Vorurteile seiner Leser-, Hörer- oder Beschauerwelt zu sein, und forderte auch für sich das gute Recht auf eine nicht-euklidische Geometrie. Der ausbrechende und währende Krieg verschüttete das Wenige, was innerhalb des deutschen Sprachkreises an Manifestationen des expressionistischen Stilwillens vorhanden war, ohne aber das Wesentliche zu vernichten, denn es ist das mit der Zeit Identische, wie innerhalb des Englischen Joyce, innerhalb des Französischen Proust zeigen. Im Italienischen wurde der Expressionismus politisch, was er im kleinbürgerlichen Nationalsozialismus nicht werden konnte. Das Dritte Reich bekämpft ihn daher als volks- und artfremd, wie Sie wissen, und es bedurfte als Beweis nicht der Verleihung der goldenen Goethemedaille an einen Romaneschmierer, der mit der ganz ordinären Absicht, zu unterhalten, nicht einmal diese überaus bescheidene Absicht erreicht.

Hermann Broch, Gütersloh, Robert Musil, die drei repräsentativen Gestalten der neuen deutschen Dichtung, sind natürlich schon als Dichter geboren, aber sie haben einen Umweg gemacht, um sich dieses verhängnisträchtige Wiegengeschenk der guten oder bösen Fee, man weiß es nicht, auch zu erwerben, ich könnte auch sagen, sie waren nicht talentiert genug, um es allsogleich zu besitzen. So kommt es, daß ihr Werk in nichts den Eindruck einer ins Alter fortgesetzten Jugendsünde macht, der Laune und dem Zufälligen überlassen, dem Leerlauf des Stimmungshaften, dem Nebengeräusch des Gefühligen. Der Umweg war die Physik, die Mathematik, die Theologik. Er hat sie zu Logisten gemacht, welche nicht den gemeinsam-psychologischen Weg zur bloßen Seinserfassung gehen, sondern auf dem sie zu den Formgesetzen in der Bildung der seelischen Inhalte gelangen. Besonders deutlich beim theologisch beschäftigten Gütersloh. Es gibt für ihn keinen ruhenden, als Formgesetz alles Wirklichen vom Denken ergreifbaren Allgemeinbegriff, der durch seine allgemeine Notwendigkeit letzte Wahrheit und letzter Wert wäre, in dem alles Sein gleichartig eingeschlossen und an dem aller Wert vernunftnotwendig gemessen werden könnte. Nicht die Notwendigkeit des Seins und seiner allgemeinen Gesetze entscheidet, sondern die Souveränität des rein faktischen Willens. Sie entscheidet bei Gott und begründet sein Verhältnis zu Sein und Welt, sie entscheidet beim Menschen und begründet sein Verhältnis zu Gott. Die Freiheit des Menschen ist der Glaube, der sich dem bloßen Stein und dem bloßen Gesetz entwindet und sich in die Bewegung der göttlichen Freiheit einstellt. Das Gute ist keine ethische Kategorie, sondern eine Seligkeit, die sich der Hingebung schenkt, auch wenn der menschlich konditionierte Zufall dieses Gute das Böse nennt.

## Franz Blei
## Zwei Briefe an A. P. Gütersloh

Berlin, den 15. Mai 1929

Lieber Freund, ihm nicht schreiben bedeutet nicht eines Freundes nicht immer und jeden Tag gedenken. Und von mir zu Dir erst recht, der Du mir, das weißt Du doch, so nah stehst wie niemand sonst als die beiden Kinder. Ich war drei Wochen in Wien, wo mich, als ich vorbeiging, der Hoffmann in sein Café hereinwinkte. Er sagte mir, daß es Dir im Grunde materiell auch bei allen Erfolgen der Malerei nicht besser ginge als sonst. Ich war nun bis dahin des Glaubens gewesen, daß sich das Opfer, das Du Dir selber und Deinen andern Aufgaben mit der Malerei bringst, wenigstens so lohne, daß Du es billigen kannst. Und daß das nicht der Fall ist, wandte sich bei mir als ein Vorwurf gegen mich und meine Unfähigkeit, Dir da zu helfen. Und da, wie Du Dir ja denken kannst, meine Situation nicht anders ist, gab das eine Malerei Grau in Grau. Das war kein Zustand, aus dem heraus ich gern die Feder zum Brief an Dich angesetzt hätte. Ich wollte Dir was Erfreuliches schreiben – und es gab nichts. Und Dir von mir zu erzählen, wie einen die nicht aufhörende Not des Tages immer von der einen Arbeit, der Autobiographie, abdrängt zu Arbeiten, die einen sehr wenig beschäftigen und bei denen man nur gerade bemüht ist, das nicht merken zu lassen, – das kennst Du ja und ist nichts besonders Mitteilbares. Nur das: denk nicht, daß ich diese um das Fressen besorgte Schreiberei, die Du, wie Du schreibst, zuweilen zu Gesicht bekommst, vor mich stappele, um dahinter zum literarischen Petrefakt zu werden. Ob Wert oder Unwert, das beschäftigt mich gar nicht. Ich lebe davon, das ist alles, so kümmerlich es auch oft ist, wie ich materiell lebe, unter Sorgen halt, ob man diese und diese Rechnungen bezahlen kann. Das ist meist komisch, zuweilen widerlich. Verlasse ich diese Stadt, kann ich überall verhungern zusamt der Frau, die ich erhalten muß und dem Peter. Also bleibt man. Das alles ist die Worte nicht wert, die ich da schreibe. Jenes einzige Buch, das Erinnerungsbuch, entzückt mich zuweilen, wenn ich die Zeit dazu finde oder die Lust, das ist alles. Im Herbst hoff ich damit fertig zu sein. Ein anderes, das ich Dir gewidmet, Dir in diesen Tagen schicke, in denen es herauskommt, enthält älteres und neueres und soll Dir so viel Spaß machen als drin ist. Nötig war es nicht. Mein Bedürfnis war es nicht.

Ich hab eine andere Wohnung, hause mit dem Peter zusammen. Keine Untermieterin mehr, sondern allein, eine wenn auch etwas kostspielige Wohltat. Ich freu mich jetzt schon ungeheuer auf Dein Kommen.

Herzliche Grüße den Deinen

  Immer

    Dein Freund

        Blei


Mallorca, den 20. April 1936

Lieber Freund, ich danke Dir für das schöne Gedicht und die alte freundschaftliche Gesinnung. Aus Deinem langen Schweigen heraus Deine Stimme und Deine Hand. Vor etwa zwei Monaten las ich, einsam und Deiner Gegenwart bedürftig, alle Briefe und Karten, die Du an mich schriebst von dem ersten im Jahr 17 ab. Mit 164 Stücken bilden sie ein ganzes Buch. Ah, hätten wir nur ein bißchen mehr Geld, daß es uns möglich machte, das äußere Leben mit dem andern in einem erträglicheren Gleichgewicht zu halten! Welcher sinnlose Aufwand an Kraft und Nerven, es überhaupt zu erhalten. Und man ist nicht mehr zwanzig alt, wo man aus der Importanz des Geldes ausreißen kann ins Illusionäre, und noch nicht alt genug für die Flucht ins Resignierte.

Ich schreibe so eine Art Roman für die Schublade, heißt »Das Trojanische Pferd«. Als Du damals hier mir Deinen einleitenden Vortrag exponiertest, die erste Deiner ästhetischen Vorlesungen, wurde mir der von Dir eingeführte Adam und Eva nicht deutlich. Jetzt, es hat lang gebraucht, ist es mir geworden. In meiner Sprache ausgedrückt etwa: der Inhaltsüberschuß des Zustandswertes ist immer größer und muß es sein als der hervorgebrachte Gegenstandswert der Leistung. Der darauf aus ist den (seinen) Zustandswert integral mitzuteilen, also den Teil größer zu machen als das Ganze, wird mitteilend scheitern und sich ins totale Schweigen begeben müssen (der religiöse Mensch). Und (jetzt komme ich auf Dein damals Ausgeführtes) die Mitteilung (Mit-Teilung) des kulturellen Gegenstandswertes, – dessen Errichtung ist in Hinsicht auf das Insgesamt des zuständlichen Wertes eben der Sündenfall. Die Bedeutung des Gegenstandswertes (der Mitteilung) wächst mit der Aproximation an den Zustandswert (hier wird der Sündenfall zum Sturz in den Abgrund) (weil in engster Nähe zum Zustandswert der Verrat in diesem vollzogen wurde), – mindert sich mit der Entfernung bis in die Gegend des Kitsches, der überhaupt nichts vom Zustandswert enthält. Keinerlei Spannung enthält. (Spannung, ich meine Bogenspannung.)

Also in dem Trojanischen Pferd, aber es sind hunderte Seiten Noten und sonstige Aufschreibungen, und ich weiß nicht was draus wird.

Gibt es Deine Freundin noch? Und wie geht's Alexandra? Und Dir!

Immer Dein Blei

# Franz Blei
# imaginiert seinen Tod

[1930]

Nichts mehr war zu denken. An nichts mehr war zu rühren. Und wie aus eigenem Willen sammelte sich alle Kraft der Imagination, die Gestalten jener zu beschwören zu eindringlichster Präsenz in dieser äußersten Minute des noch schlagenden Herzens, von denen Abschied zu nehmen war. Oder es war die Angst, daß aus diesem ganz plötzlich über den zum Sterben Entschlossenen ihn überschwemmend gekommenen Gefühle grauenvoller Einsamkeit die Todesfurcht wie eine Kröte oder Spinne aus einem Winkel schlupfe und ihn verwirre, daß er diese Gestalten um sein Bett versammelte wie eine schützende und die Einsamkeit absperrende Wand vertrauter und freundlicher Gesichter. Und da standen sie, Sohn und Tochter, leuchtend als ob sie die Sonne, die ins Zimmer schien, aufgesogen hätten und von sich strahlten, und ein bißchen verblaßter zwischen ihnen die Mutter, über die es wie ein feiner Schleier floß aus dem Silber ihres Haares, ein Schleier, den Erinnerung nicht hob, die Geliebte von einst darunter zu finden, damit die schönen Antlitze der Kinder sich nicht wegwenden mit ihrem Blick auf ihn, aus diskreter Scham. Nur die Gegenwart, das Sein dieses Augenblickes, drängte ein dunkler Wille hervor, denn nichts war zu denken, nichts zu erinnern. Und wie auf figurenreichen Tafeln von Grecco Gestalten den Plan füllen unbekümmert darum, ob sie mit ihren Leibern auch Platz haben und mit ihren Beinen auf einem Boden stehn, so traten neben die drei deutlich die mit dem Blick auf ihnen gerichteten Köpfe der Freunde. Güterslohs verfaltete Stirn über den großen Himmelsaugen, aus denen sich die theologische Nase nach vorn schraubte, um vom vollippigen Munde desavouiert zu werden. Carl Schmitts in jedem Nerv gespanntes, von eindringenden Augen überleuchtetes Gesicht, der Mund wie mit dem Lachen eines Knaben geladen. Und Musil: wie durch eine die brennende Intensität dieses Antlitzes verschleiernde Maske, aus einer hautzarten Alge gebildet, blickte das halbgeschloss'ne Auge ihn an, öffnete sich leicht der Mund. Paul Scheffers aus vielem Rund gepolstertes und immer durchblitztes Gesicht stand, wie es sich für die beiden metaphysischen Ironisten gehörte, neben Hermann Brochs schmalem Kopf mit der zerdachten Stirn und den angstvollen Augen.

# Hermann Broch
## Drei Briefe an A. P. Gütersloh

Princeton, den 22. Juli 1946

Lieber Gütersloh,

wir werden uns doch nicht gegenseitig per Professor anreden – es ist ja traurig genug, daß man's ist.

Haben Sie Dank für Ihren Brief: er ist nicht das erste Lebenszeichen, das ich von Ihnen bekommen habe; das erste war Ihre schöne Erzählung im »Silberboot«, das mir Schönwiese geschickt hat. Ich bin glücklich, daß Sie heil durch die Schreckenszeit hindurchgekommen sind. Freilich wissen wir nicht in welch neue Schreckenszeit wir noch eintreten werden, aber was auch immer kommen mag: das Gefühl der Dankbarkeit, das mich nach meiner Rettung 1938 überkommen hat, verläßt mich nicht mehr, und jeder neue Tag wird von mir als Geschenk, fast als unverdientes Geschenk, kurzum als Gnade empfunden; ich glaube, daß es Ihnen auch nicht viel anders ergeht.

Stehen Sie mit Billy [Sibylle Blei] in Verbindung? Es geht ihr nicht besonders gut; sie hat es äußerlich nicht leicht, und innerlich eigentlich auch nicht, denn sie muß sich ja jetzt auch schon mit dem Altern abfinden. Und sie trauert Loge [Franz Blei] nach: jetzt wäre er an die 80, wenn er es noch hätte erleben können. Aber er hat einen sanften Tod gehabt; ich war bis zum letzten Augenblick bei ihm, und ich war froh, daß ich es tun konnte. Er war selbst während der Krankheitszeit voller Hoffnungen und Pläne; die letzten 24 Stunden war er bewußtlos, und so ist er hinübergeschlafen.

Mit Amerika allerdings konnte er sich nicht befreunden, und das war, das ist nicht verwunderlich. Es ist schwer für unsereins sich hier einzuleben, selbst wenn man, wie ich, ein sehr abstraktes Verhältnis zu allem Äußern gewonnen hat. Nichtsdestoweniger sollten Sie einmal herüberkommen, denn es ist trotz allem der Mühe wert. Könnte nicht Nierendorf oder Kallir (früher Nierenstein) eine Ausstellung Ihrer neuen Werke veranstalten? Wenn es Ihnen recht ist, werde ich nächstens mit einem der beiden darüber reden: bitte lassen Sie mich vorher wissen, was Sie davon halten.

Dank für Ihr schönes Vorhaben, den »Vergil« in Österreich herauszubringen und zu verbreiten: die Rechte für die deutsche Ausgabe sind beim Rhein-Verlag, Zürich, und ich schicke sowohl Ihren Brief wie diese Antwort (zwecks Kenntnisnahme und Weiterleitung) dorthin. Ich würde mich natürlich ganz ungemein freuen, wenn das Buch bei Ihnen wäre und hiedurch in Österreich gelesen werden könnte, doch die Entscheidung steht beim Rhein-Verlag, umsomehr als ich nicht weiß, wie die Sache verlagstechnisch durchzuführen ist. Immerhin, es erschiene mir nicht unmöglich. Jedenfalls wird Ihnen der Rhein-Verlag mit der Weiterleitung dieses Briefes auch über seine Stellungnahme berichten.

Ich freue mich, daß Ihre Bücher nun gesammelt herauskommen. Was ist neues in all den Jahren entstanden?

Hoffend sehr bald wieder von Ihnen zu hören, in Herzlichkeit Ihr

Hermann Broch

[...]

Bitte geben Sie mir Ihre Privatadresse zwecks Lebensmittelsendungen durch den PEN-Klub.

Princeton, den 8. November 1946

Lieber P. Gütersloh,

Dank für Ihre soeben eingetroffenen freundschaftlichen Zeilen v. 27. Okt. Ich bin unsäglich überlastet und beschränke mich daher aufs Sachliche:

Wie Sie wissen ist die Einreise nach Amerika augenblicklich für die Displaced Persons reserviert, und das ist auch ganz in Ordnung. Für bestimmte Zwecke jedoch, wie z. B. für die Arrangierung einer Ausstellung werden Visitor Visa ausgegeben. Auch für Lehraufträge war dies bisher möglich; ob diese Übung der Professoren-Visa aufrechterhalten werden wird, kann ich Ihnen nicht sagen; doch man kann und soll es probieren.

Ich würde daher vorschlagen, daß Sie sofort unter Berufung auf mich an Dr. Else Staudinger [...] schreiben und sie bitten sich um eine Lehrstelle für Sie umzusehen; das Committee befaßt sich mit dieser Art Stellenvermittlung, und im Augenblick ist der Bedarf an akademischen Lehrkräften groß. Damit Sie aber

Mrs. Staudinger nicht überflüssig in der Sache angehen, erkundigen Sie sich vielleicht vorher beim amerikanischen Konsulat dort, ob Sie bei Gelingen Ihres Schrittes auf ein Professoren-Visum rechnen können.

In Ihrem Ansuchen an Mrs. Staudinger sind die üblichen Angaben zu machen, also Studiengang, bisherige Leistungen und *Lehrtätigkeit*, Sprachkenntnisse etc. Weiters wäre es gut, wenn Sie sich auf ein paar in Amerika bekannte Leute berufen könnten – leider kennt man hier bloß die französischen Künstler, doch vielleicht haben Sie unter diesen Freunde. Im übrigen gehört die Witwe des Architekten Urban (die Amerikanerin ist) dem Committee an. Haben Sie sie vielleicht in Wien gekannt?

Betrachten Sie die Sache äußerst pessimistisch, aber es wäre schön, wenn es gelänge. Im übrigen will auch Billy herüberkommen, und ich tue alles, um das zustande zu bringen.

Ich hoffe, daß das PEN-Paket bald bei Ihnen eintrifft. Allerdings hatte ich damals bloß die Verlags-Adresse.

Verzeihen Sie die Eile und Kürze. In aller Herzlichkeit Ihr
Hermann Broch


Princeton, den 18. August 1948

Lieber Freund Gütersloh,

Meinen letzten Brief haben Sie hoffentlich durch Billy richtig bekommen. Inzwischen sind Ihre Bücher hier eingelangt und waren eine große Freude, oder richtiger, sie sind es, denn ich möchte sie nicht mehr missen; ich bin von ihrem inhaltlichen und formalen Reichtum tief entzückt. Daß ich Ihnen nicht schon früher dafür gedankt habe, hat seinen guten Grund: ich habe mir nämlich die Hüfte gebrochen, liege seit Monaten im Spital und werde wohl kaum vor November entlassen werden. Eben deshalb kann ich im Augenblick mich auch sehr wenig um die Übersetzungsmöglichkeiten dieser Bücher kümmern; allerdings habe ich den Eindruck, daß sie für den hiesigen Markt viel zu künstlerisch, viel zu ziseliert sind, um leicht anbringbar zu sein. Das Buchgeschäft geht schlecht und die Verleger wollen bloß Bestsellers haben.

Ich habe heute noch nachzutragen, daß – wie ich inzwischen erfahren habe – Franz Theodor Csokor die Pen-Paket-Angele-

genheit in Wien übernommen hat: setzten Sie sich wegen eines
Ersatzpaketes für das verlorengegangene also mit ihm in Verbindung.

Schreckers Adresse: Swarthmor College, Swarthmore, Penn.

Wegen Bleis Roman habe ich Luckmann geschrieben, daß ich
nichts dergleichen vorgefunden habe. Er hat auch immer nur von
Roman-Plänen, nie jedoch von einem fertiggestalteten Roman
gesprochen.

Nochmals allerwärmsten Dank, sowie die herzlichsten Wünsche und Grüße,

Ihres Hermann Broch


# A. P. Gütersloh
# Rede über Doderer

[1932]

Was man so gemeinhin einen Dichter nennt, – ein Wesen, das
sich für Geld ins Herz sehen läßt, und zwar in ein echtes Herz,
was ja das Merkwürdige in dem abstrusen Falle ist – hat mehr
Absonderlichkeit als Gesetzmäßigkeit. Das Übergewicht der
Unzucht über die Zucht konstituiert ja für den Liberalismus den
Dichter. Diese Absonderlichkeiten sind nun – für den Liberalismus – die Erkennungszeichen eines wahren Dichters. Es ist ganz
gleichgültig, für den Ruhm eines solchen Dichters, ob er anläßlich eines epischen oder dramatischen Werkes eine pathogene
Natur offenbart und strapaziert oder eine gesund primitive, die
so wenig bis drei zählen zu können vorgibt wie jene von tausend
zu eins. Für unser unbestechliches Auge bleibt eines wichtig und
ausschlaggebend: daß sie nicht die mindeste Ehrfurcht vor der
heiligen und ewigen Eigenschaft einer Form haben, der dramatischen oder der epischen, daß sie – wie klar aus ihrem Betragen
hervorgeht – nicht eine Minute Nachdenkens verwendet haben
vor welch einem genius loci sie sich so als ob es ihn gar nicht
gäbe, betragen und welch ein Kreuz sie für ein Lotterbett halten.
Die Religion, die Liebe, die sozialen Notstände, der Krieg –
kurz Alles was, dies und jenes Problem, Schicksal, und Tod, ihm
vor das in genialischem Wahnsinn rollende Aug kommt –, das

eine kräftige, nächstenliebende Ohrfeige schließen und heilen könnte – dient ihnen, erscheint ihnen gerade gut genug, ihr selbstherrliches Ich noch apotheotischer aufleuchten zu lassen. Aber die Dichtung, meine Herrschaften, die Gabe und Gnade Apolls, ist nicht dazu da, unsern Geltungstrieb, unsern verfehlten Eros, über die Hemmungen und Klippen, an welchen er Rechtens scheitern soll, in ein Asyl für Schlechtweggekommene, für Wahnsinnige, Bucklige, Zwerge und sonstige Monströsitäten zu retten. Es ist geradezu eine diabolische Umkehrung des Begriffes von Dichtung, wenn solches durch sie versucht wird und an ihr gelingt. Denn: zum Innersten oder Kernigsten haben alle spirituellen Bestrebungen, wenn sie überhaupt Sinn haben sollen, ein Stück vom Stein des Tygetus, den die Lakedämonier bekanntlich genützt haben, ihre Mißgeburten hinabzustürzen.

Ich kann hier nur in extenso sprechen. Und auf die Gefahr hin, daß Sie die Klüfte meiner Gedankensprünge zu weit finden und daß Ihnen die Orte, von denen ich meine verschiedenen Standpunkte einhole, unbekannt sind. Dennoch werden Sie mich verstehn – und nach dem Gesagten müssen Sie bereits auf den Geschmack der Intransigenz gekommen sein und dem Inquisitorischen so gut einen physiognomischen Bereich einräumen, wie dem tout comprendre est tout pardon[n]er –, wenn ich jetzt behaupte (was ich auch kurz beweisen werde), daß es nicht nur eine orthodoxe Kirche gibt, sondern auch eine orthodoxe Literatur. Ich brauche einem geborenen oder berufenen Katholiken, welcher – ob Germane oder Semite, Neger oder Mongole durch die Auflage des römischen Jochs Lateiner geworden – die eigene traumwandlerische Sicherheit, womit er in socialibus wie in aestheticis urteilt nicht besonders vorstellen. Er wird, in ihr handelnd, nichts natürlicher, über sie nachdenkend, nichts wunderbarer finden, als diese dauernde, schrittweise, penetrante intransigente gar keinem sichtbaren und gewaltmäßigen Willensakte entspringende Absage an jeden Extremismus. Was ihn da treibt, die äußersten Gegensätze abzulehnen, ist die Einsicht – die katholische Einsicht – in die chimärische Natur von äußersten Gegensätzen. Natur ist dort, wo das Edle verunreint, das Unreine von Edlem durchsetzt vorkommt, das Notwendige durch das Überflüssige behindert, das Dezidierte durch das Beiläufige gedemütigt wird. Außerhalb des Kompromisses gibt es keine Natur: extra resignationem non est vita.

Wenn Sie nun den Begriff des Klassischen auf seine besondere Eigenheit prüfen, so werden Sie ihn aus zwei Elementen konstituiert finden: aus Resignation und Ressentimentlosigkeit. Der Verzicht auf die Durchsetzung des Ideals bei gleichzeitigem Verzicht auf die interessante Stellung des gestürzten Luzifer, ergibt jene, nie noch tief genug definierte, mild verklärte, schwach durchgoldete, kühl durchhauchte, vom Blinzeln erster Gestirne belauschte, zwischen Grün und Violett schwebende Atmosphäre, welche die der goethischen Welt ist. Sie fühlen vielleicht jetzt, was das Abendland ist, und daß es ein immanentes Abendland gibt. Ein Abendland, das als der Pol zum Gegenpol, so wenig einen Untergang kennt als das Rechts oder das Links, das Schwarz oder das Weiß. Was immer die östliche Welt tut, wird die westliche Welt um seine extremistische Spitze bringen und ihm ein fürstliches Begräbnis unter dem Kreuzzeichen der Resignation und der allgemeinen, ökumenischen, d[as] i[st] katholische Erde bereiten. Das Abendland ist der Totengräber des Orients, sein Sarg, sein Denkmal, sein erhabener Nachruf. Europa selber kaum etwas anderes als die Defensive in Person, läßt die Hunnen herankommen und schlägt sie, die Türken, und weist sie endgültig in ferne Grenzen [...]

Sie begreifen, daß die pure Defensivhaltung Europas, die konstante Offensivhaltung des Ostens, der übrigen Welt, braucht, daß es gleichsam die Extreme züchtet, um sie zu versöhnen, den Krieg hervorruft, um den Frieden zu glorifizieren, die Epidemien, um sie einzudämmen, die Leidenschaften, um sie zu stillen, die entzückendsten und die abscheulichsten Dinge, um sie zu malen. Wenn ich so sagen darf: [es] ist das Abendland der Künstler und das Morgenland der Modelle. Dies sind ihre Rollen, solange die Welt rollt. Und so ist hier im Abendlande das Bekenntnis zu einem Künstler, und zwar zu einem solchen der Klassik aus der Definition dieses Abendlandes heraus gegeben.

Das, was ich hier anläßlich Doderers sage, gilt auch durchaus für ihn. Für seine Person machte er – von jetzt aus gesehn: paradigmatisch – den ganzen europäischen Weg und Kriegszug mit, von den Extremen zur Form, von der Offensive, die er eine Zeitlang für seine Haltung gehalten hat bis zur Defensive, in welche ihn sein zunehmender Katholizismus jetzt drängt. Sie werden dies nicht nur an seinem Style merken, an seiner vorsichtig gezähmten Sprache, welche nicht mehr über russisch grundlose oder wild verharschte Pilgerpfade, sondern über die betonierten Straßen eines uralten und trotz aller gegenwärtigen Zersplitterung ewig bestehenden Reiches dahinrollt, sondern auch und viel mehr noch an einem gütigen Zuge, welcher allen Extremisten und Rigoristen nicht eignet. In diesen nämlich ist die Leidenschaft größer als die Physis und das Schwert des Intellekts schärfer als die Scheide, worin es steckt. Von Leidenschaft und Verstand zerrissen zu werden kann man als das allgemeine Schicksal jedes großen Morgenländers bezeichnen und allen großen Ressentiments [zum Trotz] das Lob der vollkommenen Ruhe oder des Armen im Geiste in diesen beiden übergewichtigen Elementen als unvermeidliche Metastase bereits vorgebildet finden. In einem Menschen wie Doderer jedoch, in einem wesentlich abendländischen, also lateinischen, also katholischen Menschen sind Leidenschaft und Intellekt nur Vehikel oder sagen wir besser ballistische Maschinen mit einer gewissen genau berechneten Portée. Es ist ihnen gar keine tragische, ihre Träger zerstörende Übermacht gegeben. Das Gegenteil geradezu ist viel eher en vogue. Er wird einem kühnen Gedanken lieber die äußerste Spitze abbrechen, als mit einem Einhorn auf der Stirne das entsetzliche Schauspiel eines zu Genie Verdammten zu bieten. Er wird, wohlwissend, daß Gott weiß was Doderer weiß, in voller Gewissensruhe seine Ausbildung zu einem Denkerkopfe – wie etwa dem Hauptmanns, in dessen Zügen das Geniale so schamlos bloßliegt, daß man es mit einem Lendenschurz verschleiern müßte – unterbrechen und – obwohl er sich mit den höchsten und letzten Dingen dauernd beschäftigt – dennoch offiziell nichts sein wollen, als ein Mann, der Ihnen mit seinem Talente Vergnügen bereitet. Es wird durch dieses so »verachtete« Vergnügen, das er ihnen bereitet, mehr des Spirituellen auf Sie überspringen, als von jenen Halbgöttern, welche zu offen Hohepriester, Erlöser, Sachverwalter des Geistes sind, um wie die Jünger Jesu in die kleinsten Ritzen der Menschlichkeit einzudringen. Heute legt Doderer Ihnen Proben seines neuen Weges vor. Stimmen Sie ihm zu. Wenn auch dieser Saal nur klein und wir nur wenige sind: das Europa von morgen, zugleich mit seiner eigenen notwendigen Katharsis und mit der Abwehr des selbstgerufenen Ostens beschäftigt, wird Ihre Zustimmung spüren.

## A. P. Gütersloh
## Notiz ad Doderer

[1940]

Seltsam und untersuchenswürdig, daß ich mich nach D[oderer]s Weggang seelisch und leiblich befreit fühle! Die Nähe eines Mannes gleichen Berufes lastete schwer auf mir. Als ob die eigene Einmaligkeit durch die einzige Gemeinsamkeit desselben Handwerkszeugs schon bedroht gewesen wäre! Ein Schriftsteller reinen Wassers ist ohne Zweifel eine solche Rarität, daß zwei Raritäten auf wenigen Quadratmetern Bodenfläche gegen die Regel gehen, die Ausnahme bagatellisieren und monströser wirken – wenigstens auf meine übermäßige Empfindlichkeit für die Reinheit der Begriffe. Unsere Naturen sind die verschiedensten von der Welt; wir könnten einander also nie in den Weg geraten; wir würden, etwa als Beamte, sogar innige Freunde sein. Aber die berufs- und schicksalsmäßige Seltenheit des schriftstellernden Exemplars – wenn es wirklich eines ist – macht unser physisches Coexistieren unmöglich. Der einem Waschbecken höchstmögliche Wasserinhalt schließt aus, zwei Kinderkriegsschiffe größeren Kalibers darin zu halten. Das Becken ginge über. Ich verstehe nunmehr, warum zwei schöne Frauen nicht gut oder jedenfalls nicht mit Behagen im selben Gesellschaftsraume anwesend sein können. Ihnen steigt sofort das Meer der Gattung bedrohlich bis unters Kinn und sie müssen sich, wenn sie's vermögen, außerordentlich individuell strecken, um über dem Gemeinsamen ragend zu bleiben. In einem solchen – für Frauen nicht seltenen aber immer unangenehmen – Augenblicke erscheint das Ich, die Person, als eine noch gar nicht alte und sichere Tatsache, ja sehr oft als eine Fiktion, der man Wirklichkeit gegeben hat oder von Verehrern und Liebhabern hat zusprechen lassen. Die Männer haben das Meer der Gattung lange schon verlassen und sind an Land anderer Unterschiede und anderer Gemeinsamkeiten gegangen. Sie kämpfen wie die Hirsche mit den Geweihen mit den äußersten Elongaturen ihrer Einsamkeit und Seltenheit.

## Heimito von Doderer
## Eine sagenhafte Figur

[1957]

Sie haben sich heute und hier versammelt, um den siebzigsten Geburtstag eines Schriftstellers zu feiern, der als Initiator vieles in Bewegung brachte, ohne einer solchen von ihm veranlaßten Bewegung immer bis zum Ende zu folgen. Mit Güterslohs 1911 in Berlin und 1913 nochmals in München erschienenem Roman *Die tanzende Törin* beginnt der Expressionismus in der deutschsprachigen Literatur. Im Expressionismus sehen wir – erst heute – die vorläufig letzte große und geschlossene europäische Kunstepoche. Sie dauerte in der Literatur etwa bis 1930. Wo aber war indessen Gütersloh schon hingekommen! Sein 1923 erschienener Roman *Innozenz* enthält zwar noch expressionistische Elemente – jedoch weitaus ohne ein expressionistischer Roman mehr zu sein. Ein Beispiel genügt, um zu zeigen, welche funkelnden kleinen Kristalle Gütersloh aus dem expressionistischen Erbe – dies war es für ihn damals schon – mitnahm. Etwa bei der Schilderung einer Hinrichtung:

»Öffnet das Tor des Turmes und bringet den armen Sünder! Der um das Hochgericht versammelte Mensch tat tausend Schritte nach vorne. In diese Aufwallung traten die gepanzerten Brüste der Soldaten, käferhaft krachend.«

*Der Lügner unter Bürgern,* kurz nach dem *Innozenz* erschienen, ist bereits ein naturalistischer Roman, freilich nur den Mitteln nach und ohne die Gesinnung des Naturalismus: doch diesen Mitteln treu. Nicht wie bei André Gide und Jean Giraudoux wird um irgendeiner Ellenbogenfreiheit der »Aussage« willen oder wegen irgendwelchen Engagements mit jenen Mitteln unvermittelt gebrochen: In Gides Falschmünzern schwebt im Lu-

xembourg-Park auf einen Abiturienten ein Engel zu, bei Giraudoux spricht gar einmal der Schöpfer selbst eine kleine, elegante
Frau auf dem Rennplatz an. Güterslohs Naturalismus beurlaubt
den Autor niemals, und innerhalb einer Pariser Hausmeister-
wohnung gibt es bei ihm keine Brocken geronnener Transzen-
denz.

Nicht lange nach dem *Lügner unter Bürgern* entstand dasje-
nige Buch, welches unter seiner bisher publizierten Prosa noch
immer als sein Hauptwerk zu gelten hat: *Die Bekenntnisse* (von
ihm ursprünglich »Meine große und kleine Geschichte« genannt, erschienen 1926).

Hier ist das Initiieren, das In-Bewegung-Bringen bereits als
bewußte und ausgesprochene Absicht vorhanden. Das Buch
bezeichnet sich selbst als ein Sendschreiben an die Jugend. Als
solches hat es einen breiten Widerhall damals nicht gefunden;
immerhin aber führte es zur Entstehung eines zweiten Schriftstellers. Der war ich selbst. »Warum aber immer wieder stürzt sich
der Jüngling in die Schlacht und in die Arme von Lehrern? Dem
heroischen Wunsche, prädestiniert zu sein zu dem, was man bereits ist, zeigt sich jenseits der Schlachtfelder ein neuer apokalyptischer Richter, der zu lehren scheint, während er urteilt, der
nicht mit Kriegsruhm auf die Walstatt lockt, sondern mit böser,
zweideutiger Bescheidenheit den ungleich gefährlicheren Lorbeer der Wissenschaften und Künste in Händen hält.«

Es ist merkwürdig für mich, meine Damen und Herren, hier
ein Buch vor Ihnen zu zitieren, das mein ganzes Leben bis in die
Einzelheiten enthält, das ich schon gelebt hatte, als es mich
schließlich einholte und als mein eigentliches Schicksal traf. Seither nenne ich Gütersloh meinen Lehrer. Manchem mag das nicht
verständlich sein. Wer allerdings noch soviel archaischen Grund
zu ertasten vermag, um das Verhältnis von Lehrer und Schüler
als eine unverrückbare, weil metaphysische Distanz zu sehen,
wie eine solche auch zwischen Vater und Sohn besteht, dem kann
die Sache so unverständlich nicht bleiben.

Über alle bisher angedeuteten Etappen ist Gütersloh freilich
längst hinausgegangen, nicht so sehr noch mit den beiden zuletzt
erschienenen Büchern *(Eine sagenhafte Figur, Die Fabeln vom
Eros)*, als mit jenem Werk, das seit 1934 seine eigentliche Tätig-

keit ausmacht. *Sonne und Mond – ein historischer Roman aus der Gegenwart* kann ein totaler Roman genannt werden, der allerdings so wenig totalistisch ist, wie die Hellenen hellenistisch waren oder die Rationalisten rationell. Hier nun endlich mußte der Initiator selbst auch zum Durchführenden bis zuletzt werden.

Man kann von diesem Buch heute sagen, daß es jederzeit fertig, jederzeit unvollendet, durchaus unvollendbar ist, und auch der Vollendung gar nicht bedarf.

Geschlossene Meisterwerke gibt es eigentlich nur in der großen Novellistik, wozu allerdings fast die ganze Romanliteratur gehört. Mit einem von dort genommenen Maßstabe gemessen, ist der totale Roman von vornherein zum Scheitern verurteilt. Sein Wesen ist die Diversion: bis dahin, daß er gar nicht mehr den Versuch macht, das Sinnlose sich durch Sinngebung à tout prix zu integrieren. Der tangentiale Ausgang ist innerhalb des totalen Romans bei jeder seiner Diversionen möglich.

Es wird Ihnen, meine Damen und Herren, vielleicht ein Lächeln abnötigen, wenn Sie mich – fast möcht' ich sagen: ausgerechnet mich – für den kompositionslosen Roman sprechen hören. Aber eines der zentralen Phänomene unserer Zeit, das Sinnlose nämlich, den blanken, durchaus konkreten unerbittlichen Unsinn mitdarzustellen und bei seinem Begriffe als Unsinn zu belassen, ist innerhalb einer Komposition vielleicht gar nicht möglich. So weit wenigstens reicht meine Erfahrung. Man kann welchen Brocken Unsinn immer in ein komponiertes Gebilde hineinwerfen – er springt an einen Sinn-Ort, der obendrein dem Hervorbringer jenes Gebildes gar nicht bekannt war, und sich ihm solchermaßen erst zeigt. Der Unsinn wird zum Sinn. Aber er muß Unsinn als konkret herstarrendes Phänomen bleiben, will man ihn wirklich in die Zange kriegen. An diesem Punkte will ich schließen und schweigen und lediglich noch bemerken, daß es nicht nur Augenblicke gibt, wo ein Lehrer sich über seinen Schüler wundert, sondern vielmehr ein Schüler das anstaunt, was sein Lehrer beginnt. Staunen ist der Ursprung alles Denkens, wie der griechische Philosoph sagt. So wird am Ende der Schüler zum Kritiker seines Lehrers.

Heimito von Doderer
Brief an Klaus Piper

Wien, den 5. Februar 1962

Sehr verehrter, lieber Herr Piper!
*Größte* Freude über die Gütersloh-Festschrift (von welcher
Herr O. F. Best mir drei Stücke liebenswürdigerweise sandte):
*vielen Dank!* Das kleine Buch ist *optimal* gelungen. *Ganz ent-
zückend* zum Beispiel auf pag. 40, im Beitrag von Dr. Hansjörg
Graf, der Passus mit »den auf freundlichen Schneisen eingerich-
teten Jausenstationen«: *das* heißt – weltmännisch und mit Humor! – *wirklich* in den Geist Güterslohs eindringen! – Beiliegend
einige Erinnerungen, die ich anläßlich des 75. Geburtstages pu-
blizierte. Heute feiern wir ihn im Palais Palffy (Österreich-
Haus), ich werde die Rede halten. Es grüßt Sie, lieber Herr Piper, mit nochmaligem Danke herzlichst
Ihr Heimito Doderer


Heimito von Doderer
Gütersloh. Zu seinem 75. Geburtstage

[1961]

Zum ersten Mal lernte ich Gütersloh in Sibirien kennen, 1919, zu
Nowo-Nikolajewsk. Der bekannte Maler und Holzschneider
Professor Erwin Lang, damals Lieutenant bei den Kaiserjägern
(sie waren auch in Galizien eingesetzt worden!), hatte bei seiner
Gefangennahme Güterslohs ersten Roman *Die tanzende Törin*
im Rucksack gehabt. Das Buch begann in einem Kreise kriegsge-
fangener Offiziere zu kursieren, und es ist nicht zu leugnen, daß
es uns mit seiner dichten Atmosphäre umwob und unser Leben
veränderte, auch im nächsten Jahre noch, als wir in das große
Lager Krasnojarsk gekommen waren. So weit hinaus wirkt ein
schöpferischer Akt! So weit hinüber und hinein in gänzlich hete-
rogene Lebensumstände! Vollbracht zehn Jahre zuvor von
einem zweiundzwanzigjährigen Künstler!
Die Zeit war – wenn auch durch den tobenden Bürgerkrieg in

Rußland gefährlich – für uns doch glücklich und reizvoll. Wir lebten jedenfalls materiell weit besser als alle Menschen damals in Österreich; die »Bulka«, der weiße Wecken, war unser täglich Brot, und die Küchen, unter österreichischer Leitung, waren gut. Es gab ein Theater, ein Orchester, ein lichtes, freundliches Kasino, und das blieb auch so, als das Regime von Rot auf Weiß wechselte.

Güterslohs Einfluß stand nichts im Wege, keine krasse Not. Gewisse Cafétische im Kasino wurden denen des »Café Museum« in Wien immer ähnlicher, die Geister Edelbauers und Livlanders gingen um (beide Figuren aus der *Tanzenden Törin*), die Maler Alfred Kunst und Hans Eggenberger – letzterer hat, nach jahrzehntelangem Leben in Argentinien, voriges Jahr in Wien einen Staatsauftrag durchgeführt – zeichneten am Caféhaustisch und auch auf demselben, die Literaten begann solches zu langweilen, sie übersiedelten an andere Tische, da es denn ein anderes Café nicht sein konnte. Es war hell und licht und prickelnd von Zukunft, das Lager lag hoch, der sibirische Sommer ist heiß und lind zugleich, die Luft würzig von der Steppe. Wir sprangen aus Krieg, Leiden, Zusammenbruch der Heimat und Rechtlosigkeit an die sonnige Oberfläche empor wie Forellen. Viel wurde von Gütersloh gesprochen, alle lasen die *Tanzende Törin*, sie war unser Buch, unser autoritatives Buch. Und Erwin Lang genoß den unermeßlichen Vorsprung vor uns, daß er, erstens, ein ausgelernter und berufsmäßiger Künstler war, zweitens aber Gütersloh persönlich und gut kannte. Einige gingen aus diesem Kreise hervor. Auch der heute so anerkannte Kritiker, Interpret und Übersetzer russischer Literatur, Xaver Graf von Schaffgotsch gehörte zu uns.

Ich sog mich voll und, wie ich heute weiß, vor allem mit Gütersloh. Ich war ein dummer Rüpel, aber mit meinen zweiundzwanzig Jahren ein literarischer Schwerarbeiter, von einem Fanatismus, der mir heute wild und roh erscheint. Ich warf alles Fertige sofort weg, es sollte nur Übungs-Stoff sein. Ich kannte die *Tanzende Törin* seitenweise auswendig. Erst später freilich erfuhr ich, daß dies der bedeutendste Roman des frühen Expressionismus ist.

Es gab mehrere Fußballmannschaften im Lager und einen

Turnus von Wettspielen (mit Totalisateur im Kasino, jawohl! man muß konventionelle Begriffe, wie etwa »Kriegsgefangenschaft«, immer auflösen!). Ich spielte rechts Verteidigung (damals sagte man noch »back«). Ich war beliebt. Der Ruf »Hoppauf, Heimito!« oder »Heimito! Schuß!« wurde, im brüllenden Tone, oft gehört. Ich wusch mich ab, ich eilte ins Café. Ich vermeinte oft, daß mein Thorax vor Wachstumslust gleichsam in den Nähten krache. Ich eilte ins Café. Ich eilte zu Gütersloh, in Wahrheit.

1924 sah ich ihn zum erstenmal in der Wohnung der Mutter des Malers Erwin Lang, einer imperialen alten Dame mit dem Kopf eines Kardinals. Er las die herrliche Prosa von *Kain und Abel*, die im gleichen Jahre – von ihm illustriert – erschien, in einer jener Prachtausgaben, wie's damals der Brauch war, welche die sichere Gewähr dafür boten, daß ein Buch bald aus dem Handel verschwinden würde. Der Verleger war auch anwesend, Rudolf Haybach, ein alter Sibiriake, einer von den Unsrigen.

Ich kann nicht sagen, daß Gütersloh mir damals sympathisch gewesen ist. Sein brauner, wie eingeölter Teint – er kam aus Südfrankreich, wo er dann mehrere Jahre verlebt hat –, der dichte, tief-schwarze Kinnbart, die sonore Stimme, das ausholende Pathos seines Lesens: das alles war mir nicht eigentlich physiognomisch, sondern eher schon physiologisch zuwider. Ich wollte damals Prosa so gelesen haben, daß vor allem die Silbenquantitäten und rhythmischen Werte gut herauskämen – die »ratio pedum«, wie der alte Quinctilian sagt – also eher monoton. Der Eindruck war zwiespältig.

Aber er muß doch tief ins Kernholz gefahren sein. Als mich einige Jahre später der Verleger fragte, ob ich bereit sei, ein Buch über Gütersloh zu schreiben, sagte ich sogleich zu, obwohl ich einen Roman zu beenden hatte. Ich erhielt nun sämtliche Bücher Güterslohs zugestellt, auch die vergriffenen und kaum mehr zugänglichen (fast alle befanden sich in diesem Stande, darunter auch die *Tanzende Törin*). Es waren acht Bände. Ich legte sie beiseite und schrieb weiter an meinem Roman. Im Nachsommer war er fertig. Es wird damit zusammengehangen haben, daß ich auszugehen begann. Ich wohnte in Döbling bei einer sehr lieben

Familie mit einem kleinen Buben. Sie haben 1938 fliehen müssen, als die Deutschen kamen. Vor kurzem hat mir die Dame geschrieben. Ihr Mann ist gestorben, der kleine Bub ein Universitätsprofessor geworden. Mein Zimmer in Döbling war winzig, eine weißlackierte Schachtel, vom Fenster konnte ich die Baumkronen greifen. Es stand offen, als ich spät heimkam, die Nacht war warm. Ich trug einen Abendanzug. Ich sah Güterslohs Bücher auf einem kleinen Regal stehen, warf Hut und den leichten Mantel beiseite und zog einen Band heraus. Das Buch war elegant gebunden, nilgrün: die *Bekenntnisse*. Ursprünglich war es mit dem richtigen Titel *Meine große und kleine Geschichte* – gedruckt worden, aber der zweite Verleger des Werkes hatte das willkürlich verändert. Ich begann stehend zu lesen. Nach zehn Minuten schon wußte ich, daß es mich jetzt erwischt hatte. Ich setzte mich lesend auf das Bett nieder, schließlich lag ich bäuchlings, im Smoking, wie ich war, auf dem offenen Bett und las. Ich war mir des Ernstes der Lage, aber auch meiner großen Chance bewußt, und daß mein Hirn nun herzugeben hatte, was es nur konnte. Vielfach versagte ich, sprang gleichsam nur von Stein zu Stein:

»Vor dem Schüler war der Lehrer ... Warum immer wieder stürzt sich der Jüngling in die Schlacht und in die Arme von Lehrern ...? Dem heroischen Wunsche, prädestiniert zu sein ... zeigt sich jenseits der Schlachtfelder ein neuer apokalyptischer Richter, der zu lehren scheint, während er urteilt, der nicht mit Kriegsruhm auf die Walstatt lockt, sondern mit böser, zweideutiger Bescheidenheit den ungleich gefährlicheren Lorbeer der Wissenschaften und Künste in Händen hält.«

Und dann: »Auf der Höhe dieser Betrachtung, die ich wahrlich nicht, um mich hinaufzusetzen, führe, ist es kein Unding mehr zu behaupten, daß dem Siege des Gewissens, dessen also, was als schöpferische Sonne hinter aller Gestalt steht und dieser Gestalt Schatten auf Bild und Buch wirft, daß solcher Entscheidung die Begabungen einfach folgen.«

Das war Seite 101. Nicht eigentlich eine Buchseite, sondern der Halt eines Schnellzuges. Ich hatte auch kein Buch gelesen, sondern buchstäblich mein eigenes Leben. Ich sprang aus dem Zuge in die Mitte des Zimmers. Es war heller Tag. Diese Augenblicke wurden ein wilder Ringkampf. Dann wußte ich: dereinst wirst auch du begabt sein. Ich war durch! Ich atmete tief. Meine Brust trat vor, das steife Leinen knisterte, bog sich, es gab einen kaum spürbaren kleinen Ruck.

Ein Perlchen rollte vor mir auf dem Teppich.

Es rollte weit durch die Jahre, und bis in den Roman »Die Dämonen« hinein. Dort blieb es liegen und wurde dann gefaßt. Wer es sehen will, kann es auf Seite 467 finden.

Für mich aber bleibt es ein Teil jener Nacht vor dreiunddreißig Jahren: mit Gütersloh verbracht.

## Heimito von Doderer
## Der Rausch der Abstrakta

[1962]

Albert Paris Gütersloh: *Sonne und Mond*

»Wenn der Gegenstand des Dichters die ganze Vorstellungswelt des Menschen wird, so schwillt ihre Darstellungsform ins Unabsehbare an, verliert alle gewohnten Konturen des Erzählens und Schilderns« (W. Emrich). Damit hört natürlich auch »die chronologische, die um Höflichkeit bemühte Weise« des Erzählens auf, um es mit einem Worte Joseph Breitbachs zu sagen. Also: »Was ein Roman ist, bestimmt derjenige, welcher ihn schreibt« So antwortete A. P. Gütersloh auf eine Rundfrage. Und: »Der Teufel hole die Bücher, die einer versteht.« (*Sonne und Mond*, S. 414.) Wir verstehen schon. Wir möchten vor dem Werke ein Täfelchen aufstellen und darauf einen sehr bekannten Buchtitel schreiben: »Nur für Leser.«

Sogleich sieht man sich nach einem bereits fest eingeschlagenen Pflock um: Robert Musil? Bitte um einen Vergleich! Ganz einfach. Musil kann bekanntlich nicht erzählen und will es also auch nicht. Gütersloh kann es gar sehr und will es noch weniger.

Konkret und sensuell, wie ein Künstler eben sein muß, ist er bis zum äußersten, und an leuchtenden Stellen solcher Art ist kein Mangel. Gleich danach freilich schlägt alles mit nicht minderer Glut in den Rausch der Abstrakta um. Entweder zerstört nun der Autor durch diesen die Erzählung, oder, noch weit absichtsvoller, durch ein anderes Mittel: durch Überfrachtung, bis ihr das Rückgrat bricht: da liegt sie; ein Haufen Scheiter; fort damit! Der Rausch der Abstrakta kann neuerlich beginnen. Mit einer der schönsten und humorvollsten Passagen des Buches wird zuletzt auf die beschriebene Art verfahren (651 ff, ab 669 die desaströsen Methoden).

Desaströs freilich nur von uns aus gesehen. Denn der Autor will ja das Lianengewirr seiner (überaus interessierenden) Handlung zerreißen und sein Messer freikriegen zu ganz anderen Zwecken.

Jene Handlung allerdings ist außerordentlich. Der marokkanische Diener eines windigen Grafen Lunarin entdeckt am anderen Ende der Welt auf einem gewissen Örtchen beim Zerreißen einer Zeitung, daß sein Herr in Europa ein Schloß mit Gut geerbt hat. Damit geht eine von sublimer aber ungeheurer Bosheit gelegte Flattermine hoch, die der Oheim des Grafen, ein Baron Enguerrand, seinem Neffen untergeschoben hat, um den Windbeutel, dessen Verwandlungs- und Lebe-Talent den gründlichen Mann bis zum äußersten ärgert, einmal endlich irgendwo festzubinden, damit er zeige, was er alles nicht kann, und wie wenig, ja, nichts hinter ihm stecke. Denn jene Erbschaft, die der Graf wirklich annimmt, ist eine schwere Belastungsprobe: Schloß und Gut befinden sich in ruinösem Zustand. Der Erbe wird sich im gängigen Sinne bewähren müssen, will er sein Eigentum bewahren. Schon ist er im nahen Dorfe Recklingen eingetroffen, schon will er sein Schloß besichtigen: da weht's ihm eine ehemalige Geliebte in den Weg (sein Normalfall), er entbrennt neuerlich für sie, gelangt gar nicht bis zu seinem Schlosse, wohl aber wieder in seine angemessene Bahn. Das amouröse Abenteuer nimmt seinen Lauf, das Schloß bleibt links liegen, und er verschwindet neuerlich draußen in der Welt, wo ihm sehr bald und immer wieder ein Gleiches begegnen wird.

Aber doch hat er einen Sachwalter, einen Verwalter bestellt, der ihm zur rechten Stunde im Gasthof (oben, im separierten Speisezimmer, wartet indessen am gedeckten Tisch die Dame!) richtig in den Weg, oder eigentlich in die Hände läuft: es ist Till

Adelseher, ein äußerst wohlbeschaffener, reicher junger Großbauer. Nun hat dieser die Schlüssel zum Schlosse, nun wirkt sich die »puissance des choses«, die »Gewalt der Dinge« (der Fürst Metternich beliebte das Wort zu gebrauchen) auf den jungen Mann aus. Der Graf, der eigentlich in drei Tagen hätte wiederkehren sollen, bleibt, windig wie er ist, einfach weg. Und das Schloß in der Hand des jungen Ökonomen zwingt diesen in seinen Dienst: es aufzubauen; die Wirtschaft in Ordnung zu bringen; die Schulden zu tilgen. Das Schloß wird eine schwere Last. Er bewältigt sie in der Sonne vieler Arbeitstage, ein reizendes Mädchen kaum beachtend, das ihn liebt. Endlich ist alles getan, still und feierabendlich geht der Mond auf: es ist Graf Lunarin, der einmal gleich dem guten Till die Geliebte ausspannt, das nun so prächtige Schloß ihm aber schenkt.

Das wäre so der Rahmen. In ihm wimmelt's von Seiten-Vorgängen und Figuren. Aus ihm fallen reichlich die Trümmer vieler zerschlagener Erzählungen, überschäumt von Räuschen der Abstrakta.

Der Roman ist hier nicht epische Kunstform, sondern zurückgebracht auf ein aphoristisches Philosophieren, das in der österreichischen Literatur seine Tradition hält, wie neuerdings wieder zwei Kritiker festgestellt haben, ein deutscher (K. A. Horst) und ein amerikanischer (Ivar Ivask), die beide in diesen Zusammenhang Gütersloh einordnen.

Der sich im übrigen auch als Maler gestaltend ausgelebt hat und viele Jahre an der Akademie der bildenden Künste zu Wien eine Professur innehatte. Für ihn wird das Schreiben eines Buches zu einer begrifflichen Sache, und den Dichter, der aufmuckt, weiß er zu maßregeln. Es gibt heute ein Convenü der Literaturfeindlichkeit. Wir finden es auch bei Gütersloh (S. 11). Es wird vielen Orts als löblich empfunden. Es legitimiert gern jeden Verstoß gegen die Gattungen und Formen. Jedoch: »Kinds are the very life of art« (Henry James). Auf die Länge bleibt das auch unter allen Räuschen der Abstrakta wahr. Und ein Roman ist zwar ein erfundenes Gewand, durch das einer aber bei wirklichen Ärmeln herauskommen muß, nicht bei denen eines Theologikers. Ein Gebild der Kunst sagt nichts über irgend etwas geradezu aus, es sei denn ganz nebenbei.

Im Buche kommt ein Turm vor. Ein Maler bewohnt ihn, der büßt: er hat sich zum Photographen degradiert. In *Sonne und Mond* büßt vielleicht der Dichter für den Maler. Die Früchte sind außerordentlich (obwohl ja ein Büßer sonst keine Früchte hervorzubringen pflegt). Man kann dabei selbst in einen wahren Rausch der Abstrakta geraten und wird diese kristallinische und kristallische Nahrung (nur für Leser!) dann lange nicht entbehren können. Die ungeheure Weite eines nicht ohne Behagen umherschweifenden Blickes, der die Ergebnisse seines Schauens in einer autoritativen Weise mitteilt, welche von der Großartigkeit der Sprache fast immer legitimiert wird, mag es jedem wirklichen Leser für lange Zeit schwer machen, nach der Lektüre von *Sonne und Mond* ein anderes Buch in die Hand zu nehmen.

Heimito von Doderer
Rede im Palais Pallavicini zu Wien
am 4. Dezember 1962

Meine sehr verehrten Damen und Herren,
   wir haben rund zwanzig Jahre auf Güterslohs großen Roman gewartet. Nun ist er da. Und die erste Überraschung besteht darin, zu sehen, daß es gar kein Roman ist.
   In der Tat war auch der sogenannte Arbeitstitel ein ganz anderer. Der Verfasser benannte sein Werk als »Materiologie«. Diese Betitelung kam dem Wesen der Sache entschieden viel näher; und sie wurde später nur aus offenbarer Connivenz unterdrückt, um das Auffällige und Ungewöhnliche bescheiden zu vermeiden.
   Dem Leser des Buches kann nicht verborgen bleiben, daß es sich hier wirklich um eine Art Spaziergang durch die Materie, das heißt, durch alle möglichen Materien überhaupt handelt. Stets werden dabei einige goldene Bälle der Erzählkunst vorausgeschossen. Sie verrollen und bleiben liegen. Der Spaziergänger wechselt sodann den Schläger und gibt seinen Mutmaßungen über den nächsten Schlag und den wahrscheinlichen weiteren

Weg des Balles freien Raum. Es ist ein philosophisches Golf-Spiel, das hier getrieben wird. Es kombiniert und schlägt sich so allmählich weiter durch alles, was es da überhaupt gibt, Tod und Liebe, Krieg und Frieden, Alter und Jugend, Geld und Kunst, Jud' und Christ, Arm und Reich, Glauben und Unglauben, Malerei und Photographie. Die Musik bleibt ausgeschlossen. Irgendwo heißt es auch, daß nur mindere Schriftsteller eine Beziehung zur Musik haben.

Ich bin kein Literarhistoriker, und daher nicht versessen auf Vergleiche, Einflüsse und Herleitungen. Ich glaube zudem, daß *Sonne und Mond* in der Literatur unserer Zeit gar nicht beheimatet ist. Es steht in seiner Haltung am nächsten gewissen Werken der Hochscolastik, etwa dem »Speculum Universale« (eigentlich »Speculum quadruplex«) des Vincenz von Beauvais, oder, aus dem Altertume, dem großen Lehrgedicht des Titus Lucretius Carus »De Rerum Natura«, dessen sprachliche Potenzen sehr hoch sind.

Dem Begriff der Materie widerfährt in Güterslohs Materiologie seltsame Wandlung, in eine Richtung weisend, die auch der modernen Physik nicht fremd ist (und hierin eigentlich, nicht aber literarisch, wurzelt das Werk in unserer Zeit). Zugleich sieht man das Prius, welches mittelalterliche Denker der erst Wirklichkeit schaffenden Forma vor der Materia oder auch der Materia Signata (der vorbezeichneten Materie) eingeräumt haben, nicht gar weit ab von solcher Direktion.

Es ist jedoch ein Lehrer der Ostkirche gewesen, Johannes von Damaskus, der erste Zusammenfasser ihrer Dogmatik, welcher Gütersloh den für ihn eigentlich brauchbaren Leitsatz geliefert hat. Der Damaszener sagt: »So weit der Mensch reicht, so weit reicht die Materie. Selbst die Engel sind, verglichen mit ihrem Schöpfer, noch grob materielle Wesen.« Das ist eine treffliche Palissade, gegen ein zu früh auf-flatterndes, wohlmeinendes und poetisierendes Transcendieren, das einer Anfälligkeit gegenüber dem Idealismus, sei's hellenischer, sei's deutscher Prägung, für den Schriftsteller stets verdächtig bleibt. Derartigem wird solchermaßen kräftig auf den schöngeistigen Schwanz getreten, der in einen Einfaltspinsel als Quaste ausläuft. Dies besorgt *Sonne und Mond* mehr als einmal. So weit der Mensch reicht, so weit reicht die Materie. Erst wenn alle Versuche gescheitert sind, aus ihr zu erklären, dürfen wir annehmen, uns der Grenze zweier Reiche zu nähern, und verstummen. In diesem Sinne wollen wir Schriftsteller immer, wenn schon nicht Materialisten, so doch Materiologen bleiben. Auch, um die Transcendenz gleichsam gesund zu erhalten, damit ihr weit hinausgeschobener Staudruck unsere Welt immer wie ein Ringwulst umspanne.

# Heimito von Doderer
# Rede im PEN-Club zu Wien
# am 18. Dezember 1962

Meine sehr verehrten Collegen und Colleginnen!

Es ist nicht möglich, der Zeit wegen, daß ich hier eine Ortung und Würdigung von *Sonne und Mond* leiste; zudem habe ich das schon zweimal getan, im Literaturblatt der »Frankfurter Allgemeinen« vom 1. Dezember und in meiner am 4. Dezember im Palais Pallavicini gehaltenen Rede.

Doch hat mir gestern die Morgenpost den Brief eines jungen österreichischen Autors über das Buch gebracht; jenes kurze Schreiben Ihnen mitzuteilen halte ich für der Mühe wert.

Peter von Tramin schreibt mir:

»Güterslohs *Sonne und Mond* ist kein Roman mehr: einem Autor, der Zeit seines Lebens als Programmatiker wesentlich nichts anderes tat, als zunächst die remedia divina seiner eigentlich erst zu betreibenden Kunst zu bestimmen, war das Schicksal aufgegeben, sich endlich im durchgeführten Werke verwirklichend, sein eigenes Kriterium auszumachen, primam materiam nun tatsächlich dargestellt zu haben, die dem confessionierten Materiologen ja nur in der schließlich ermöglichten Bescheidung aufs Stoffliche erwachsen konnte, oder aber am Grunde der Retorte, die diesfalls ein ganzes Leben meint, sich selber mit den bitteren Erkenntnisworten: ater corvus sum, vernichten zu müssen. Jetzt erst, mit seiner endlichen Konkretion, ist Gütersloh (der Schriftsteller nämlich) Künstler, oder er ist es nie gewesen.

Sehen wir zu: Schon frühe bekannte er sich als Remplaçant: in seiner *Großen und Kleinen Geschichte*; und *Sonne und Mond* ist Stellvertretung überhaupt geworden, Allegorie und Symbol, dies Schicht nach Schicht. Die Fabel simpel: es geht ums Erbe, das ein Herr nicht antreten kann und ein Knecht, der's erwirbt, nicht darf. Die Durchführung: eine einzige kumulative Gegen-argumentation in glanzvoller Tropik, die letzten Endes nichts anderes will, als ihren eigenen (fato-)logischen Vordersatz ver-neinen, unterwegs jedoch – das Mittel der Abschweifung zum innewohnenden Zweck erhoben, erzählerisches Gebrechen zur Tugend des wichtigeren Anliegens geheilt – eben im Unterwegs-Sein ihr Auslangen so überzeugend findet, daß es zum mitteilba-ren Überfluß ihres Autors wird. Man könnte aber auch sagen: wenn einer dieses Buch so zu lesen verstünde, wie es geschrieben wurde, er hätte ausgelernt.«

So weit unser junger Mann; und damit schließt er den Akten-deckel. Und auch ich, nach langer Dienstzeit in Güterslohschen Sachen, tue ein Gleiches. Der Fall Gütersloh – dieses immer neu alarmierende Abseits-Stehen einer überragenden Potenz – hat zu existieren aufgehört. Es gibt, seit dem Erscheinen von *Sonne und Mond* (und dazu kommt gleich in einem noch ein dicker Band gesammelter Erzählungen bei Luckmann, ein bevorstehendes Inselbändchen und eine Anthologie aus dem Gesamtwerk, die ich selbst zum Abschlusse noch erarbeitet habe, damit sie 1963 erscheinen könne), es gibt also keinen Fall Gütersloh mehr, und für mich selbst am allerwenigsten. Ich habe hier meine Zeit zu Ende gedient. »Wenn einer dieses Buch so zu lesen verstünde, wie es geschrieben wurde, er hätte ausgelernt«, schreibt mir der junge Herr von Tramin. Ich habe gelesen und ich habe ausge-lernt. Man kann aus *Sonne und Mond* so ziemlich alles lernen, was zur Literatur gehört. Unter anderem auch, was ein Roman ist, als Werk der Kunst, und, was er nie sein kann und darf.

Damit nehme ich Abschied. Hier ist, mit dem Aufhören des Falles Gütersloh, jede Propaganda überflüssig geworden. Sie obliegt höchstens seinen Verlegern.

Aktendeckel zu. *Sonne und Mond* gehn auf.

Heimito von Doderer
Brief an Armin Mohler

Wien, den 20. Dezember 1962

Sehr geehrter, lieber Herr Doctor,
  leider muß ich definitiv davon zurücktreten, Gütersloh in einer Diskussion über Theorie und Technik des Romans gewissermaßen zu vertreten, um den Nachteil seiner Schwerhörigkeit auszugleichen, was an sich ein ganz guter Gedanke war.
  Aber inzwischen hat sich meine Position gegenüber *Sonne und Mond* klar herausgebildet, was in drei Etappen geschah: erstens meine Rezension im Literaturblatt der Frankfurter Zeitung, eigentlich Frankfurter Allgemeine, 1. Dez. 62, die Ihnen hoffentlich nicht entgangen ist: hier schon konnten Sie lesen, daß ich *Sonne und Mond* überhaupt nicht für ein Werk der epischen Kunst halte (sehr zum Unterschied von Ihnen). Zweimal, und ebenso deutlich, sprach ich das noch aus: am 4. Dezember in meiner beim Empfang im Palais Pallavicini zu Wien gehaltene Rede vor der Lesung Gütersloh im Österr. PEN-Club hier in Wien, die zugleich meine Verabschiedung vom »Fall Gütersloh« – dem immer wieder abseits stehen einer überragenden Potenz, so definierte ich diesen Fall – bedeutete. Jener Fall Gütersloh hat zum Glücke aufgehört zu existieren. Gütersloh ist nun da. Und ich höre auf, sein Propagandist zu sein. Ich war es über 30 Jahre lang, und zu einer Zeit schon, da niemand von ihm etwas wußte oder wissen wollte.
  Güterslohs und meine Position in Sachen Roman sind heute vollends unvereinbar geworden. Ich kann also in der Diskussion Gütersloh nicht vertreten. Ich müßte ihn sogar bekämpfen. Es ist mir daher eine Lage nicht zuzumuten, in welcher ich gegen meinen hochverehrten Lehrer coram publico anzugehen hätte.
  Ich habe mich also entschlossen, der ganzen Veranstaltung unbedingt fernzubleiben, um so eher, als mich bestimmte, mit meiner Arbeit zusammenhängende Anlässe nach den Weihnachtsferien schon am 7. Januar nach Wien rufen werden.
  Und nun mein Rat:

Entweder machen Sie selbst den Mittler und Interpreten. Wäre ausgezeichnet!

Oder aber, Sie ziehen den einzigen Mann herbei, der, außer Ihnen, hierher gehören würde, als Mittler: es ist Professor Dr. Walter Jens (Tübingen). Als Theoretiker des abstrakten Romanes ist er geradezu vorbestimmt dazu. Außerdem läßt seine Rezension des Werkes (Die Zeit, 7. Dez. 62) keinen Zweifel darüber, daß er *Sonne und Mond* bejaht und begrüßt.

Ich aber scheide hier aus.

Ich setze Sie, nach gefaßtem Entschlusse, sogleich davon in Kenntnis, damit Sie rechtzeitig Ihre Maßnahmen treffen können.

Empfehlen Sie mich, lieber Doctor, auf das ergebenste Herrn Dr. Kurt Busse! Ich zweifle nicht daran, daß er meinen Standpunkt zu würdigen wissen wird!

Für die hohen Feiertage und den Jahreswechsel wünsche ich Ihnen, Ihrer Gemahlin und gesamten Familie alles Beste von ganzem Herzen. Wir werden einander in München wohl bald wieder einmal begegnen.

Es grüßt Sie freundschaftlich
Ihr
Heimito von Doderer

## Herbert Eisenreich
## Offener Brief an A. P. Gütersloh

[1958]

Sehr geehrter Herr Professor!

Sie, der siebzigjährige Schriftsteller, haben mir, dem dreißigjährigen, der Ihr Sohn, ja Ihr Enkel sein könnte, Ihren Roman *Eine sagenhafte Figur* zusenden lassen. Ich nehme das Geschenk entgegen nicht nur als eine – ich weiß nicht, womit verdiente? – Ehre, sondern zugleich als eine Widmung Ihrer Generation an die meine; als ein Zeichen Ihres Vertrauens in uns oder mindestens als einen Ausdruck Ihrer Erwartung, wir würden uns als würdige Söhne und Enkel erweisen.

Meinem Danke muß indessen schon das Eingeständnis folgen,

daß Ihr Buch einen schlechten Leser gefunden hat; einen schlechten nicht im Sinne eines unaufmerksamen, eines flüchtigen Lesers, sondern in dem weitaus bedenklicheren Sinn eines unfähigen, gewissermaßen analphabetischen. Kurzum: Mein aufnehmender Intellekt war den Anforderungen Ihres Buches nicht gewachsen; weite Partien blieben nichts als bedrucktes Papier; dem lautenden Mund – ich gebrauche hier sinngemäß Ihre Worte – neigte sich kein hörendes Ohr. Doch bin ich Leser genug, zu spüren, wann es am Buche und wann es an mir liegt, wenn ein Text sich verschweigt. Hier nun lag es, eindeutig wie kaum je zuvor, an mir. Denn stellenweis sah ich ja den fruchtbaren Kern der Sache bloßliegen, und aus diesen Fragmenten durfte ich getrost aufs mir verborgene Ganze schließen.

Also blieb zu fragen, woran das volle Einverständnis gescheitert ist. – So leicht die Frage gestellt, so leicht ward sie auch beantwortet: An der negativen Klippe meiner Unbildung.

Ihr Buch, Herr Professor, wahrlich ein Buch des Anstoßes, ist geschöpft aus dem Fundus der Bildung, wobei hier natürlich an des Wortes weiteste Bedeutung gedacht werden muß; geschöpft aus einer Bildung, über deren lateinischen Grund die Philosophie und die Theologie sich wölben, ein Doppel-Gebäude mit kommunizierenden Gängen und Kanälen; aus einer Bildung, der selbst das als Erscheinung Neueste keine Sekunde des Zögerns abringt, keinen hilfesuchenden Ausruf der Überraschung entlockt, da sie, diese Bildung, eben darin besteht, die Dinge – und zwar nicht nur die wirklich vorhandenen, sondern auch die wirklich möglichen Dinge! – in nuce erkannt zu haben; aus einer Bildung, der, was auch immer ihr neu, doch nie unvermutet begegnet zur geistigen, zur sittlichen Bewältigung, immer nur als eine Nutzanwendung, der jede Realisierung, auch die scheinbar kühnste oder sensationellste, immer nur als eine Handlichmachung erscheinen muß, als ein »Nachwort ad usum Delphini« zu dem Wort, das die Wahrheit ist, da sie, diese Bildung, ja mit dem Grund aller irdischen Dinge glatt identisch ist. Aus einer Bildung, die uns aber fremd ist, weshalb wir die Welt der Erscheinungen als eine Welt voll von Fremdkörpern erleben, oder besser gesagt: erleiden.

Bildung in dem gemeinten Sinn war vor fünfzig Jahren noch,

wenn auch nicht allgemein verbreitet, so doch erwerbbar und daher von denen, die das Zeitalter sich zu seinen Repräsentanten erkoren hat, erworben worden; noch ragen ja nicht bloß die Zeugnisse, sondern auch Zeugen jener Bildung in die Jahrhundertmitte herein. Wenn ein solches Zeugnis von uns allzu Gegenwärtigen aber als ein nicht mehr ganz faßbarer Fremdkörper, als eine nicht mehr ganz entschlüsselbare Ausgrabung empfunden wird, dann kann das nur bedeuten, daß jener Grund heute nicht mehr Wurzelboden und Nährreich aller, sondern wohl nur mehr versunkenes, sagenhaftes Terrain ist, Vineta, Ausflugsziel solcher, die Geld und Freizeit und vielleicht auch edlen Spleen genug haben, schnorchelatmend da hinabzutauchen, mehr sportlich als wissenschaftlich dran interessiert, oder wenn schon wissenschaftlich, dann nicht mehr des geistigen Heiles wegen. Ihre Generation, vor oder um 1900 geboren, ankert noch fest in diesem Muttergrund; weshalb sich für sie auch die Frage erübrigt, die unsere Generation fasziniert wie der Blick einer Schlange ihr Opfer: die Frage der Modernität. Das zutiefst Begründete und daher Allumfassende, Allbegreifende ist dieser sekundären Fragestellung a priori enthoben. Wir Dreißigjährigen hingegen, die wir nicht aus dem Fundus der Bildung schöpfen – ich sage mit Absicht nicht: »einer Bildung«, denn irgendeine Bildung, im Sinne von fachlicher Ausbildung, hat auch ein jeder von uns! –, wir trotzdem oder gerade deshalb Ungebildeten also, die wir daher nur den Reizen des Augenblicks nachgeben, den Aktualitäten ein literarisches Mäntelchen umhängen, das uns Begegnende also zur Gestalt nur maskieren, ewige Faschingsarrangeure wir: wir hingegen kreiseln damit in einem Gitterkäfig unfruchtbarer Problematik. Eigentlich sind wir, da sei des einen oder andren schreiberisches Können noch so beachtlich, eben doch nur Verfasser von »Zeitungen zwischen Buchdeckeln«, wie Doderer die plane Ausmünzung des Aktuellen nennt.

Oder tue ich, wenn ich im Plural spreche, nicht etwa meinen Freunden unrecht? Gehen sie nicht, ein jeder seinen Weg, bis an die äußerste Grenze ihrer Möglichkeiten, erhaben über jeden Verdacht der Bequemlichkeit, der frühen Zufriedenheit, der Anpassung an die intellektuelle Konjunktur? – Ich glaube, daß jeder von ihnen tut, was in seinen Kräften steht. Und dennoch:

Weder dem Umfange noch der Intensität nach reicht, was wir bisher geschaffen haben, heran an die Fülle und die Qualität der Zeugnisse, die Ihre Generation, Professor Gütersloh, in dem Stadium, in dem wir jetzt halten, bereits vorgelegt hatte. Kurzum: Wir sind literarisch verarmt. Uns fehlt die Bildung. Wir kennen sie zwar, aber wir sind nicht mehr ihre lebendigen Produkte. (»Bildungswissen und Bildungsklima sind zweierlei«, konstatiert der Essayist Karl August Horst in einem ähnlichen Zusammenhang.) Unser Bildungswissen befähigt uns zwar, uns als Gebildete zu gebärden und des überlieferten Bildungsgutes analytisch habhaft zu sein, doch ersetzt es nicht die Bildung selbst, welche allein den Menschen befähigt, der Wirklichkeit innezuwerden und sie gestaltend und ordnend zu bewältigen.

Allein darauf, daß wir unsre Studienjahre in Rußland, im Luftschutzkeller, im Lazarett, im Lager oder auf der Flucht haben hinbringen müssen, darf unsere Mangelhaftigkeit nicht zurückgeführt werden; auch Musil stand an der Front, auch Doderer war in Sibirien festgehalten, auch Broch wurde aus seiner Heimat verjagt. Auch die Hypothese, unsere Generation sei von vornherein dümmer oder sie habe andre Begabungen mitbekommen, um andere Fähigkeiten zu entwickeln, hat weder empirische noch metaphysische Deckung. Mir scheint vielmehr, die Menschheit habe es so herrlich weit gebracht, daß die totale geistige Selbstvernichtung bereits in vollem Gange ist, wofür die physische Selbstvernichtung durch die Exzesse sogenannter Wissenschaft nur das äußere Abbild, die Darstellung »ad usum Delphini« bedeutet.

Sie hatten, zumindest in Ihrer Jugend, noch Atemluft genug, ja mehr als genug! In Rom, im zaristischen Rußland, selbst an manchem deutschen Fürstensitz traf den Schriftsteller, wenn er der Macht opponierte, der Bannstrahl, heutzutage wird er im Osten in den Kerker, im Westen ins Irrenhaus gesperrt. Aber als Sie in unserem Alter waren, durfte ein Karl Kraus – nicht etwa von der sicheren Schweiz aus, sondern nur einige hundert Schritte vom Zentrum der politischen und militärischen Macht entfernt, und mitten in einem Krieg auf Tod und Leben – mit seiner Polemik stoßen, was da, leider, stürzte.

Von dieser äußersten Liberalität ist die Welt, wie über Nacht, in den Totalitarismus gekippt, wobei es eine fatale Selbsttäuschung wäre, diesen nur in der bolschewistischen und der faschistischen Ausprägung wahrnehmen und wahrhaben zu wollen. Unsere Generation ist die erste, die mit Haut und Haaren unter die Räder der auf Hochtouren laufenden Technik zu geraten droht.

Man könnte fordern, ein Künstler habe zuerst einmal ein Lebenskünstler zu sein, der mit einem Minimum von Kraftaufwendung, indem er sich ohne zu rudern, nur steuernd, auf den hochgehenden Wogen treiben läßt, seinen Weg durch den Irrsinn unbeschädigt findet, ja gar belehrt und auf seine Weise bereichert. Einverstanden. Wie aber – und auch dieses Problem hat sich bisher noch nie gestellt –, wie aber bleibt er sprachlich einer Welt gewachsen, die ihre materialen Bestände in einem wahren Höllentempo vermehrt und stündlich weiter über das Vokabular hinauswächst, den Menschen sprachlos hinter sich lassend? Zu den zwei angedeuteten Aufgaben – Versäumtes nachzuholen und Methoden zu erfinden, die dem Geist eine freie Bahn durch den zivilisatorischen Dschungel schlagen – gesellt sich die dritte, mit dem Vokabular das rasende Welt-Material zu überrunden, um seiner endlich wieder habhaft zu werden. Unser schier hoffnungsloses Bemühen gleicht etwa dem eines Mannes, der einen morschen Pfahlbau nicht nur restaurieren, sondern zugleich durch fortwährende Um- und Zubauten in ein fest gemauertes, tief in der Erde fundiertes, komfortabel ausgestattetes Schloß verwandeln will.

Aber »es gibt keine rein negativen Ereignisse«, wie Doderer den Herrn von Orkay in den »Dämonen« sagen läßt. Ihre Generation, Professor Gütersloh, hatte noch einen Grund – nämlich die alles begründende Bildung –, im Sinne der Zeit zu handeln (worunter natürlich auch fällt, im Sinne der Zeit gegen ihre aktuellen Tendenzen zu stehen). Uns aber ward dieser Grund entzogen; und in einer Zeit, die keinen Sinn (und daher auch keinen Widersinn), sondern nur noch Tendenzen (Interessen und Bedürfnisse) hat, wird der Einzelne, so er sich noch als ein solcher empfindet, ganz auf sich selber zurückverwiesen. Und wenn nicht der Schriftsteller, wer dann wäre solch ein Einzelner? Aber da es den Einzelnen freilich nur als ein Oppositum gibt und da die abstrakte Menschheit, anders als zu Ihrer Zeit noch die konkrete Gesellschaft, ihn, den Schriftsteller, nicht in diese fruchtbare Position versetzt, sondern glatt abspaltet, ausscheidet, expatriiert, gleichsam ins All hinausschießt: daher also muß er, ob er will oder nicht, sein Zeugnis vor den jenseitigen Instanzen ablegen ohne das tröstlich Vermittelnde irgendeiner Wirkung; ja, es hängt seine ganze Existenz als Künstler jetzt nur mehr an dem Glauben, daß es jenseitige Instanzen gibt und daß diese Instanzen, im Gegensatz zu den diesseitigen, keine quantité négligeable kennen, im Positiven wie im Negativen nicht. Er wird also darauf verzichten müssen, irgend jemandem irgend etwas sagen zu wollen; er wird sich damit begnügen, zu sagen. Er wird Mund sein, ohne eines Ohres zu bedürfen. Der denkbar entschiedenste Gegensatz zu dieser unserer Welt der Mitteilungen — nein, viel mehr noch: das Ganz-Andere. Und nur dadurch zugleich auch mehr als die eigene Existenz als Künstler bedeutend, nämlich: die Existenz im Verzicht auf ein Diesseits, welches sie freiwillig räumt, ehe es ihr von frevelnder Menschenhand genommen wird.

Deshalb — und jetzt erst recht erlaube ich mir den Plural —, deshalb schreiben wir trotzdem, meine Freunde und ich. Wir schreiben, nicht um gehört zu werden, sondern wir schreiben, um Zeugnis abzulegen. — Jedoch: was sich hier so mühsam darstellt, wie es ist erarbeitet worden: in nuce findet es sich bereits, so schön wie selbstverständlich formuliert, in eben dem Buch, das den Anstoß gab zu diesem Bekenntnis, in Ihrem Roman *Eine sagenhafte Figur* (pag. 408 f.): »Es darf ein Mensch, der des Wortes mächtig ist, keine Lage schweigend verlassen: dies fiele zu leicht, dies gälte nicht vor dem Gotte. Und gar zu dem, den er liebt, doch nicht für fähig hält, ihn zu fassen, darf er ja nicht reden wie zu einem Kinde oder unansprechbaren Schüler. Denn nicht darauf kommt es an — obwohl es uns darauf ankommt; aber: was wissen wir von dem, was wir eigentlich wissen sollten? —, gerade von diesem da und in eben diesem Augenblicke verstanden zu werden, sondern einzig darauf, zu sagen, was nur jetzt oder nie mehr, und nur von uns und von keinem andern, gesagt werden kann. Die ausgesprochenen Worte, in denen das

heilige Gegenwärtige erst den echten Erweis seines Daseins gefunden hat, wirken ungehindert so lange weiter, bis sie ihr hö-
rend Ohr erreichen: es muß nicht das mit dem Rauschen der
kosenden Zunge erfüllte des geliebten Hauptes sein, und es ist es
auch in der Regel nicht.«

Wäre nicht also Ihr Buch, Professor Gütersloh, gerade dort,
wo es uns unverständlich bleibt, zu verstehen als ein Mund, der
nicht mehr der Illusion eines irdischen Ohres bedarf, und damit
als eine exemplarisch vorweggenommene Verwirklichung dessen, wozu es dort, wo es uns verständlich wird, uns, hinkend
Nachfolgenden, rät?


Peter von Tramin
Unterwegs zum totalen Roman

[1962]

Bei Alfred Wolfenstein heißt es: »Es gibt nur die Lichter der
Welt, die wir selbst entzünden. Biographie gibt es nicht; stumm
vergewaltigt ist jedes Wort, das nicht gezeugt wird. Nur was ein
Mensch formt, hat Sprache; um den Menschen zu formen! Das
Werk. Niemand wird geboren, ehe nicht von ihm geboren
wird!«

Das Werk A. P. Güterslohs ist zwiefach: der Maler steht dem
Dichter nie Aug' in Auge gegenüber; beide schließen einander
temporär aus, freilich nicht sosehr, daß der eine die Tilgung des
anderen bedeutete. Vielmehr können wir von einer echten Al-
teration der *Person*, nicht nur der *Haltung* sprechen. Es ist eine
Art Saison-Dimorphismus, dessen Weise der Betroffene selber
so erläutert:

> »Ich selber erkenne schreibend mich nicht wieder, und,
> malend, liegt meines Wesens andere Hemisphäre mir im
> unzugänglichen Dunkel. Nie unterstützen meine Talente
> einander, nie bemühen sie sich ums selbe, stets setzt der
> abwesenden Neigung die herrschende ihren Fuß – wahr-
> lich, in effigie – auf den Nacken. Was immer ich treibe,
> verdecke ich im Augenblicke ein Nichtgetriebenes. Und

doch bin ich mit der Größe des geworfenen Schattens immer, wenngleich im unfruchtbaren Besitze dessen auch, was ruht. Mit Regelmäßigkeit durch meine einander feindlichen Häuser zu ziehn, gilt mir für höchstes Recht-Tun.«

Am Anfang des literarischen Werkes – das uns hier beschäftigt – steht der 1909 entstandene Roman *Die tanzende Törin*, der den ganzen, erst später aufgetretenen Expressionismus vorwegnimmt. Gütersloh sieht diesen Roman nicht als Teil seines Kontinuums an, sondern als Anfangsnebel, aus dem dieses allmählich hervorgetreten sei. Doch bereits hier finden wir die Güterslohsche Bildersprache in voller Leuchtkraft ausgebildet, die Sicherheit im haarscharfen Zutreffen des Tropus, die zwanglose Bereitschaft der Vergleiche und Identifikationen, deren Reichtum dem Dichter ungeschmälert und unverändert, wenn auch in anderer Funktion, bis heute erhalten blieb.

1915 wird der Roman *Lügner unter Bürgern* vollendet; danach entsteht das Epos *Prokop*. Neben den *Worten Kyrills*, einer perpetuierlichen Spruchsammlung, wächst der Essay-Roman *Apologie des Centauren*, der a priori mit einem im totalen Fernpunkt liegenden, nicht einzuholenden Ende konzipiert ist. 1922 erscheinen bei Hegner *Innozenz oder Sinn und Fluch der Unschuld*, ein Roman, der den Fontane-Preis erhält, die *Die Rede über Blei oder der Dichter in der Katholizität*. Die Legende »*Kain und Abel*« wird erst 1924 bei Haybach in Wien publiziert.

Seit 1926 schweigt Gütersloh als Buchautor, bis er 1946 mit dem Werk *Eine sagenhafte Figur* hervortritt. Das Buch, als »platonischer Roman« bezeichnet (wie *Sonne und Mond* als »totaler Roman«), hebt sogleich seine Klassifikation schon adjektivisch wieder auf. In diesem zwanzigjährigen Schweigen entsteht ein Großteil jener Erzählungen, die heute in den Bänden *Die Fabeln vom Eros* (1947) und *Laßt uns den Menschen machen* (1962) vorliegen. Doch fällt in diese Zeit auch der Beginn des Magnum opus, des dritten und bedeutendsten Höhepunktes; wir meinen den eben genannten totalen Roman *Sonne und Mond*. Die *Tanzende Törin*, in der Gütersloh sogleich im ersten Griff sich seiner Sprache bemächtigte, die *Rede über Blei*, in der das Paradigmatische zum Kunstmittel gemacht wird, und die *Große und Kleine*

*Geschichte*, die »nicht mehr und nicht weniger als ein Organon der Geschichtsphilosophie ist« (Doderer) – all dies wird nunmehr durch den Akt zusammenfassender Durchführung dem Fundament zugewiesen, auf welchem sich der große Bau erheben soll.

Erst jetzt wagt sich der Baumeister ins ungeheure Ausmaß des Faktizitären, erst jetzt wird der tausendfache Griff in die Unendlichkeit der körperhaften Stoffe getan, in denen alle Abstraktionen nachweisbar sein müssen, in der auch jede Allegorie ihre Verankerung hat. Anders geriete sie ja in den Geruch – und Gerüche, in beiden Bedeutungen, sind bekanntlich nicht widerlegbar – chimärischer Herkunft zu sein. Hier auch, sagt Doderer, schlägt sich das Auge auf zum Erkennen der äußeren Welt, deren Einheit mit der inneren sich zum ersten Male und mit der größten Selbstverständlichkeit darbietet, indem beide einander einfach übergreifen: Wirklichkeit entsteht. Oder, wie es Gütersloh selbst einmal epigrammatisch faßte: Die Tiefe ist außen.

Jede Theorie kann nur aus dem Werk erfließen. Auch Gütersloh hat sein frühes, erzählerisches Werk vorausgeworfen: den *Lügner unter Bürgern*, den *Innonzenz*, die *Vision vom Alten und vom Neuen*. Jetzt erst tritt der Programmatiker, der Dogmatiker in sein Recht.

Das Organon *Die Große und Kleine Geschichte* (1923) war die Wende. Mit ihm konnte der Programmatiker seine theoretische Tätigkeit im wesentlichen als abgeschlossen ansehen. Nun konnte der Bau an *Sonne und Mond* beginnen.

Franz Blei nennt in einem wohl schon um das Jahr 1926 entstandenen Essay Robert Musil, Gütersloh und Hermann Broch die drei repräsentativen Gestalten der neuen deutschen Dichtung. Franz Blei sieht also das Wesen der Digression, die allem wachsenden, nicht nachvollziehenden Denken eigentümlich ist, nur als Funktion des immer indirekten Lebensweges an. Das dritte Funktionelle dagegen, das erzeugte wie zeugende Werk, erscheint vermittels Aussparung fälschlich durch die Begriffe »letzte Wahrheit« und »letzter Wert« substituiert – als wäre eschatologische Voraussetzung einziges Ziel. So springt die Binsenwahrheit, daß es keine fixierten und regulativen Allgemeinbegriffe gibt, plötzlich als logischer Vordersatz eines Zirkelschlusses grammatischer Ordnung hervor. Dieser will unnötigerweise demonstrieren, was beim Dichter nie zur Rede steht: nämlich seine konstitutiven Axiomata, in denen das nun einmal um unendlich viele Achsen rotierende, nie und nirgends fixierte Komplexe allen Seins längst akzeptiert ist.

Dennoch können wir der Stasis nicht entraten. Sie sitzt bei Gütersloh, der nun einmal den heroischen Versuch einer Materiologie unternommen hat, notwendigerweise nicht im Objekt. Dieses ist *per se* grenzenlos angelegt, und nur ein Verleger kann es für möglich halten, ein solches Werk mittels zweier Buchdeckel abzuschließen und einzufangen. (Der Verleger heißt Klaus Piper und will *Sonne und Mond* schon in diesem Herbst der Öffentlichkeit präsentieren.)

Die Stasis Güterslohs findet sich vielmehr in seiner Syntax, der die expressionistische Vertikalität längst nicht mehr genügt. Sie hat sich der Horizontalen bemächtigt, die immer wieder aufgebreitet wird, wie ein Forscher Schnitt nach Schnitt durch das zu untersuchende Gewebe legt. Gütersloh trifft *Fest*stellungen im wörtlichen Sinne, trifft sie aber *en parenthese*. Ironie und »allgemeine Gültigkeiten« liegen im Tropus, nicht im Erzählerischen, das wie eh und je vertikal bleibt. Die Fabel wird zum Vehikel alles dessen, was man ohne weiteres auch als einen einzigen Zitatenschatz eigener Hervorbringungen bezeichnen kann. Schichtung nach Schichtung, und jede in derselben Gewachsenheit einer Sprache – es bietet sich solche darstellerische Ökonomie als Symbol für dieses ganze Künstlerleben an. Äußerlich wird dessen Ökonomie wiederum durch die biographische Ortung ihrer Summa summarum bestätigt: Erst am Höhepunkt der Reife des Dichters finden wir den totalen Roman »Sonne und Mond« ausgebildet.

Was aber heißt »totaler Roman«? Gütersloh selbst gibt uns die Antwort:

»Über unsere Aufgabe in einem literarischen Leben, das es vielleicht wieder geben wird, nachdenkend, kommen wir dahin, sie im Verbreiten von Unsicherheit zu sehen. Wir, zum Beispiel, versprechen einen Roman, verfassen einen solchen auch, so gut wir können, das heißt soviel als besser, denn gemeiniglich gekonnt wird, lassen aber keinen, der nur einigermaßen auf unseres Handwerks Finesse und Symbolik sich versteht, im Zweifel darüber, daß die Tafel, die wir so präzis bemalen, nicht die letzte Wand ist, davor unser Vermögen, zur Schöpfung zu gelangen, und dahinter das der Schöpfung, zu uns zu gelangen, resignieren. Wir bekennen offen, und sind uns der Bedeutung unseres Credo voll bewußt, daß eines Romanes Anfang ein zufälliger ist und sein muß, und daß sein Ende unendlich weit hinausgeschoben werden kann und soll; keinesfalls hat er ein solches notwendig in sich: nur die Müdigkeit oder der Tod des Autors setzen es. Was nun die ihn eigentümliche Breite anlangt, sein mähliches Sichergießen in die Runde, das den ursprünglich pfeilgerechten Ablauf zu einem dem Weltumfange gleichen Kreis krümmt, so ist zu sagen, daß an die Peripherie auch der sie Beschreibende nie gelangt: des Lebens Weitschweifigkeit kann gar nicht abgesehen, sein dauerndes seitliches Ausbiegen vor dem Sog zu einem Ende in der Zeit nicht vorausgewußt, seine galoppierende Flucht auf dem Kreuzer aus dem Gulden nicht verhindert werden.«

In Heimito von Doderers Werk nimmt die gewaltige Trilogie der »Dämonen« eine ähnliche Zentralstellung ein wie *Sonne und Mond* bei Gütersloh – ähnlich aber nur insofern, als die Arbeit daran auch ein halbes Menschenalter währte und eigentlich nie unterbrochen wurde. Aber Doderers Magnum opus begreift in sich die Welt und ordnet si pro domo. Denn Aufgabe des Schriftstellers ist es, sie *im* Werke zu bewältigen und nicht *durchs* Werk. Anders wär' eine strenge Komposition gar nicht legitimiert, der auch das rechte Maß an handwerklicher Ökonomie eignen muß und die der Form die stets offenen Valenzen des heroischen Fragments zu opfern hat.

Heimito von Doderer nennt sich den einzigen Schüler Güterslohs. Nun ist das Verhältnis von Lehrer zu Schüler immer ein reziprokes; hier, im idealen Sonderfall, ist es sogar derart beschaffen, daß der Lehrer nicht nur geben muß, was des Schülers ist, sondern auch, was des Lehrers, und umgekehrt. So hatte Doderer, der sich im ausführenden, nicht im programmatischen Werk früher verwirklichte, auch von Gütersloh Konkretion zu fordern. Güterslohs Konkretion ist der totale Roman *Sonne und Mond*. Doderer durfte die Antwort nicht schuldig bleiben. Seine Antwort heißt »Die Merowinger oder die Totale Familie« und führt die Totalität bis zur letzten Konsequenz und daher ad absurdum.

Gütersloh hat als Lehrer das letzte Wort; das hat der Lehrer ja immer: »Über das, was wir sagen sollen, entscheiden die Götter. Über das, wie wir's sagen, entscheidet das Göttliche in uns.«

# Ernst Fuchs
# Über Gütersloh

[1972]

In den rund fünfzehn Jahren, die Gütersloh an der Akademie der bildenden Künste gelehrt hat, sind wohl hunderte Schüler durch seine Klasse gegangen. Meist waren sie ahnungslos und wußten nicht, welch »sagenhafter Figur« sie sich anvertraut hatten. Gewiß sind es nur wenige gewesen, die schon während der Zeit ihrer Studien das weise Geschick zu durchschauen vermochten, welches, wie ein Blindenführer von den Genien dieses Mannes ausgesandt, sie in den Wirkungsbereich des »Paris von Gütersloh« gezogen hatte. Von mir kann ich sagen, daß ich sehr spät erst erkannt habe, welches Meisters Schüler ich, einem wie ich meinte zufälligen Geschehen gehorchend, geworden war. Allzu verborgen war die Person des Meisters hinter der unversperrten Tür seines Ateliers und allzu unaufdringlich sein gelegentliches Erscheinen bei den Schülern. Selten und unaufdringlich war auch sein Wort. Allzu groß war der Unterschied zu den anderen Professoren am Hause, besonders zu jenem einen, aus dessen Klasse ich teils entlassen, teils entflohen war. Robert Christian Andersen war mein erster Lehrer gewesen. Zwei Semester waren mir und wahrscheinlich auch ihm genug, um die Differenzen zu erkennen, die uns trennten. Das Schematische, geradezu geometrische Vermessen der zu zeichnenden Körper, wie der auf Gleichförmigkeit ausgerichtete Studienbetrieb und die Unduldsamkeit, mit der jede Abweichung vermerkt wurde, hatten mich in die Flucht geschlagen. Ihn wiederum mag meine kurvenreiche Schnellzeichnerei verdrossen haben. Erst viel später, zum Zeitpunkt, da ich selbst meine ersten Schüler unterrichtete, habe ich den eminenten Wert der Andersenschen Systematik, der Noblesse seiner Kunst der Untertreibung verstanden und mich mit Dankbarkeit an diese ersten zwei Semester meines Studiums erinnert. Das war im Winter 1945 bis 1946. Erinnerung verklärt so manches; spürt man aber die Effektivität von Erfahrungen, die sich in Form einer Leistung zu manifestieren vermögen, hat man Gewißheit, daß es nicht bloß verklärte Erinnerungen sind, die einen mit längst verflossenen Lebensabschnitten verbinden. Gleich nach Kriegsende waren viele junge Talente zur Aufnahmsprüfung in die Klasse Andersens angetreten, obwohl Wien damals ein Trümmerhaufen war und es absurd schien, sich von neuem in der Kunst zu versuchen.

Hinter dem wehenden Arbeitsmantel Wolfgang Hutters blickten Brauers flinke Augen hervor. Kurt Steinwendner (der sich heute Stenvert nennt) dozierte, daß die neue Kunst Bewegung und Durchdringung des Körpers, kurz die Transparenz aller Erscheinungsformen der Wirklichkeit, zum Gegenstand haben müsse. Kurt Absolon beobachtete still die hektischen Diskussionen, Karl Bednarik und Kurt Moldovan waren in unserem Kreis, und bald sollte Anton Lehmden dazustoßen. Damit war, noch ehe Gütersloh an das Haus berufen wurde, die Keimzelle des Neubeginns österreichischer Kunst, zumindest soweit es Wiens Anteil betrifft, gebildet.

Durch Güterslohs Erscheinen an der Akademie, zwei Semester nach ihrer Auferstehung aus den Trümmern, wurden all jene Künstler, die eine anti-akademische Kunst schaffen wollten oder schon im Begriffe waren, eine solche zu schaffen, angezogen. Seine Klasse im obersten Stock und der dazugehörige Westturm wurden zum Sammelbecken der Moderne und damit auch zum Vorzimmer des Art-Clubs.

Als 1948 die österreichische Filiale des internationalen Art-Clubs, dessen Präsident selbstverständlich Gütersloh war, gegründet wurde, stammte die Phalanx dieser Vereinigung aus seiner Klasse. Wir haben damals, zusammen mit unserem Meister, das erste Mal ausgestellt. Jede seiner Eröffnungsreden war ein vielbeachtetes Ereignis. Meist haben wir kein Wort davon verstanden. Viel zu gescheit war alles, was er sagte. Wir standen etwas betreten herum; daß wir durch sein Wirken zur bewegenden Kraft wurden, war uns kaum bewußt. Wer sich aber die Mühe nimmt, eine jener Reden Güterslohs zu lesen, wird sogleich merken, wie sehr bewußt ihm alle Umstände und Fakten waren, die zu unserem Zusammenschluß geführt hatten. Blicke ich heute auf sein Wirken zurück, so muß ich sagen, daß mir der Aufbruch zur modernen Kunst in Österreich nach dem Zweiten Weltkrieg ohne seine Stellung als unser Lehrer undenkbar scheint. Dieser Mann, der schon vor dem Ersten Weltkrieg Egon Schieles bester Freund war und damals mit Oskar Kokoschka und Max Oppenheimer als Schüler Klimts die junge Kunst verkörperte, war die lebendige Brücke der Generationen, die aus dem Gestern, das wir nicht kannten, in ein Morgen führte, das uns genauso unbekannt war, obwohl wir ahnten, daß wir an seiner Gestaltung Anteil hatten.

Gütersloh war damals schon ein Mythos. Er hat die Grabrede für Gustav Klimt verfaßt und über Arnold Schönberg, den Maler, über Schiele und Klimt wundervolle Essays geschrieben. Ein gewaltiger Schlüssel ist uns in seiner geistvollen Kunstbetrachtung überliefert worden. Und es ist bedauerlich, daß der Schatz, der da zu erschließen wäre, so wenigen Menschen bekannt ist. Aber wie sollte es auch anders sein, hatten doch selbst wir, seine Schüler, jahrelang nicht die geringste Ahnung, welch ein Poet in diesem Maler sich verborgen hielt. Seinen Roman *Eine sagenhafte Figur* las ich 1952, drei Jahre nachdem ich seine Klasse verlassen hatte. Auch diesmal hatte ein seltsamer Zufall mich geführt. Ausgerechnet bei einem Bouquinisten am Seine-Ufer fand ich das zerlesene Buch, und fern von seiner Klasse wurde ich, nun bewußterweise, zum zweiten Mal Schüler, diesmal aber seines Geistes. Meine Begeisterung für diesen Roman war grenzenlos, und ich habe ihn seither immer wieder gelesen. Alles, was Gütersloh veröffentlicht hat, habe ich in der folgenden Zeit studiert, und alles, was er geschrieben hat, habe ich als *das*

Wort an mich erkannt! Er ist ein Prophet der Künstler, durch ihn spricht der Geist der Kunst, der den Menschen ja hervorgebracht hat, sich aus. Eine schöpferische Anrufung, die das Fernliegende heranzieht und das Zerstreute verbindet. Nur so ist sein Wirken zu verstehen, wenn wir bedenken, daß alle, die sich damals um ihn zusammengefunden haben, ein fester Freundeskreis geblieben sind. Das war nicht das Werk eines Organisators, sondern das Wirken eines Vaters, der, um das Erscheinen eines Ödipus nicht zu provozieren, nie direkt in Erscheinung trat.

Was hat er nun gesagt, der Professor, wenn er gelegentlich durch die Klasse ging, die in Wahrheit ein Flüchtlingslager war, in dem der Auswurf aller anderen Klassen zusammenkam? Nichts! Oder höchstens: »Gut, gut.« Gelegentlich stellte er ein Stilleben zusammen, das machte er sehr liebevoll, so daß es an sich schon ein kleines Kunstwerk war, unverkennbar wie eines seiner Bilder. Aber Vorträge über Kunst hielt er nicht. Vielmehr schrieb er viele Bestätigungen und Befürwortungen, wenn irgendein Stipendium zu erlangen war; das leibliche Wohl seiner Schüler schien ihm das Wichtigere zu sein. In Aussprachen unter vier Augen konnte man allerdings manchmal mehr erfahren. In seiner Kritik hat er sich immer mit den gelungenen Teilen des Bildes befaßt und damit das zu Meidende, indem er es nicht nannte, bezeichnet. Vor allem vermittelte seine ruhige Art, mit der er sehr lange jedes Bild betrachtete, jene Geduld mit sich selbst, die man haben muß, wenn man ein Werk vollenden will. Er sagte nie: »Das Bild ist nicht fertig«, sondern: »Da könnte man noch…«. Er konnte aber auch erstaunt »Das ist…?«, »Wie meinen…?« sagen. Er wurde zuweilen schwerhörig, legte die Hand horchend an das Ohr und antwortete auf den Redestrom des Schülers nur monoton »soso, aha«. Sein Unterricht war Therapie ohne Worte; wahrscheinlich, weil eine solche Klasse aus Anti-Akademikern halb Irrenhaus, halb Olymp sein muß, und was soll der Professor dazu sagen? Jeder dort war der Größte, jeder war ein Genie und verkörperte eine Weltanschauung – und so soll es ja auch sein. Wie denn sonst könnte das Beste, was wir werden können: Person, sich bilden? Wie könnte man so viele Widersprüche in eine Form fassen, wenn nicht unter Duldung, ja Forderung der Gegensätze bis an die Grenze des Erträglichen; diese Grenze aber war bei unserem Lehrer offenbar nicht vorhanden.

So war seine Klasse ein Elysium der Freiheit, ein Kindergarten für Künstler, und diese sind ja die Kinder der Ewigkeit.

# György Sebestyén
# Aufzeichnungen über A. P. Gütersloh

[1980]

## Vitalität und Alleinsein

Es ist unmöglich, über Albert Paris Gütersloh eine gültige, passende oder gar beruhigende Aussage zu machen, und zwar warum?

Erstens: Weil er all den Aussagen der Weisen mit einem geradezu gönnerischen Spott gelauscht hat, den Kopf zur Seite gelegt, die Lippen gespitzt, um nicht gleich loslachen zu müssen, denn wie matt und verrieselnd waren doch all die wackeren Behauptungen, verglichen mit den Fakten und den Träumen der Wirklichkeit, die sich im Gedicht »Liebe« auf ein einziges Wort konzentrierte, auf das Wort »Schooß« mit einer Verdoppelung des O noch vertieft zu einem »Scho-o-oß«?! Wie also hätte er wohl irgendwelche Behauptungen über seine Person aufgenommen, mit welch einem lächelnd sarkastischen Mienenspiel?!

Als er siebzig war, saßen wir im Keller des Künstlerhauses beisammen unter niedrigen, gedrungenen Arkaden – Verschwörer einer gespielten Harmlosigkeit und weinseligen Wichtigtuerei –, und Gütersloh spielte den galanten Mann, den schalkhaften Greis, den versonnenen Poeten, den gefeierten Gast, der vom Redeschwall nur verstand, was er verstehen wollte. Und als sein großer Roman erschien, *Sonne und Mond*, wurde er von einem seiner Modelle, Mitstreiter und Widersacher begrüßt, von Heimito von Doderer, begrüßt oder kritisiert, wie man es verstehen wollte, denn Doderer hatte einerseits das Erscheinen jenes Romans erkämpft, glaubte sich aber anderseits in der Gestalt eines Bogenschützen verzerrt wiederzufinden, ja auch nach dieser ambivalenten Begrüßung brach nicht jener Skandal aus, mit dem der Autor der merkwürdigen Laudatio gerechnet hatte, nein, das Publikum wollte seinen Ohren nicht trauen, und Gütersloh, was tat Gütersloh? Er stand auf, war wieder ein galanter Mann, schalkhafter Greis, versonnener Poet und vor allem: selektiver Zuhörer, der nun den Jüngeren, den deklarierten Jünger, nach diesem kleinen Akt der nur allzu verständlichen Rebellion wie ein übermächtiger Ringer umfaßte und umarmte.

Und also hat Albert Paris Gütersloh all die scheinbar gültigen, passenden, beruhigenden Aussagen durch seine bloße Existenz entkräftet, durch Spott, Verwunderung, Negation, durch seine völlige Unabhängigkeit – man könnte auch sagen: Souveränität –, die ihn in die Lage versetzte, Tadel und Zustimmung mit dem gleichen belustigten Gleichmut zur Kenntnis zu nehmen: Wie ein Elefant, der einen Flohzirkus betrachtet! (Wenn ein Elefant jemals einen Flohzirkus betrachtet hat.)

Das heißt: er war ein Mensch, der keinen anderen Zustand kannte als das vitale, das geradezu animalisch natürliche Alleinsein. Deshalb war er voller Liebe. Denn die über die Einsamkeit klagenden Einsamen halten Liebe letztlich für ein Mittel, das sie von ihrer Einsamkeit erlösen könnte. Sie lieben viel, innig und laut, und zwar aus Egoismus. Der Mensch des natürlichen Alleinseins aber will nicht im Dunstkreis einer schwärmerischen Zweisamkeit die ihm zuteil gewordene Liebe genießen. Er ist. Wenn er liebt, trifft er Verfügung über Unglück und Glück. Über das eigene und das anderer. Er ist nicht einmal imstande, die Relationen der Liebenden anders als die Zuneigung zweier in sich geschlossener Systeme zu empfinden. Dem entspricht die Frage aus dem Gedicht »Der Ehebruch'«:

Wenn zwei zum selben Gott sich neigen,
wer ist alsdann der schiefe Turm?

Bisher war von der Person die Rede, und nun könnten freilich die Anhänger des Positivismus daherkommen, um im Sinne einer streng naturwissenschaftlichen Auffassung zu erwidern, daß sie den Maler, den Poeten, den Professor, den Regisseur, den Schauspieler, den Privatmann gar nicht meinen, sondern selbstverständlich nur das Werk an sich. Erst jetzt kommen wir vom Punkt eins zum Punkt zwei. Denn Gütersloh hat selbst dafür gesorgt, daß sein literarisches und malerisches Werk unerfaßt und undefinierbar bleiben möge: frei von allen beruhigenden Deutungen. Seine Bilder, seine Gedichte, seine Prosatexte sind so einfach und zugleich so vieldeutig wie alle Naturerscheinungen, wie Stein, Erde, Fleisch, Blume, Baum, Regen. Wir bemerken wohl die Künstlichkeit mancher Szenerien, die Konstruktion mancher Satzgebilde, die kundige Könnerschaft in Sachen der Materiologie, allein: die künstlerische Szenerie ist, auf den zweiten Blick, bloß eine Larve, hinter der sich Dämonisches ungehindert gebärdet; die nach den Regeln der französischen Tanzordnung gestaltete Syntax folgt den Urlauten: dem Jammern und dem Schluchzen und dem Lachen; und der große *connaisseur* im Umgang mit der sprachlichen Materie sublimiert so lange, bis er bei dieser deftigen Frage ankommt:

Wann endlich werd ich,
ein Juwel aus Wurst,
in des Proleten Magen tauchen?
(Abgesang)

Solche Bilder entstehen nicht aus dem Zufall, aus dem bloßen Instinkt, aus der sogenannten Urnatur; sie sind in ihrer vieldeutigen Körperlichkeit ebenso wohlüberlegt wie in ihrer einleuchtenden Symbolik. Man könnte auch sagen: Gütersloh geht als guter Künstler so weit, seinen künstlichen Gebilden jede Spur der Künstlichkeit sorgfältig zu entziehen, bis sie dastehen als Phänomene an sich, souverän, allein, endgültig abgetrennt vom ursprünglichen Prozeß der Ratio, der sie erschaffen hat. Jenseits der Vernunft beginnt nicht die Unvernunft, sondern eine Welt, die ohne solche Begriffe auskommt.

An diesem Punkt angelangt müssen wir aber, ob wir es nun wollen oder nicht, einen Blick auf Albert Paris Gütersloh werfen, der uns nicht nur als Person, sondern in Büchern, Bildern, Filmen gegenwärtig ist – und was tut Gütersloh? Er hat die Augenbrauen hochgezogen, die Lippen gespitzt, den Kopf zur Seite gelegt, hat sich, nickend, leicht nach vorne geneigt, um anzudeuten, daß alles, was bisher über ihn gesagt wurde, ganz und gar richtig ist und zugleich selbstverständlich völliger Unsinn.

Abenteurer brauchen als Kumpane keine Ästheten, sondern andere Abenteurer.


## Vor Güterslohs Gedenktafel, 1977

In diesem Haus hat ein Mann gelebt, der frei war. Hinter den Mauern steht sein Arbeitstisch, steht seine Staffelei, steht sein Bett. Er ist anwesend in diesen Gegenständen, und er ist gegenwärtig in unserem Gedächtnis: als eine bildhafte, sich immer wieder verflüchtigende Erscheinung, aus der Wirklichkeit gleichsam zur bleibenden Existenz destilliert, jedoch der verzerrenden Willkür unserer Subjektivität und Vergeßlichkeit unterworfen. So bewegt sich sein Bild wie in einem Irrgarten, der sich zudem fortwährend verändert, gibt sich in dem einen Augenblick zu erkennen, verschließt sich im nächsten, erscheint in der einen Sekunde exemplarisch und wohlverständlich, in der anderen geheimnisvoll, kaum deutbar, in sich verschlossen. Dieses launenhafte, lustvolle, arglos lächelnd betriebene, listig zu verblüffenden Erkenntnissen hinführende Versteckspiel ist ein Teil seiner Kunst, denn er wußte: nicht der gerade Weg ist dem nach Selbstausdruck suchenden Menschen angemessen, sondern der Umweg, das Paradoxon, das Labyrinth, kurz: Jeder muß das Gesetz seiner Existenz selbst dechiffrieren. So führt uns seine über den Tod hinwegschwebende Gestalt letztlich zu uns selbst; er scheint uns zu narren, um uns dann mit einer Vision von besonderer Schärfe überraschend zu beschenken. Wenn wir ihm folgen, treten wir uns selbst entgegen.

Darin aber äußert sich die ungebrochen wirkende, von den Moden des Zeitalters nicht berührte, mit dem eigentlichen Wesen der Epoche aber tief und organisch – nämlich existentiell – verbundene Kraft seiner Freiheit. Davon noch später. Versuchen wir uns vorher seine menschliche Gestalt vorzustellen.

Die Lippen spitzte er, blickte empor, verwundert, und ließ dann die machtvolle Stimme tönen. Sie zitterte vor Freude. In den Augen glänzten Ironie und Selbstspott und dann, lichterloh, die Lust am Spiel. Er spielte Staunen, Hohn und herausfordernde Güte, umgab uns mit einer graziösen Herzlichkeit, und war doch völlig aufrichtig, mit sich selbst identisch. Sein Spiel war lustig und verwegen: es öffnete alle Möglichkeiten der Verführung zur Exaltation. Es verpflichtete zur größten Genauigkeit. Nichts durfte verlorengehen, keine Schattierung einer Stimmung, kein Farbfleck, kein feingefügtes Wortgebilde. Durch Stimmungen, Farben, Worte wurde die Wirklichkeit in ihrer heftigen, widerspruchsvollen Vitalität gleichsam überrascht. Sie wurde durch Gestaltung überlistet.

Vielleicht sahen wir ihn immer maskiert: als einen Abenteurer von großer Kühnheit, der schmerzhafte, unfreiwillig komische Grimassen schneidet, um sein wirkliches Gesicht unter der grotesken Fratze zu verbergen. Er verstellte sich, um uns zu stellen. Er war ungezwungen, um uns zu bezwingen. Ein passionierter Spieler, frei, unbekümmert; arbeitsam bis zur letzten Grenze der menschlichen Kraft, ja fast darüber hinaus. Da saß er vor dem Tisch und ließ in seinen letzten Miniaturen eine heitere, geheimnisvolle, suggestive Vision entstehen. Sie ist von der zuversichtlichen Leichtigkeit des über alle Tragödien hinwegschreitenden, den letzten Sturz tänzerisch überwindenden Mozartschen Lebensgefühls wie von einem schönen Rausch erfüllt.

Er kannte, lebte, liebte, artikulierte in Wort und Bild die größte, die einzig wirkliche Freiheit: *die Freiheit vom Zweck*. Darin entsprach er der paradoxen Beschaffenheit der menschlichen Natur. Denn nur der Sprung über die Grenze der Zweckmäßigkeit hinweg läßt uns in das Chaos unseres eigenen Wesens, unseres Milieus, unseres Zeitalters hinabstürzen, läßt uns dieses Chaos erleben, erleiden, begreifen und durchschauen, damit wir den Versuch unternehmen können, es durch Gestaltung zu ordnen, bewußt zu machen und zu überwinden. In diesem Versuch aber wurzelt jede künstlerische Erneuerung, und hier liegt auch die eigentliche Chance und Verpflichtung der Kunst als eine bestimmende, durch das gesamte gesellschaftliche Kapillarsystem unmerklich, aber tausendfach wirkende Kraft der geschichtlichen Mobilität. Erst die Freiheit vom Zweck läßt eine Kunst entstehen, die sich humanisierend auswirken, neue Erkenntnisse inspirieren und auch für das Leben der Gesellschaft sinnvoll und zweckmäßig erweisen kann.

Damit ist, glaube ich, die Richtung dieses lebenslangen Suchens, das innere Gesetz dieses Werkes und das Geheimnis seiner Ausstrahlung ungefähr beschrieben. Wir fühlen das Strahlen dieser Sprachkunstwerke und dieser Bilder, wir erfahren ihr ununterbrochenes Wirken an den Arbeiten unserer Zeitgenossen und an uns selbst. Wir bleiben Ihre Schüler, Gütersloh, Ihre ehrfürchtigen Kumpane im abenteuerlichen Suchen nach der Metamorphose der Misere durch Kunst, wir bleiben Ihre Jünger, Ihre betroffenen, staunend in Ihrem großen Werk umherwandelnden Verehrer. Sie haben sich bloß versteckt, lieber Professor, hinter einer steifen Maske. Aber wir lassen Ihre Spuren nicht aus den Augen. Wir haben jetzt auch dieses Haus mit einer Gedenktafel als Ihr letztes Wohnhaus erkennbar gemacht: für uns und für alle Menschen, die sich erst im lichten Labyrinth Ihres Werkes wiederfinden können. Die Gedenktafel ist ein Zeichen: seht nur, hier wohnte Albert Paris Gütersloh, der durch alle Wirren eines mörderischen Jahrhunderts hindurch Künstler blieb und frei.


Peter Marginter
Über Gütersloh

[1986]

Die Begegnung mit Gütersloh gehört in den Bereich der Initiationserlebnisse und ist als solches immer auch unheimlich. Der Leser spürt, wie sich etwas in ihm verwandelt, und weiß noch nicht, was dabei herauskommt. Schon deshalb ist es nicht verwunderlich, daß auch das dickste von Güterslohs Büchern kein Bestseller geworden ist. Die möglichen Folgen von *Sonne und Mond* sind wahrscheinlich zu unabsehbar, als daß man diesen vorgeblichen Roman jedermann anraten dürfte, und nur für meine Person kann ich feststellen, daß er mir, als ich ihn 1962 las, die Schubkraft gab, die mich über ein paar hundert Seiten, die ich nun selbst schrieb, trug und mein seitdem andauerndes Verhältnis zur Literatur begründete. Wobei mir von Anfang an klar war, daß es darauf ankam, mit dieser Kraft im Rücken einen eigenen

Modus der sprachlichen Fortbewegung zu finden. Mein Dank an Gütersloh mußte darin bestehen, daß ich ihn verleugnete, und ich bilde mir ein, daß ich mich redlich darum bemüht habe. Die Gefahr, der ich ausgesetzt war, ließ sich ja mit der Situation eines Schriftstellers, der aus gegebenem Anlaß über Gütersloh zu schreiben hatte, kaum vergleichen. Wenn ich meinen ersten Ritt auf dem Pegasus, der mir so unversehens zwischen die Beine geschossen war, mit einigem Anstand bewältigen konnte, habe ich das allerdings auch der Tatsache zu verdanken, daß ich seine Dynamik damals nur halbwegs begriff und ihn mit mehr Glück als Verstand, ohne mir des Risikos bewußt zu sein, meine Wege zu lenken versuchte.

Zehn Jahre später wagte ich immerhin, meinem Roman »Königrufen« ein Gütersloh-Zitat voranzustellen: »Ein Schriftsteller muß keine Situationen erfinden, sondern in solche geraten.« Ich wagte sogar, ihn, den ich da auch schon persönlich kannte, darauf hinzuweisen. Und nicht nur das. »Ah, sehr schön«, meinte er und fragte so unbefangen, wie es sich ein alter Herr, der in seinem Leben viel geschrieben hatte, gewiß leisten konnte: »Und wo haben Sie das her?« Worauf ich tief Luft holte und ihm gestand, daß ich selbst – in aller Bescheidenheit – es erfunden habe. »Soso«, sagte er, legte seinen großen Eulenkopf schief, betrachtete ein paar unbehagliche Sekunden lang das Titelblatt meines Opus mit dem Zitat und dem kühnen »A- P. Gütersloh« dahinter, schmunzelte schließlich und brummte: »Da fühle ich mich aber sehr geehrt.«

Mir glühten die Ohren vor Freude, und es störte mich gar nicht, als er mit erhobenem Zeigefinger hinzufügte: »Zur Gewohnheit sollten Sie sich das allerdings nicht werden lassen!« Er hatte es so aufgefaßt, wie ich es beabsichtigt hatte, als Hommage an den Meister und als eine Art Gesellenstück. Er sprach mich frei, und es war nicht nur mein Gewissen, das er erleichterte.

An das lange und intensive Gespräch, das wir darauf hatten, erinnere ich mich nur mehr dunkel. Abgesehen von meiner Aufgeregtheit war es von dem Bewußtsein überschattet, daß ich vor einer Übersiedlung ins Ausland stand und ihn, dem ich an diesem Tag so nah wie nie vorher gekommen war, selbst unter der Voraussetzung, daß er noch lange lebte, nur mehr selten sehen würde. Daran, daß ein solches Gespräch dann auch seines Alters wegen nicht möglich sein könnte, dachte ich nicht.

Ich übersiedelte in die Türkei, Gütersloh nach Baden bei Wien, und als ich im Urlaub ihn dort besuchte, hörte ich zwar, daß er an einem neuen Roman arbeite, aber mir schien, daß ihm die winzigen Aquarelle, an denen er malte, viel wichtiger waren. Auch er selbst ging nun endgültig in diese Bilderwelt ein. Der Übertritt vollzog sich schmerzlos für ihn, mir fiel der etappenweise Abschied schwer. Vielleicht nahm ich den Widerspruch zwischen dem nun schon sehr hinfälligen Körper und gelösten Heiterkeit des Geistes, der sich tänzerisch in einem bunten Traumreich bewegte, zu ernst, diesfalls auf der Seite unseres gemeinsamen Freundes Alfred Focke, der vor allem ein Mann des Wortes war. Immerhin begriff ich zugleich, daß Gütersloh auf seine Weise seit jeher ein Realist gewesen war. Die Apotheose des Details bedurfte bei ihm nicht erst der Metaphorik eines Autors, der das Bedeutsame hineinsieht und herausliest, sondern war die adäquate Wiedergabe der Wirklichkeit dieses biedermeierlichen Kosmos auf der elementaren Ebene platonischer Begriffe. Für mich kam diese Erkenntnis zur rechten Zeit, denn ich neigte eben dazu, die Sprache als etwas Absolutes zu verstehen und damit in eine Richtung abzutreiben, die weder meinen Anlagen noch meiner inneren Überzeugung entsprochen hätte. Seither halte ich es mit Gütersloh wie mit einer starken Droge: Ich greife zu ihm, wenn ich das Gefühl habe, daß meine Worte zu Buchstaben zerfallen – aber ich gehe vorsichtig mit ihm um.

Ein Schriftsteller muß keine Situationen erfinden, sondern in solche geraten. Darin waren wir uns einig. Soweit ich mich an unser Gespräch erinnere, lief es aber auch darauf hinaus, daß ein Schriftsteller sich nicht zu beklagen hat, wenn er, gegen diese Regel verstoßend, in die Situationen gerät, die er erfunden hat. Dann zumindest hat er Anstand zu wahren und sein höheres Menschentum zu beweisen. An diesem Punkt brachen wir ab. Es ging, wie es heißt, ein Engel durchs Zimmer. Vielleicht dachten wir beide dasselbe.

# Die kritische Rezeption der ersten Bücher

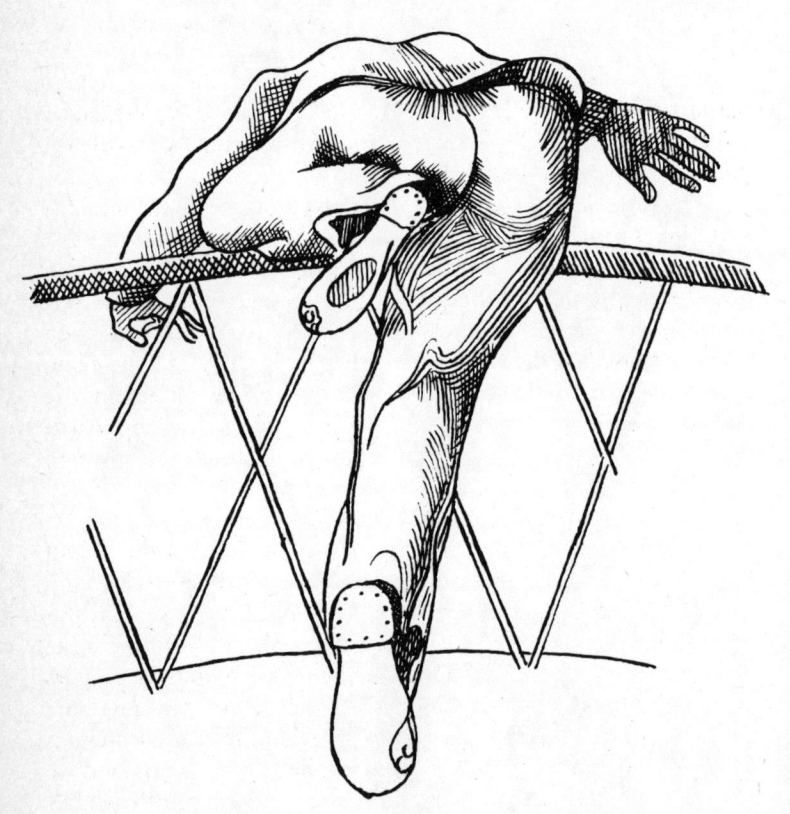

# Die tanzende Törin

## Oskar Rosenfeld

[1911]

Dieser Erstling eines Ekstatikers, dem die unscheinbarste Gebärde zum Bilde wird, strotzt so voller Absonderlichkeiten, so voller Verachtung des Banalen und Alltäglichen, entschleiert die Heimlichkeiten der menschlichen Scham mit derart bewußter Brutalität, daß Höhe und Tiefe, Keuschheit und Sinnlichkeit, Ekel und Ehrfurcht in ein Chaos verschmelzen. Die Menschen des Buches stehen im Brillantfeuer ihrer eigenen Beobachtungen und Selbstbespiegelungen, täuschen sich gegenseitig Gefühle vor, die ebensowenig echt sind wie ihr Verlangen nach dem realen Leben, verstricken sich in Widersprüchen ohne Glauben an sich selbst, bis ihnen ihr ganzes Dasein wie ein Hohn auf ihre Träume und Sehnsüchte vorkommt. Allen Gestalten, die wie ihre eigenen Silhouetten durch den Roman gehen, ist eine waghalsige, fast hellseherische Sensibilität eigen; darum können sie niemals von ganzem Herzen froh werden, sie experimentieren mit sich, werden Zyniker. Und Ruth selbst, die tanzende Törin? Für sie ist das Leben ein Rechenexempel, das man durch Lügen lösen kann. Da sich ihr die Realität des Erlebnisses versagte, ersinnt sie solche, stellt das Schicksal tükkisch auf die Probe, wälzt sich in erdichteten Wollüsten so perverser Art, daß sie zuletzt Grauen vor sich selbst empfindet. Sie lebt ein doppeltes Leben, und ihr Spiegelbild wandelt wie ein Schatten neben ihr. Nicht sie allein ist die Törin. Toren sind sie alle, die sinnieren, statt zuzugreifen, die sich an ihren Posen berauschen, statt sich dem Leben hinzugeben. *Die tanzende Törin* ist ein grausames Buch, zwiespältig und gefährlich, obwohl das Bekenntnis eines Jungen, aber vielleicht gerade deshalb. Es gibt Resultate für Entwicklungen, Definitionen für Bewegung, Erkenntnisse für Handlung. Aber aus all den Wirnissen, den sprachlichen und gedanklichen, taucht öfters ein solcher Strahl von Wärme, eine solche Plastik und Reinheit der Anschauung hervor, daß man gestehen muß: lieber ein Ringen und ehrliches Kämpfen um Stoff und Form, als die süßliche Glätte eines Routiniers. Paris von Gütersloh ringt redlich mit dem Engel des Herrn.

## 2. Ausgabe, 1913
## Alexander von Weilen

[1913]

Hätte der Verfasser eine Parodie auf Wedekind, Nietzsche und Altenberg schreiben wollen – sie könnte nicht anders aussehen als diese wahrhaft monströse Ausgeburt, deren Exzentrizität nicht Natur, sondern berechnete, widerwärtige Spekulation auf Sensation, Verblüffung ist. Die Heldin Ruth ist ein gut bürgerliches Mädchen aus Berlin W, die durch ihren in Schriftstellerei posierenden Bruder von einem geistigen Inzest bis zur Grenze eines leiblichen getrieben wird, aber auch der Regungen homosexueller Begehrlichkeit nicht ermangelt. Ihr ganzes Dasein ist Lüge: einem anständigen Freier, der sich vorstellt, lügt sie ein Liebesabenteuer vor, das Elternhaus verlassend, zieht sie von Mann zu Mann, alle laufen ihr gierig nach, sie lügt sich in die Rolle einer Hetäre hinein, bleibt aber dabei angeblich unberührt, sie fabelt von ihrer Ausbildung zur Tänzerin, sie möchte »die komische Größe, den belächelten Prometheus, Goethe im Witzblatt« tanzen, aber wie sie ein Engagement annimmt, hat sie noch gar nichts gelernt, sie war überzeugt, sie könne tanzen, wenn sie nur tanzen wolle. Um sie herum eine Unmasse Männerfiguren, die nichts zu tun haben, als in wirren, orakelnden Worten ihr Verhältnis zum Weibe, und speziell zu Ruth durchzusprechen, für jeden ist Ruth das »Erlebnis«, das »Symbol« des Geschlechtes überhaupt, sie leiden alle schwer, wie es von einem heißt, an »progressiver Analyse, wie die meisten Literaten«. Damit auch die raffinierteste Blüte der Erotik nicht fehle, wird episodisch und überflüssig eine bis in die kleinsten Motive ausgemalte Knabenliebe eingeschoben. Nur mit Widerwillen windet man sich durch die sechsthalbhundert Seiten und dankt seinem Schöpfer, wenn man fertig ist. Denn ebenso abstoßend wie der

Inhalt ist auch die sprachliche Form. Die rastlose Bilderjagd geht fast durchweg vom Sinnlichen zum Unsinnlichen: man läutet »Diener und Wünsche« herbei, der Bart ist »grau gesprenkelt mit Ernst«, die verschiedensten Vorstellungen vermischen sich, wenn z. B. von den »schon stark entfärbten gelben Irrpunkten der Trambahnglocken, hineingespritzt in eine Wolke leisen Gesummes« die Rede ist. Was soll ein Vergleich besagen, wie: »Ein Gong erklang, als wäre der Froschkönig eben in den Märchenteich gehüpft«, oder wenn eine Pendule »weltabgewandt« gluckst, »wie das Herz eines Buddhas aus Indien herüber«, oder »da lag ich wie eine Stunde, die noch in keiner Uhr war«; einer sitzt auf einem »sachlichen« Sessel. Daß jemand dem Rieseln eines Brunnens zusieht, wird ausgedrückt mit: er hat »das kühle Band des silbernen Wassers über den Sehnerv geschlungen«. Wer kommentiert mir einen solchen Satz: »Er benötigte die Sonne und die Tageswärme der transpirierenden Dinge, um jenen Grad sinnlicher Beheiztheit zu erreichen, der ihm durch die Identifizierung mit der abstrakten Traumlogik auf den Nullpunkt herabgedrückt wurde«. Diese Beispiele ließen sich ins Unendliche vermehren; aber der Verfasser selbst mahnt einmal: »Wenn man lange von einem Dinge spricht, wird es eine Karikatur.« Bei seinem Werke freilich braucht's nicht vieler Worte, um es in diesen Zustand zu versetzen.


## Hellmuth Wetzel

[1913]

Von schmerzhafter Vollkommenheit ist dieses Buch, und in geradezu wissenschaftlicher Grausamkeit sagt es kalt das Bestehende mit der instinktiven Präzision der Begnadeten. Es ist nicht das Buch eines Literaten. Es ist, und das ist vielleicht sein Verdienst, das Werk eines Malers, dem die Möglichkeiten seiner Technik nicht mehr genügten. – Viele werden der Versuchung unterliegen und »das Problem« herausrechnen, werden mit der gefährlichen Skrupellosigkeit des auf Erweisung einer Idee Versessenen sich daran machen, die tiefen psychologischen Dinge dieses Romans herauszuziehen und in die übermäßig weißen

Lichtkegel ihrer liebevollen Besprechung zu rücken. Es ist klar, daß sie damit im Interesse ihrer Partei handeln, daß sie das Werk, diese niederwerfende Erkenntnis, für sich als Waffe in Anspruch nehmen. Freund und Feind werden es abstempeln mit dem Zeichen der Tendenz, und unter dem Geplänkel der Bezeichnungen, unter dem Knallen der Schlagwörter wird die tanzende Törin der gefährlich internen Berühmtheit der Eingeweihten zugeführt, um als Parteibibel dem Schicksal des Archivs zu verfallen. Aber das scheint Todsünde. Denn es handelt sich nicht um eines jener blitzenden, stilgeborenen Dinge, die wir von den Kaffeehaustischen werfen, leise schon bewußt, daß sie nur den Impuls der Zeit fördern helfen und die Freude an der Zeit, sondern das ist eine Doktorarbeit des Lebens, eine Enzyklopädie der Ewigkeit von heute, geboren, nicht geschaffen, aus jenem stumpfen, unkontrollierbaren Zwang zu arbeiten, die Welt zu dokumentieren, der in seiner unheimlichen und den Techniken des Willens sich entziehenden Selbständigkeit nur noch ein Geschwisterkind besitzt, den übermächtigen Druck des geschlechtlichen Potentials. Letzten Endes ist es noch nicht einmal ein Buch. Das was Buch daran ist, ist oft sogar wunde Stelle, umständlich liebenswürdige Krämerei, etwas »bartschig« Süßes ist an manchen Orten hineingeraten. Dagegen ist es ein Bild, – vielleicht? Ein weiser Narr würde es in einem Rahmen an die Wand hängen und damit die vielleicht einzige gedrängte Definition seiner Art geben. Es ist Bild. Es genügt nicht mehr, Objekte, Ruhendes, ins Zweidimensionale zu übertragen, es will gleichzeitig den Eindruck zeitlicher Fortbewegung, des Geschehens, erobern und entfernt sich dabei aus dem Wirkungsbereich seiner Technik. Es bleibt der hochgespannten Sehnsucht nur das Alldimensionale, das Wort, der Begriff, die Empfindung. Und so modelliert sich die Darstellung des fließenden Objektes nicht durch die Häufung der Kontur- oder der Farb-, sondern der Empfindungswerte, das Dargestellte ist nicht ein vollendetes, sondern ein sich vollziehendes Geschehnis. Und so ist, bei aller photographischen Nacktheit des Sagens, bei einem strikten Verzicht auf alle Verausgabung von Melodie und Stimmung, auf Seltenheit der Dinge oder der Szene, was doch alles dem Beruflichen, dem Literaten, so naheliegt und sein Malmittel ausmacht, dieser seltsame Roman von einer so preziös bizarren, einer so tiefen und wunderbaren Wirkung, von einer Intensität und Farbkraft, die schon im Lesen durch den aufreizenden Gegensatz zu der kühlen Sachlichkeit des wirklich Dastehenden berauscht. Ruth die Suchende, Ruth die Unbefriedigte, Ruth die Törin, Ruth die Zwecklose, Ruth die große Sehnsucht ist es, die hier gebildet wird, mit wissend nebeneinander gesetzten Punkten, mit Stimmungskomplexen, deren Wortelemente mit der sportlich sicheren Schlankheit der Pfeile die gesuchte Farbe treffen. Da ist ein Bruder, der sich aus der dumpfen Qualmwolke seiner saturierten Familie gerettet hat. Aber was ihm seine Arbeitsstellung an Werten einbringt, muß er auch umsetzen, um sie zu genießendem Bewußtsein zu bringen. Ruth ist seine Schwester, am leichtesten nahbar. Mit der eleganten Nachlässigkeit des Mitleids experimentiert er mit ihr, bringt sie in Schwingung. Es wird ihm leicht. Ruth ist ja eine große Unberührtheit, eine noch gänzlich formlose Masse, eine Möglichkeit, begabt mit einem gespannten, ins Ziellose greifenden Wunsch, Ruth ist Jungfrau. Aber sehr rasch ist er ohnmächtig vor seinem Werk, denn Ruth, diese dämonische Möglichkeit, die er nur mit Impulsen laden konnte, beginnt ihren eigenen, unselbständigen traumwandelnden Gang, unter dessen bestimmenden Werten er nur noch ein einzelner von vielen, seinem Machtbereich gänzlich entrückten Faktoren ist. Und die erste Bewegung entzieht sich schon so sehr seiner Kontrolle, daß Ruths Begehren auf ihn selbst gerichtet ist. Er aber, um nicht durch ein Gewähren seine Ohnmacht einzugestehen, obwohl das vielleicht eine Heilung bedeutet hätte, täuscht, töricht genug, die Traumwandelnde durch einen fingierten »moralischen« Sieg. Und so geht Ruth weiterhin durch viele Schicksale, und mit ihr, rasch, ratlos, die zu ihr in Beziehung Gebrachten, Mörder alle an ihr, Egoisten, genießend an der bizarren Romantik, die die heischende Jungfräulichkeit in Arabesken emportreibt, oder abseitig, fast hassend, in der Überhebung des Sich-reiner-Scheinens, des mit dem Genießen in die Phantasie verschobenen Homosexuellen. Sie ist die verkörperte Schuld all dieser unschuldigen Kinder ihrer kultivierten Hemmungen, die keinen dieser naiv die eigene konstruierte Perversität Genießenden die erlösende, dreist unanständige Geste, den entbindenden, umschaltenden und freundlichen Kompromiß mit dem Primitiven, den Koitus, finden läßt. Alle finden sie, in die sublimen Dekorationen von Ruths sehnsuchtsgejagten Preisgaben verliebt, den Mut zur Unmittelbarkeit nicht; sondern das mise en scene zur Hauptsache machend, verlieren sie sich unbewußt mit ihr in die Tiefe einer raffiniert geistigen Befriedigung: Von Lebensmöglichkeiten geradezu umzingelt, wird sie durch das mitleidsunwissende Einzelsein ihrer Partner gehindert, ein Leben zu spielen. Nie wird die tanzende Törin den Tanz tanzen können, den sie, eine Spiegelung ihrer Wünsche, in sich hineinerdichtet hat. In von Zwecksuchen gelähmter Dämmerung erfüllt sich ihre Zeit. Zu Unfruchtbarkeit in ewiger, Phantasien der Befriedigung schaffender Sehnsucht verdammt, wird sie, die ungeheure Möglichkeit, vom Becherwerk der ungenützten Tage der grausam mechanischen Lebensunmöglichkeit durch Hunger in den Rachen getragen. Selbst die gleichmäßige Selbstverständlichkeit des Kokottenballhauses – eine letzte Möglichkeit vor dem Alles-erschöpft-Haben – wirft ihr nicht ein Potential, einen Mann, jenes zugreifende, sehr herrische und dennoch regierte, weil alltägliche, Wesen zu, das sie braucht, sondern seinen einzigen Außenseiter, wieder einen jener Impotentintelligenten, die sie jetzt haßt, einen Blinden, und mit und in ihm die hellseherische Erkenntnis ihres Schicksals mitsamt der Schlußfolgerung. Grausam tötet sie ihn, geistig und körperlich, endlich an ihm Rache nehmend an allen denen, für die sie tanzende Törin war, und auch da nur ewiger Spiegel alles anderen, reflektiert sie die Fratze des Ertrinkenden.

Man ergänze dies flüchtige Kroki der hauptsächlichen Züge in diesem psychologischen Kinemaporträt. Man schalte darin ein die bis ins subtilste ausgeschärfte Fotografierung des Empfindens jeder Sekunde, die präzis und leuchtend hingerissene Konstatierung der äußeren Umgebung, und man wird, trotz einiger leicht gedehnter und süßer Stellen, die die Herkunft des Romans nicht verhehlen können, sich gern in Versuchung sehen, das Buch mit zu den bedeutendsten und bleibendsten Büchern zu rechnen.

## Georg Schäfer

[1923]

Einen Gedanken, der bei [J. M.] Wehner manchmal anklingt, macht Paris Gütersloh zum Eckstein seiner Dichtung. Sinn der Unschuld? fragt Gütersloh. »Maßlose Inzestscheu«, antwortet er, »grauenhafte Angst vor der Blutschande; denn in unserm Blute sind wir der ganzen Welt verschwägert.« »Fluch der Unschuld?« Gewiß ist sie fluchwürdig. Sie ist schuld am Nicht-lieben-Können. Aber, fragt man weiter, was ist denn Liebe? Auch da weiß Gütersloh Antwort. »Liebe ist die vorüberge-hende Vereinigung des Tieres und des Engels im Menschen. Wenn du liebst, jauchzt das Tier, trauert der Engel; denn die-ses steigt, jener fällt. – Das gestiegene Tier empfängt vom Gei-ste und wird frei, der gefallene Engel, der nicht selber fiel, den du nur zwangst, zu fallen, trübt, weil er blind wird in der niederen Welt, durch seine Blindheit den empfangenen Geist und schafft die Gesetze.« Die Feststellung, daß die sexuellen Verbote aus dem verderbten Geist kommen, die so ganz und gar unser Verhältnis zu Gott verkennt, ist nicht einmal origi-nell. Ähnliche Gedanken findet man bei Blüher. Den Widerpart Innozenz', die heiligmäßige Nonne, die in Unschuld lebt, in Wahrheit aber vom Teufel besessen ist, und die Innozenz von seiner Bestimmung, zu lieben, abhält, deutet Blüher also: »Und das ist eine Tat des muckerischen Menschen: weil er die Se-xualität nicht vertragen kann, weil sie ihm unter der Hand in Angst und Peinlichkeit, in Ekel, Scham, nervöse Unruhe und Verwirrtheit umschlägt, soll die Menschheit nicht sexuell genie-ßen.«

Nur notdürftig versteckt Gütersloh unter dem Schwalle einer glänzenden Beredsamkeit sein künstlerisches Unvermögen. Zu sehr Artist, um natürlich zu sein, sucht er durch Dunkelheit tief zu erscheinen. Wahre Mystik verkehrt er zu Mystizismus. Ver-gebens behängt er einen gut verwerteten Einfall mit katholischem Gepränge. Er sieht an der Kirche nur das Äußerliche, das er sich wie ein brokaten Gewand überstülpt, um sich interessant zu machen.

## Die Rede über Blei
## oder der Schriftsteller in der Katholizität

### Paul Zech

[1924]

Der Maler Paris (v.) Gütersloh trägt mit ähnlicher Inbrunst, *wie sein Landsmann Oskar Kokoschka, einen zwiefachen Stachel* schöpferischer Passion im Blut. Beider schmerzliche Lust will Gestaltung des Weltbildes zu einem Ethos der Reinheit. Das Bildgestalten mit literarischen, das Erlebnis zum Gedicht mit Mitteln der Farbe. Bei beiden Malern ist jedoch das Bild schärfer als das Wort, die Schwingung von Farbe und Linien erlebnisreicher als die Ballung von Wort und Melodie, wo nicht so sehr das Eindeutige Gestalt, sondern ganz bewußt ein Doppelsinn in orphische Tiefen transponiert wird. – – – Seine Prosa baut sich symphonisch auf; schwere leuchtende Farben fließen musikalisch aus und überladen das Wort, das eigentlich ganz schlicht und primitiv gemeint war, mit einem trägen Lyrismus. Dazwischen freilich blühen Oasen auf von einer Zartheit und Abgesondertheit des Wortes und der Gedanken, daß man fast an eine zweite schreibende Hand glauben könnte. Aber diese Inselchen zerfallen in dem großen Sandmeer absichtlicher Simplizität. Und man ist gemüßigt zu fragen: gibt es wirklich eine Leserschar, die sich um solche raffiniert zubereiteten, aber dünnflüssigen Bücher als Gemeinde baut? Diese Gemeinde gibt es wirklich, wenn sie auch Gütersloh nicht zu ihren erhabensten Göttern zählt. Und ich spreche kein Geheimnis aus, wenn ich den *Dr. Franz*

*Blei als Hohepriester* dieses Zirkels anerkenne, dem Gütersloh eine umfangreiche Rede: »*Der Schriftsteller in der Katholizität*« (bei Jakob Hegner in Hellerau verlegt) widmet.

Seit Rudolf Borchardts berühmter Rede über Hofmannsthal ist kein literarisches Porträt mehr erschienen, das Anspruch auf absolute Radierkunst machen kann. *Gütersloh jedoch erreicht Borchardt* und setzt mit tiefen und sicheren Strichen, mit einem dunkelfarbenen Ton und mit einer kräftigen Ballung der psychischen Absonderheiten eine Studie von Franz Blei hin, die noch dem skeptischsten Betrachter ein Staunen abringt. In der Tat, wer das innere und äußere Wesen von *Franz Blei* erfahren und den *wahrhaftig nicht leichten Eingang zu ihm auffinden will*, dem wird die Rede von Gütersloh ein guter Weiserarm sein. Aber auch ein Führer durch Labyrinthe, ein Dolmetscher, der sich nicht aufdrängt, der sich vielmehr befleißigt, eine gerechte Aufzählung des Seienden und Bleibenden in Franz Blei zu geben.


*Bekenntnisse eines modernen Malers*
*[Die große und kleine Geschichte]*


Franz Spunda

[1927]

Der Titel ist irreführend. Hier handelt es sich nicht um den Einzelfall irgendeines Malers, sondern um eine aus dem Einzelleben gewonnene Geschichte der künstlerischen Hybris: Kunst als Raub an der Gottheit; und dieser immerwährende Raub des prometheischen Feuers als eine der schönen Künste betrachtet. Gütersloh, auf die Denk- und Leseunfähigkeit des jetzigen Publikums allzueifrig hoffend, befreit sich hier von der Selbstbezichtigung eines Amateurs in der Malerei und konstruiert aus dem Prometheus-Mythos den tragischen Grenzfall, wo das

Künstlerische das Religiöse übertäubt, um (und in diesem Final-satz steckt der Fehler!) wieder Chaos zu werden, damit Gott neue Welten schaffen kann. So ist Güterslohs Schrift eine Theo-dizee des künstlerischen Unvermögens, es Gott gleichzutun. Seine Gedankengänge sind blendend, doch zu unsinnlich, um den Snob blenden zu können, zu schwer, um als philosophische Bonbons goutiert zu werden, zu konstruiert, um dem Vorwurf des artifiziell Hochgezüchteten entgehen zu dürfen. Auf diese Weise zieht sich Gütersloh selbst alle Stühle weg, auf denen er sitzen könnte, und begibt sich freiwillig als ein zu allem ent-schlossener Bußprediger des Worts in die Wüste des Unver-ständnisses. Aber dem, der es nicht scheut, diese Schrift wie einen Traktat des Thomas von Aquino zu lesen, sich mühsam von Seite zu Seite durchackernd, kann auf den 162 Seiten des Buches mehr finden als in den dickleibigen Bänden wohlakkre-ditierter Kunstschwätzer, nämlich Erkenntnisse über Gott und die Seele, wie sie seit den Tagen der Friedrich Schlegelschen Ro-mantik noch niemals formuliert wurden.

*Der Lügner unter Bürgern*

Hans Albert Walter

[1965]

Albert Paris Güterslohs Roman *Der Lügner unter Bürgern* ist seit 1922 nicht mehr aufgelegt worden. Dabei ist es ein Buch von beachtlichem Reiz. Die Fabel ist fast untergeordnet, eine Ver-führungsgeschichte in kleinbürgerlichem Milieu. Wesentlich ist das Wie, nicht das Was. Gütersloh ist ein assoziativer Denker, er bietet ein phantastisches Labyrinth, ein Traumland, das weit über die Grenzen der Fabel hinauswuchert. Dabei huldigt er einer in ihrer Fülle barocken und manieristischen Schreibweise, die mit immer neuen Wendungen die Totalität des Geschehens sichtbar zu machen sucht. Das Labyrinth wächst aus dem Bestreben nach Vollständigkeit. Auch sprachlich: die Verschachtelungen, Einschränkungen, Erklärungen und Vergleiche sind Versuche der Präzisierung und genaueren Erhellung, damit auch Indizien dafür, daß in der äußerlich so sicheren Welt der Fabel – das Paris des 19. Jahrhunderts – Begriffe und Inhalte bereits auseinandergebrochen sind. Ähnlich wie bei Proust werden die einander überlagernden Seelenschichten nach und nach abgelöst. Alle möglichen und wahrscheinlichen Motivationen des Denkens und Handelns werden aufgedeckt und vorgeführt. Für die Erzähltechnik bedeutet das, daß der verfließende Augenblick aufgehalten wird. Schärfe der Belichtung, Genauigkeit der Untersuchung und Definition weiten ihn zur Ewigkeit, sein Zufälliges erweist sich als typisch. Der Ablauf des Geschehens wird damit zugleich gehemmt und befördert, man begreift jetzt, warum Gütersloh sich ein so einfaches und gradliniges Sujet gewählt hat: eine kompliziertere Fabel hätte das Buch bei dieser Erzähltechnik zu einem ausweglosen Irrgarten gemacht. Der mit einem ironischen Naturalismus dargestellten Realität verbindet sich die ausschweifende, in Metaphern und Vergleichen phantastische Innenwelt kaum Gedanke gewordener Regungen und Neigungen zu einem merkwürdig irisierenden Ganzen. Dies in einem Stil, der hochexpressionistisch und mit einer seltsamen Klassizität übers Expressionistische hinaus ist. Am reichsten entfaltet sich Güterslohs phantastisches Talent, wo er, seiner psychologischen Kombinationsgabe folgend, reflektiv ein Gitterwerk von Mutmaßungen in seinen Gestalten aufbaut. Unwirklich wird da die Wirklichkeit, wirklich die Reflexion, Handeln und Betrachten verfließen ineinander. Der Mikrokosmos des Unbewußten wird zum eigentlichen Handlungsort.

Dennoch korrespondieren Realität und Unbewußtes. Der *Lügner unter Bürgern* kommentiert auf seine Weise den Untergang Österreichs. Obgleich Paris den Rahmen der Geschichte abgibt, ist die Atmosphäre des Werkes österreichisch. Österreich in diesem spezifischen Sinne sind auch die Reflexionen, mit denen der omnipotente Erzähler das Verhalten seiner Gestalten kommentiert: sie nehmen Abschied. Schon in der Fabel ist ein

Element des Abschieds in dem Treffen der sozial unterschiedlichen Gestalten; dieses Treffen bestätigt die Auflösung. Abschied ist auch das Rencontre beiderseitiger Lügen, Abschied endlich ein immer wiederkehrendes Thema der Kommentare und inneren Monologe, ein Abschied, der über den vordergründigen der Fabel hinausweist.

In ihr nun wirkt die Ironie des Erzählers mildernd, sie schafft Distanz, macht unernst. Das fatale Ende verliert alle Katastrophenstimmung, es läßt im Gegenteil das klassische Motiv des betrogenen Betrügers deutlich werden. Man bewundert die sichere Hand, mit der das geschieht, man bewundert den Stil, den Metaphernreichtum der Sprache, – eine lohnende Ausgrabung auch hier.

# Frühe umfassende Würdigungen

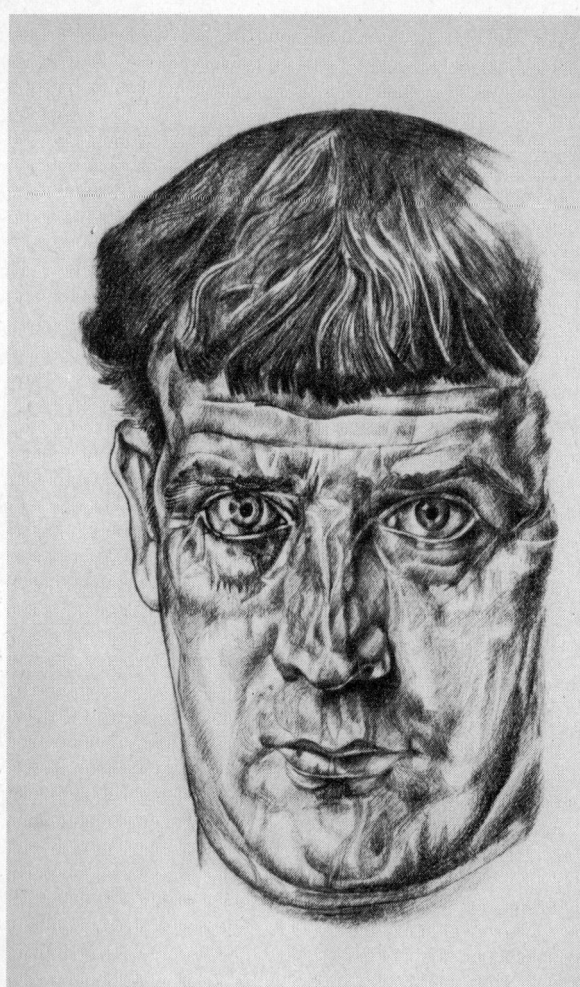

Gütersloh 29
sepias 9.

# Hugo Ignotus
## Paris von Gütersloh

[1911]

Pa'ris (mit dem Ton auf der ersten Silbe), Paris von Gütersloh ist
der wirkliche und bürgerliche Name eines jungen Mannes mit
einem fein-schüchternen Zuchthäuslerkopf, mit unterschiede-
nem Blick und gewählten Bärenbewegungen, mit der Provinz-
lerinnigkeit des zum Österreicher verweichlichten Germanen,
dessen ursprünglich Bäuerisches und Mystisches vielleicht durch
italienische oder jüdische Mischung längst ins Städtische und Intellektuelle hinübergemengt wurde. Jemandes, der Nerven hat,
wie ein Franzose, in Stichworten, spricht, wie ein antiker Grieche, das alles aber, merkwürdig genug, mit einem Einschlag von
Lerchenfelderischem.

Der Name von Gütersloh ist einem ganz kleinen Kreis von
Wienern, seit einiger Zeit auch von Parisern als der eines merkwürdig persönlichen Malers bekannt. Wenig hätte gefehlt – das
Wenige war das Geld, das man nicht gewillt war, ihm noch zuzu-
schießen – und der Name Gütersloh wäre auch den Berlinern,
und zwar als der eines merkwürdig andersdenkenden Bühnen-
ordners geläufig. Wir, ein, zwei Leute hier in Budapest, die unser Freund Ludwig Abels – den Lesern des »Pester Lloyd« als ihr
Wiener Kunstberater lieb und nicht fremd – auf den Mann auf-
merksam gemacht, kennen Gütersloh von einem merkwürdigen
Buch her, das, von ihm geschrieben, *Die tanzende Törin* betitelt
und als ein »Roman des Märchens« etikettiert, die Stelle enthält:
»Träume stießen bald mit dem Helm, bald mit der Lanzenspitze
an die Decke ihres Gehirns.«

Träume – dieses Buch ist schön, als ob es im Traum geschrieben worden wäre. Mit der Schärfe und Bestimmtheit der Träume
(denn Träume sind scharf und bestimmt und verschwimmen nur
in der Erinnerung) – mit der Leichtigkeit, der Unwiderleglich-
keit und dem unendlichen Reichtum des Traumes werden hier
Sachen erzählt ... Alles wird hier erzählt, alle Dinge, die vom
Himmel und von Erden unserer Schulweisheit ganz anders bekannt sind. Was das Buch eigentlich erzählt? Nimmt man es

wörtlich, so zergeht es unter der störenden Wucht des fremden Wortes.

Etwa: Ein junges Mädchen aus gutem Hause schafft sich einen Bewerber, den sie ganz gut leiden mag, mit der Lüge vom Halse, sie wäre eine Gefallene … mit dieser Lüge rast sie in ein zeitweiliges Leben hinüber, wo sie, unter dem Vorwande, sich zur Tänzerin auszubilden, einige Monate oder Jahre von Mann zu Mann geht, von Männlein zu Männlein, beim eigenen leibhaften Bruder angefangen, von allen angezogen und gewünscht, doch von keinem berührt … so lügt sie sich von Mann zu Mann, von Stadt zu Stadt weiter, endlich aber muß sie, vom Leben beim Wort genommen, eine ihrer Lügenbrücken betreten – sie müßte, um leben zu können, als Tänzerin auftreten, doch sie ist ja keine Tänzerin und die Brücke stürzt unter ihr ein und sie geht daran zugrunde …

Wie gesagt: wer das Buch kennt, wird diese Inhaltserzählung lächerlich finden und mit einigem Geschick eine ganz andere Lesart aus dem Roman herauslesen und die richtige wird auch die nicht sein. Denn das Buch ist gerade dadurch merkwürdig, daß sich alles hineinlesen, daher alles aus ihm herauslesen läßt, weil da in getupften Sätzen, wie von einem Pointillisten nebeneinander gesetzt, beiläufig alle Möglichkeiten auf eine Papierfläche gebannt werden, von denen ein allem offener Intellekt durchflutet werden kann. So wenig ist diesem Dichter, oder Maler, oder Künstler, oder, mit einem Wort, diesem vollwertigen Menschen etwas gleichgültig, daß es beinahe gleichgültig, gleichsam nur als Vorwand zum Berühren erscheint, wovon er eigentlich spricht, was er eigentlich erzählt. Alle seine Beobachtungen, alle seine Worte, alle seine erzenen Metaphern und hingehauchten Anspielungen sind wie Fenster, mit der Aussicht ins Unendliche. Sind wie Menschen in den Kosmos hineingefügt. Sind wie Gehirne, als Knotenpunkte sämtlicher Wellen alles Geschehens. Sind wie Tautropfen, in deren jedem einzelnen die ganze Sonne im Spiegelbild erzittert. Es ist das ahnungsvollste Buch, das je von einem genialen Dilettanten in die Welt geschleudert wurde.

Auch zu lesen ist es, als ob man träume. Auf dem Flusse seiner Erzählung gleitet man dahin, wie auf einer anderen Lethe, einem Wasser der Erinnerung. Das Dämmerhafte seiner Art, jäh mit dem noch nicht Vorgekommenen als mit etwas längst Bekanntem einzusetzen, und in angstvoller Liebe beim längst Abgetanen zu verweilen, erinnert an jene Art von Träumen, in denen wir mit längst Verstorbenen Zusammenkünfte feiern, und um so angstvoller und freudvoller uns immer wieder überzeugen, daß sie tatsächlich leben, tatsächlich bei uns verweilen und der Tod ihrem Leben keinen größeren Schaden zugefügt hat, als wir nur zu gut wissen, daß sie tatsächlich tot sind, tot, tot, tot, wie ein Türnagel, schreibt Dickens ... In einer atembeklemmenden Fülle jagen diese sprechenden Gebilde an einem vorbei. Es ist wie eine intellektuelle Blutungskrankheit: wo man das Buch anrührt, sprudelt's aus dem Innersten hervor. Dabei mit einer Mystik im Ausdruck, die den Leser in ständigem religiösen Schauer erhält, Intuition bei ihm voraussetzt und ihm Intuitives verabreicht – jedes Wort eine Hostie.

Ein gedanklicher Weihrauch haftet hier an allem, und heiligt so, assoziativ, das Allerprofanste. Wie im Lichte von Wachskerzen flackern und von ihrem Rauch angebräunt, heimeln uns Bilder von Weibern und Männern an. Das Weib, das für den Inzest geborene ewige Kind, das im Manne immer und immer den Vater sucht und hintergeht. Der Mann, der von der Frau pervertierte, der ihr zuliebe und an Liebe zu ihr die Liebe zum eigenen Geschlecht in sich ertötet. Religion und Malerei, Tanz und Zimmereinrichtungen, Sommer und Winter, Homosexualität und Katholizismus, Träume und Wirklichkeiten, Gleichnisse und Bestimmungen – ein rekapituliertes Weltall brodelt, flimmert und flattert hier durcheinander, – alle Beziehungen des Lebens, aber wie durch einen Tod gesiebt, in Farben wie das Weben des Lichts durch die Glasmalereien eines Gruftfensters.
Es ist kaum nachzuspüren, wovon eigentlich das Gespensterhafte dieses in vielem realistischen Vortrages herrührt. Vielleicht von dem Jähen der Übergänge. Vielleicht von dem stummen Haschen nach Bewegungen, wie bei einer jungen Katze. Und inmitten einer brausenden Gesprächigkeit von stolz-schweigsamen Worten, die mit ihren Weisungen still beiseite stehen, den Dummen verachtend, der taub an ihnen vorbeihastet. Es ist ein tief religiöses, ein tief katholisches, ein tief aristokratisches, ein tief menschliches, ein tief künstlerisches Buch.
Seine Kunst freilich ist nicht die des Aufbaues, der Anord-

nung, der Konstruktion. Auch geht ihm das Kräftige des Nordischen ab. Weich und zerfahren, und, trotz der jugendlichen Fülle, etwas ermüdet mutet einen das Buch an, mit einer Epik, die das Schicksalhafte verkündet, selbst aber vom Zufall beherrscht wird.

Von einem determinierten Zufall, selbstverständlich. Von demselben Zufall, der im Traume aus ganz bestimmten Ursachen das Hauptsächliche verschleiert und das Beiläufige hervorhebt. So wird hier, unvorbereitet und unvorhergesehen, bei Nebensächlichkeiten haltgemacht; der Fluß der Erzählung staut und schwillt an, bis zum Dammbruch, dem Wassersturz, der brausenden Überschwemmung und der verfließenden Beruhigung. Details kommen so zu einer Bedeutung, die scheinbar aus dem Rahmen der Erzählung fällt, tatsächlich aber ihr Wesen ausmacht. Von Flutwelle zu Flutwelle geht das Geschehen weiter und weiter, bis es am Ende in Nichts zerfließt ... Wie im Traume ... das Regellose des Buches packt uns im Innersten der Seele, eben weil es jenem der Seele nachgebildet ist.

Freud, der unsterbliche Professor Freud schwebt – bewußt, oder, um stilhaft zu sein, unbewußt – über diesem pulsierenden Seelenerguß. Die Art, der Vortrag, die Komposition Güterslohs ist die freie Assoziation. Das Regellose seines bewußt Ausgedrückten hat seine Regel in den Zusammenhängen des Unterbewußten. Daher auch seine Allwissenheit – denn was gibt es, was wir bewußt oder unbewußt nicht erfahren hätten, und was, bei der Kohärerrolle unseres Ichs, bei unserem Hineingesetztsein in das Weltall, uns nicht durch die Seele gezogen wäre und in ihr, wenn auch unbewußt, seinen unverwischbaren Eindruck gelassen hätte? Ein epischer Verwandter des Dramatikers Wedekind, geht Gütersloh gedankenlos seinen Gedanken nach, heißt das Klügelnde in sich schweigen und macht das Wissende in sich sprechen. Und so gibt er, von Unsinn zu Unsinn taumelnd, den Sinn des Lebens. Er jagt den Tatsachen des Lebens nach, mit dem Rausche eines jungen Raubtiers, das durch Zufall, der eigentlich Bestimmung war, in ein fremdes Gebiet sich verirrt hat. An Tönen und Linien erzogen, sind dem schriftstellernden Maler die Worte neu, merkwürdig, seine Gier erregend. Er watet in ihrem Blut, er saugt ihnen die Ideen aus, und wo er bis zum Halbtod ermattet niedersinkt, dort endet das Buch. Sonst könnte es, mit derselben Beredsamkeit, mit derselben Freude am Wort und Raserei im Ausdruck ins Unendliche fortgeführt werden.

Ich kann mir auch nicht vorstellen, ob und wie Gütersloh ein neues Buch zustande bringen könnte. Ein neues – gewiß, aber ein anderes? In diesem einen Buche gibt er sich so vollständig und wiederholt sich so beständig, daß sein Ton mit der Abgeschlossenheit des letzten Wortes im Gemüte des Lesers verbucht wird. Der »Roman des Märchens« tastet im Dunkeln mit einer Neuheit herum, die nur mehr Routine werden kann, und sie lacht aller Logik mit einer Vollheit ins Gesicht, daß sich das nur wiederholen läßt, nicht aber ergänzen.

Doch wie dem auch sei und wie es auch kommen möge: *Die tanzende Törin* ist nun geschrieben, und es ist ein Buch seiner Zeit, mit dem Talent, es für weitere Zeiten zu werden. Es ist ein Dokument des Edelsten, das man jetzt zu fühlen, des Ergreifendsten, wie man es jetzt auszudrücken vermag. Für den, der es gelesen, wird es ein, wenn auch noch so bescheidener Teil seines bisherigen, ein, wenn auch noch so leiser Bestimmer seines weiteren Lebens. Ich möchte mit diesem meinem Eindruck nicht geizen und möchte, mit der Macht der Publizität eines großen Blattes, die Aufmerksamkeit reichsdeutscher Verleger auf das Buch heranziehen.

Der junge Verleger nämlich, der es vor einem Jahre herausgab, war, wie der Schreiber des Buches, auch Dilettant, doch keiner mit Erfolg. Er wurde bald nach dem Erscheinen des Romans fallit, seine Editionen wurden verschleudert, und von dem »Roman des Märchens« sind etwa zwei, drei Exemplare erhalten, deren eines ich unserem Freund Ludwig Hatvany zugeschickt habe, ob er nicht einen Verleger für das erschütternd kuriose Buch interessieren könnte. Ich will's in diesen Zeilen auch versuchen; die deutsche Literatur ist auf unsere Wachsamkeit gewiß nicht angewiesen, doch als Leser dürfen wir von entfernten Gipfeln und durch Nächte und Weiten ein Feuerzeichen geben, daß hier etwas erlebt wurde und gern mitgeteilt wird. Der Name Gütersloh hat das Recht und die Fähigkeit, von Land zu Land weiter zu schallen.

# Robert Müller
# Ein katholischer Maler-Schriftsteller

[1924]

Ein Autrichien inconnu, was nicht nur den unbekannten, sondern eben den verkannten Österreicher bedeutet, ist Albert Gütersloh. Der Name ist nom de guerre, vermutlich dem erzählerischen Ideal Stendhal nachgebildet. Gütersloh ist eine Stadt in Westfalen. Es obliegt uns nicht, das oft angegriffene und im Zusammenhange mit dem Malernamen Paris exzentrisch erscheinende Pseudonym zu lüften, zumal es eben nicht grundlos ist und die künstlerische Planmäßigkeit seines Trägers und Täufers verkündet. Gütersloh hat mit seinem letzten epischen Werk *Der Lügner unter Bürgern* (wie alle seine Hauptwerke, ausgenommen den belletristischen, aber entzückenden Roman *Die tanzende Törin*, im Hellerauer-Verlag, Dresden, erschienen) die Verlautbarung seines Vorbildes und Paten gerechtfertigt. Der Roman schildert mit einer näher zu besprechenden Technik ein proletarisch-kleinbürgerliches Milieu, eine Art Hausmeisteridylle, in die durch einen physischen Unglücksfall ein Erzintellektueller, Sofist und artistischer Dandy, bürgerlich korrekt-problematisch, ein aus Theorie und positivistischem Eigensinn antinihilistischer Bohemien, der sich asketisch ins Bourgeoise fügt und dessen Falschheit und Albernheit mit gottergebenem Fatalismus zum barocken Ende zelebriert, verschlagen wird. Wenn Hermann Bahr niemals mit seinem österreichischen Barockmenschen recht gehabt hätte: hier könnte er auf einen Entlastungszeugen hinweisen. Güterslohs schreiberische Art ist so selbstunzufrieden und anspruchsvoll wie nur möglich. Solange er eine Rundung, Abschweifung, eine Polsterung versäumt zu haben glaubt, ist er unglücklich. Ihn beherrscht ein gigantischer querulanter Spieltrieb, eine dämonische Formsucht, eine Manie zu wölben und zu modellieren, bestimmt, er hat eine Art Kunstirrsinn, und das gibt seinen einfachsten Äußerungen, dem Briefe, der alltäglichen Redeobliegenheit, der Debatte – wenn man ihn persönlich kennt – eine bizarre Geschwollenheit und Phantasterei.

Gütersloh ist ein Temperament wie die alten Meister, die Holländer, die Deutschen, auch etwa wie Hokusai; »inwendig voller Figur« (Dürer); mit dem Japaner hat er sowohl als Maler wie als Autor die Miniaturvorliebe gemein. Er ist ein Bastler. Seine Handschrift ist gestickt. Er besitzt Neigung und Fertigkeit in handwerklichen und weiblichen Künsten, ist ein Kochgourmand, überhaupt so ein Leonardo in tausend Kleinigkeiten, in denen sein Talentüberschuß sich versprudelt. Das gehört nicht zur literarischen Kritik; richtig; aber es würzt die Erscheinung eines literarisch-künsterischen Phänomens, das leicht der Pose und des Schwulstes geziehen werden könnte. Das hier ist eine immense Natur, durchgekünstet bis in die letzte Faser, ein Phantast, der bei der Hungerrinde sich vor goldene Schüsseln und smaragdene Pokale redet: so auch nimmt sich der »Lügner« unter den »Bürgern« aus, er glänzt von Kraft, Beziehungsreichtum, Courtoisie, Delikatesse, ein Don Quixote und Peer Gynt im Armeleuteviertel, dem es einfach unmöglich wäre, gemein, unedel, posenlos, ohne Grandezza zu leben. Im Grunde schildert der Roman das Schicksal des Artisten, des nach Vollwert strebenden Menschen unter Hälblingen und Gerade-noch-leben-Dürfern. Ist es nicht das Schicksal des Erlesenen? Wissend um ihre Lächerlichkeit, die höhere Ordnung auf dieser kaum aufgeräumten Erde, müssen sie dem funkensprühenden Gesetz ihrer Natur gehorchen. Sie erscheinen als das schlechthin Verlogene. Weil im gemeinen Instinkte gebrochen, sind sie quasi Widernatürliche: denn der gewöhnliche Mensch läßt sich gehen. Jene haben sich an der Corde. Sie erwecken je nachdem Gafferei oder Mißtrauen, Unbehagen bis zum Haß, wo sie hintreten, wachsen Katastrophen, obwohl sie das Beste wollen. Sie sind Gregers Werke der ästhetischen Forderung. Sie tragen das Kainszeichen der Größe, die alle normale Idylle des verdauenden homerischen Bürgers mit Verfallsgeruch ansteckt. Aber welche kleinen Menschen voll bangen Gewissens ihrer tödlichen Mission sind diese großen Herzen in ihrer unscheinbaren Kleidung!

Vom künstlerischen Detail, das aus Güterslohs Buch wie etwas Unglaubliches, weil für unmöglich an Gekonntheit Gehaltenes heraustritt, abgesehen, bürgt dieser Rahmen eines sich wandelnden, gleichsam fortwährend zerfallenden Familienbildes die Epopöe des modernen Alltags. Die Wäsche, die Möbel, die Kleider, die Zieraten, das Essen, das Schlafen, das Ehebettliche, das Verdauen, Älterwerden, Sterben – es wird, beitragend zum Konflikt und ihn schiebend, in eine kleine erzählerische Intrige gefaßt. Die Hand des Autors setzt demiurgisch diese Kleinwelt in Bewegung. Die stummen Dinge spielen mit. Gütersloh schildert im strengen passiven Sinn niemals. Die leblosen Medien geistern den Menschen entgegen. Ein Güterslohischer epischer Satz ist ein Meisterwerk an visuellem Raffinement. Er ist verstopft mit Sinnlichkeit; aber diesmal ist es, entgegen dem Musilschen Begabungscharakter, eine optisch-malerische Ergriffenheit. Die Welt besteht ihm aus Augeneindrücken. Er sieht unnachahmlich scharf, ätzt das einzelne wund aus seinem Zusammenhange und fügt dann dennoch durch die Phrasierung des Wortes alles wieder engmaschig in einen Stilteppich aus leuchtenden und bizarren Farben. Seine Eindrücke sind so absolut sinnlich wahrnehmbar, daß sie etwas unwahrscheinlich Helles und Leuchtendes bekommen. Von seinen Bildern, seinen Aquarellen strahlt es wie Hostienschein. Seine Prosa ist deutlich bis zur Vortäuschung von Abstraktheit. Er hat einen Roman »Rausch der Abstrakta« geschrieben. Die Abstraktionen Güterslohs sind aber nicht im philosophisch-platonischen, sondern im malerischen Sinn Abstrakta, er nützt eine Metapher rücksichtslos, den Gehalt eines Beiwortes laugt er aus, dadurch wird sein Empfindungsrealismus zur Sinnenhypostase. Seine malerischen Themen sind eine Verquickung von bibelfester Heiligkeit und religiöser Sexualität. Wollust und Askese, lasziver irdischer Genuß und verative Buße schneiden sich im katholischen Bekenntnis.

Gütersloh ist der Prodremos einer kirchlich-religiösen Renaissance; seine geistige Konstitution ermöglicht den naturwissenschaftlich unterbauten Gläubigen und Heiligen. Man muß wissen, daß im Erlebnisfond dieses Mannes die Extreme sinnlichen Berufes kondensiert sind; er war Mönch, benediktinisch streng erzogen, als Nachkomme eines Waldviertler-Bauerngeschlechtes zum Theologen bestimmt; nicht als Desaveu, sondern aus Geschick und physischer Kondition extra muros versetzt, wurde er Schauspieler, begann zu schriftstellern, und zwar in einer Synthese von galantem und klerikalem Ziele; erst spät drückte ihn die wirtschaftliche Not, wohl aber auch seine unbefriedigte, zu Ekstasen neigende Sinnlichkeit, den Farbenstift, später den Pinsel in die feinfingrige Hand. Diese nur unter den Hub einer Art religiöser Inbrunst und Mission zu bringende Kombination macht seine Werke zu faszinierenden, verblüffenden, ultraoriginalen Phänomenen, denen nichts Metierhaftes anzusehen ist, die vielmehr als Absonderungen eines nicht anders als zum Schöpfungsakt verurteilten großen Dilettanten, des essentiellen Liebhabers wirken. Er erinnert an Kierkegaard mit seinem Entweder-Oder, besser gesagt seinem: sowohl-entweder, als auch oder. Der Flaneur der Kopenhagener Rendezvousstraßen war in seinen sieben erleuchteten Sälen schwärmerischer Einsiedler, ein Gottsucher, das Vorbild zu Ibsens Pastor Brand. Man darf nicht vergessen, daß Gütersloh keine einfache, wenn auch manchmal einfältige und gottgefällige Natur ist; er ist auch Dialektiker, Zweifler, Genießer, Stützer, historisch denkender Realist, sozialer Rebell, Anarchist, er ist mondän und, wenn auch theoretisch, Volkswirtschaftler; nur Athlet, welcher Begriff bei Musil vom Physischen bis ins Geistige und Gelehrte auswirkt und diesem jene eigentümliche interessante Force gibt, ist Gütersloh nicht; er ist Mensch der Wollust. Seine theoretischen Schriften sind schwer lesbar wie die Kierkegaards, weitschweifig, restlos, scholastisch und unter dem Einfluß der mo-/ [Lücke im Text!]/-hörte Tiefen geistlicher Seelen und Fragen, wer sie genau liest – wenige können das – ergründen neue Zusammenhänge; und daß eine starke sensuelle Achse das Weltall ebenso rotieren zu lassen vermag wie eine wissenschaftlich-kausale. Die durch sie gebotenen Lebenssicherheiten, seelisch, sind keineswegs geringere; sowie das Weltbild der Ptolemäer kaum weniger reich war als das der Newton und Einstein.

Gütersloh ist Synkretist, Kind einer späten, transtechnischen, gleichsam byzantinischen Zivilisation, die von Rom bis Peking alles konsumiert hat. Sein Christentum ist nicht jüdisch, sondern paganistisch. Er ist Marienkultler, Fetischanbeter, das Gegenteil eines Ikonoklasten, Sinnenmensch, Mystiker, Erotiker; kurz von jener universellen Spannung, die der Katholizismus zuläßt. Die Gipfel des Denkens liegen nicht auf den Pfaden der exakten gebahnten Logik, der Disziplin des Protestantismus, sondern in den oyaken erschütternden Irrgängen zu den Höhepunkten allen sinnlichen Lebens. Er denkt sinnlich bis zu jenen Graden kalkweißer Helligkeit, die in einer Übertreibung des Sinnlichen liegen, wo es zum Ekstatischen und Visionären gerät. Wir pflegen zu sagen: eine absolute Künstlernatur im revenanten Stil, in der die künstlerische und religiöse Funktion heidnisch zusammenfallen. Wir vergessen, daß wir damit ausschließen: Der Lügner unter Bürgern? Oder der Heilige? Aber in diese Lebenstiefen sickert das Verständnis nicht, nicht die quasi-Einfühlung, nur das Erlebnis selbst. Kayserling gelang es, bis zur indischen Seele vorzudringen, mit rationalistischen Mitteln. Aber kennen wir den Rest, der verschollen bleiben muß, weil die Lebensachsen verschieden sind?

Außer der *Tanzenden Törin*, die ein blendender, anziehender, erotischer, ja sogar geschlechtlicher Roman war, dürfte Güterslohs bisheriges erzählerisches Hauptwerk *Der Lügner* [sein]. Um einen Standpunkt etwa zu Güterslohs Mundart zu gewinnen: die Materie ist das Kind Gottes. Ein zeitgemäßes Milieu und die zeitgemäße Seele des schlechthin modernen Problemmenschen (»Lügner«) gegenüber den bloßen Wirtschaftssubjekten (»Bürgern«), die das Ergebnis ihres Hausrats, Taschengeldes und Wohnraumes sind – Flaubert'sch nackt und pedantisch in Szene gebracht –, geben dem Buch den tatsächlichen Chronikenwert etwa eines »Egotiste« oder »Henri Brulard« Stendhals. Das Pseudonym ist also nicht so unvermittelt und geckenhaft, wie es dem Laien deucht. Dieser Roman ist, nach Stendhalschem Rezept, zwar nicht ein Spiegel längs einer Landstraße, wohl aber fanatisch längs eines Milieus hinbewegt. Die Güterslohische Technik vermag im Satz das Vergängliche und Psychische zu identifizieren, die konkreten Erscheinungen scheinen durch das seelische Produkt, in dem sie enthalten und welches das Objekt der künstlerischen Benamsung ist, hindurch. Gütersloh ist Philologe im Nietzscheschen, Grammatiker im antiken Sinn. Er geht auf den etymologischen Wortgehalt zurück. Die schriftstellerische Manier, einmal begriffen, könnte man sich aneignen, wenn man die kristallhellen, d. h. alles zu Kristall umsehenden Augen Güterslohs hätte. Er erzielt damit künstlerische Wirkungen, die in unserer Literatur einzig dastehen. Über seine Bedeutung als Maler entscheidet vielleicht Paris, wo gegenwärtig im österreichischen Pavillon ein von Professor Hof[f]mann (der Wiener Werkstätte) bereits prämierter Gobelin, mit einem Marienthema, sehr zum Vorteil und zum Lobe der Heimat, gezeigt wird.

Wie seine Bilder, sind Güterslohs literarische Werke nicht geschriebene Abreagenzen, spontane Verfassungen. Durch und durch gemußt, sind sie ausgesprochene Kunstliteratur, Artefakte eines höchst verantwortlichen Bewußtseins, durchgekaut, verteilt, disponiert, geprüft und mit der Punze des autoriellen Plazet versehen. Dieser Verehrer des Heiligen Vaters geriert sich im Kreis seines Vermögens und der Gefolgschaft seiner Talente durchaus wie ein kleiner strenger literarischer Papst.

## Franz Spunda
## Über Paris Gütersloh

[1927]

Eine Beschäftigung mit den Schriften des Dichters Paris Gütersloh wird die bisherigen Urteile über den Schöpfer des ersten expressionistischen Romans *Die tanzende Törin* zu einer Revision der Begriffsbestimmung Gütersloh zwingen. Nicht, daß er sich in den zehn Jahren, die dazwischen liegen, dermaßen gewandelt hätte, daß man sein früheres Werk als unorganisch von ihm amputieren müßte, sondern die schon in seinem Erstlingswerk stark dominierende Ratio hat sich in Selbstbeobachtungen derartig geschärft, daß sie ihm zum alleinigen Instrument seiner Begabung wurde. Keine Ratio im Sinne des Liberalismus, im Gegenteil, eine Verstandeskraft eher im thomistischen Sinn. Dadurch inkliniert Gütersloh von selbst zu einer theologischen Spekulation unmystischer Art, die das Objekt, vom künstlerischen Impuls getrieben, in sich aufnimmt, es dann verwirft und nur seine Idee als Materie für seine Dichtung benützt. Durch das andauernde Arbeiten einer derartigen Geistmechanik muß naturgemäß die Freiheit und Spontanität des Schaffens leiden. Gütersloh gehört nicht zu den Dichtern, bei denen der ursprüngliche große Wurf alles rechtfertigt und entscheidet. Alles hat bei ihm den

Transformator der Reflexion zu passieren, gewinnt dadurch an geistiger Intensität, aber die innere Beseelung, die primäre Durchblutung ist verlorengegangen. So werden seine Gestaltungen unwirklich im naturalistischen Sinn, sind dadurch frei von niedern Bindungen und könnten ihren Ideengehalt als höchste Kunst gestalten, wenn die Gedanken den Rückweg durch den Transformator machen und wieder das Blut der Wirklichkeit einsaugen würden. Aber dieser Rückweg ist dem Künstler wie vielen andern, die allzusehr dem Intellekt vertrauten, versagt.

Durch diesen Mangel getrieben, der ihm bewußt ist und wie ein Pfahl im Fleische brennt, muß sich der Dichter zunächst auf Gestaltungen beschränken, die gewissermaßen im luftleeren Raum vor sich gehen, mehr Allegorie oder Symbol als Erlebnis sind, Gestaltungen, die als reine Geistwesen für sich bestehen können. So zeigt sein theologischer Roman *Innozenz oder Sinn und Fluch der Unschuld* (Verlag Jakob Hegner in Hellerau; ebenso die weiteren Bücher) das typisch Bedeutsamste seiner also fundierten Kunst. Hier ist eine luftdünne Atmosphäre, in welcher durchsichtige Gedankengebilde atmen können. Im kühlen, geistklaren Mittelalter seiner Begriffsstellungen lebt sein Katholizismus auf, von Tiefblicken durchleuchtet, die eine seltsame Legendenstimmung hervorrufen. Der Grundgedanke, daß vollkommene Reinheit und Unschuld auf Erden so unnatürlich wäre, daß die Natur gegen sie revolutionieren müßte, wird thematisch als Paraphrase über die Erbsünde abgewandelt. Die Welt muß sündenbeladen sein, sonst wäre ein Erlöser sinnlos. Die Materia prima des christlichen Erlösungsgedankens ist also die Notwendigkeit der Sünde, der Teufel ist also notwendig, wie schon die Gnosis lehrte, damit Gott in Wirkung treten kann. Gütersloh löst das Problem in einer satanologischen Allegorie, daß der auf seine Reinheit eitel gewordene Mönch, dem das Wesentliche zur Heiligkeit fehlt, vor dem Anblick seiner selbst versteint.

Deutlicher als in dieser Allegorie finden wir das Glaubensbekenntnis des Dichters in seiner *Rede über Blei oder der Schriftsteller in der Katholizität*. Gütersloh nimmt die Gestalt Franz Bleis zum Ausgangspunkt seiner Untersuchungen, da an diesem Schriftsteller die Extreme der katholischen Weltanschauung geradezu exemplarisch ausgeprägt wären. Ob nun gerade Franz

Blei ein taugliches Objekt dafür ist, weiß ich nicht. Was aber Gütersloh über die Stellung des Dichters zur katholischen Lebensführung sagt, über Sinn und Widersinn der Kunst, über die Gewissenskämpfe unserer Zeit, die immer gebieterischer zu einer Entscheidung drängen, das ist so sinnfällig paradigmatisch, daß dieses Buch gewissermaßen als eine Summa temporis nostri im Sinne des heiligen Thomas gewertet werden kann. Nicht daß Gütersloh das Amt eines Kirchenvaters ambitionierte, sondern daß er in größtmöglicher Klarheit, militant und dezidiert, in alle Widersprüche unseres Lebens hinableuchtet und aus dem Kraftgefühl des Intellekts den Glauben als Ultima ratio bekennt. Gerade weil Güterslohs Intellekt so außerordentlich scharf ist, fühlt er die Größe des Sacrificium intellectus, und sein Bekenntnis zur Kirche als Form alles menschlichen Erlebens ist keine Flucht, sondern direkte Folgerung seines kritischen Verstandes. Die Schärfe seiner Forderungen mag an Kierkegaard, sein Eifer an den Kardinal Newman erinnern. Und anderseits lockt ihn die Welt, die für den Künstler schlechthin durch ihre Sinnfälligkeit notwendige, ihm von Gott als Material und Überwindung gegebene, und so schwankt er wie sein beispielgebendes Vorbild Franz Blei zwischen einem Verrat und dem andern hin und her. Derartige Überbetonungen von Gewissenskämpfen müssen sich aber bei dem wirklichen Künstler als unfruchtbar erweisen. Gütersloh kann, solange er darunter leidet, kein Künstler großen Formats im weltlichen Sinne werden, und im geistlichen Sinne wird er es nur zum Viertelheiligen bringen. Doch es ist notwendig, daß diese Dinge einmal gesagt werden, um die Last, unter der mehr oder minder jeder gläubige Dichter leidet, durch gemeinsames Tragen zu erleichtern. Die Klarheit seines Stils ist hier vollkommen, geradezu mustergebend, wenngleich es dem Durchschnittsleser schwer sein wird, sich in seine langen Perioden und antithetischen Satzkonstruktionen einzulesen.

In dem Roman *Der Lügner unter Bürgern* versucht Gütersloh, einen Roman rein psychologisch, ohne eigentliche Handlung und Erfindung zu schreiben. Ich vermute, daß dieser Dichter die Gabe einer selbstschöpferischen Phantasie überhaupt nicht hat, daß er aus der Not eine Tugend macht und diese Tugend bis ins letzte Extrem verfolgt. Der leicht erotische Unterton, der sich daraus ergibt, ist mehr Esprit als Geist. Doch sein Witz hat seine Sinne überempfindlich gemacht wie selten bei einem Dichter, man muß manchmal beinahe an eine Karikatur Flauberts denken. Gütersloh apperzipiert Dinge, die jedem anderen unsichtbar bleiben, und stellt psychologische Verbindungsfäden zwischen unbewußten Willensregungen her, die durch ihre Plötzlichkeit ebenso amüsant wie grotesk sind. Der halbmondäne Ton, die Freude des Helden am Lügen und seine Bosheiten gegen den Bürger schaffen ein im Grunde liebenswürdiges Charakterbild des Bürgers, dem man trotz aller Ausfälle gewogen bleiben muß.

Wenn ich nun eine Summe aus der Summa des Güterslohschen Gesamtwerkes ziehe, so muß ich vor allem die einzig dastehende Selbstzucht des Dichters bewundern. Selten hat ein Künstler in Erkenntnis seiner Kräfte so klug geschaffen wie dieser. Während andere noch toben und über die Stränge schlagen, war bei ihm Erkenntnis seiner selbst und Bewußtsein des Zentralproblems zur Richtschnur seines Schaffens geworden. Der absolute Ernst und sein Wissen um göttliche und irdische Dinge, im Gleichnis des Verstandes gesehen, geben ihm eine Sonderstellung in der zeitgenössischen Dichtung, die ihn turmhoch über das erheben, was man sonst theologisierende Literatur nennt.

# Robert Baru
# Paris Gütersloh

[1925]

Das Werk des Malers und Schriftstellers Paris Gütersloh ist außerhalb eines verhältnismäßig kleinen Kreises von Künstlern und Liebhabern kaum bekannt. Wenn hier der Versuch unternommen wird, dieses Werk in großen Zügen zu umreißen und zu gruppieren, so geschieht dies, um ein größeres Publikum mit einem Künstler vertraut zu machen, der innerhalb der zeitgenössischen österreichischen Produktion vielleicht am typischsten österreichisch ist. Worin dieses typisch Österreichische liege, was überhaupt sein Grundzug sei, ist so oft gesagt worden, daß der Versuch, es nochmals zu formulieren, an dem bestehenden

Vorrat von Phrasen und Banalitäten scheitert. Wenn wir aber – in Antizipation alles Nachfolgenden – sagen wollen, daß Katholizismus und Lebenskunst, Witz und Grübelei, Unbeholfenheit und Anmut konstituierende Züge der künstlerischen Persönlichkeit Güterslohs sind, so dürfte klar werden, wohin die Hervorhebung des Österreichischen ungefähr zielt. Es ist das Österreich gemeint, das Hermann Bahr zu definieren und zu exemplifizieren nicht müde wird, das Österreich der Gegenreformation und des Barock, das Land der Mitte, an dem neben deutschem Geist auch italienische Klarheit und slawische Schwermut ihren Anteil haben. Aus dieser vielfältigen Kultur ist Gütersloh erwachsen, auch darin ihr echtes Kind, daß er, in einem ewig schauspielerischen Medium sich bewegend, aus einer Rolle in die andere schlüpft und gerade nur zwischendurch einmal sich ohne Schminke sehen läßt.

Dieses Österreich ist heute allerdings nur mehr gleichsam unterirdisch zu spüren. Von der Oberfläche ist es seit etwa 80 Jahren verschwunden. Und es ist daher auch kaum verwunderlich, daß ein durchaus österreichischer Künstler wie Gütersloh als Outsider und extravagierender Neuerer gilt, obwohl die Linie, die von den Altomonte und Kremserschmidt über die Aquarellisten des vormärzlichen Wien und zuletzt über Gustav Klimt zu ihm führt, ohne Mühe gezogen werden kann. Der Blick wird nur beirrt durch die langen Intervalle zwischen diesen Punkten und durch die Menge der ganz anders gearteten Erscheinungen, die diese Zwischenräume bevölkern.

Denn zum letzten Male nach der großen Zeit des XVIII. Jahrhunderts und der Jahrhundertwende hat sich diese Kultur (wenn auch nicht mehr in ihrem ganzen Reichtum) in einem Künstler manifestiert, der noch einmal das Wesen des österreichischen Stammes und der österreichischen Landschaft mit den Mitteln einer damals neuen und doch schon vollendeten Kunst zum Ausdruck brachte, in Waldmüller. Seitdem ist Österreich an bedeutenden und originalen Erscheinungen nicht eben reich gewesen. Der Geist der starken Epochen war erloschen, und aus einer lebendigen Tradition war eine sterile Gleichförmigkeit geworden, die aus dem österreichischen Lebensgefühl nur ein sentimentales Mäntelchen machte, um es dem zeitgemäßen Materialismus und

Naturalismus umzuhängen. Kaum da und dort tauchten stärkere Begabungen auf, wie etwa der Dithyrambiker Makart oder die feinen Könner Pettenkofen und Rudolf Alt; die leidenschaftliche Ausdruckskraft eines dämonischen Künstlers wie Romako, in dem wieder einmal der längst verschollene romanische Unterstrom ans Tageslicht trat, wurde nicht bemerkt oder von einem in Konvention erstarrten Publikum beiseite geschoben. Neues Leben war erst wahrzunehmen, als die große von Frankreich ausgehende Bewegung auch auf Österreich übergriff und hier als »Sezession« und »Ver sacrum« die Gemüter in Verwirrung brachte. Aus diesem unruhigen und verworrenen Treiben wurde schließlich eine Strömung fühlbar, die auf eine ganz neu erscheinende Art österreichisch sein wollte. Diese neue Richtung, geführt von Gustav Klimt und Josef Hoffmann und bald die besten Begabungen auf allen Gebieten der bildenden Kunst in sich vereinigend, gab in ihren »Kunstschau« genannten Ausstellungen bereits ein ziemlich klares Bild dieser neuen repräsentativen österreichischen Kunst.

In den Werken dieser Künstlergruppe setzte mit stärkstem Akzent eine Gegenbewegung sowohl gegen die österreichische Epigonenkunst wie gegen den Sezessionsnaturalismus ein und es begann hiermit für Österreich (und nicht nur für Österreich) eine neue Kunstepoche, die mit Worringers gut geprägtem Ausdruck als eine Epoche abstrahierenden Kunstgefühls bezeichnet werden kann. In der Kunst dieser »Kunstschau«, die ihr Ethos aus der Doktrin und den Werken der englischen Präraffaeliten, ihre Sinnlichkeit und ihre Technik aus der zeitgenössischen Malerei Frankreichs bezog, ihre tiefsten und eigentlichsten Wurzeln aber in der Kunst von Byzanz und in den frühchristlichen Basiliken hatte, manifestierte sich wieder eine – trotz aller dieser Ahnen – durchaus österreichische Kunst, österreichisch auch darin, daß sie im Sinne uralter historischer Sendung die großen Kunsttendenzen des Orients mit der modernsten Kunstbewegung des europäischen Westens in organische Verbindung brachte.

Innerhalb dieser Gruppe nun trat Gütersloh zum erstenmal als Maler in die Öffentlichkeit. Als Schriftsteller hatte er dies schon früher getan; sein Roman *Die tanzende Törin* war bereits Jahre vor der ersten Kunstschau als Buch erschienen. Es ist nun durchaus bemerkenswert, wie dieser Künstler vom Beginn seiner Produktivität an ständig zwischen seinen beiden Begabungen oszilliert. Im Jahre 1912, während der Fünfundzwanzigjährige als Schriftsteller in Paris lebte, entdeckte er seine Liebe zur Malerei und wurde Schüler von Maurice Denis. Die Wahl des Lehrers ist sehr charakteristisch, denn sie entspricht erstens dem religiösen Zug, der in dem ehemaligen Zögling geistlicher Schulen in Melk und Bozen niemals erstorben ist, und sie ist ferner durchaus folgerichtig bei diesem Künstler, dessen erstes literarisches Werk als einer der allerfrühesten expressionistischen Romane deutscher Sprache gelten kann. Was ihn an Denis neben dem betont Katholischen anziehen mußte, war die auf Gauguin zurückgehende Gegnerschaft gegen den Impressionismus des späten Monet und gegen eine Richtung, der man – nicht ganz mit Unrecht – Formlosigkeit und technische Spielerei vorwarf. Diese Abkehr vom »Impressionismus«, die sich bei Denis in einem Zug zum Ornamentalen auswirkte, mußte tiefen Reiz für einen Künstler haben, dem die – in Norddeutschland arg gescholtene – österreichische Liebe zum »Dekorativen« im Blut saß.

Von Denis führt ihn nun sein Weg geradeaus in die Wiener Klimt-Gruppe und es entstehen hier die ersten seiner Aquarelle. Doch kaum scheint Vorbedingung und Sphäre für malerische Tätigkeit und Entwicklung gegeben, als der Krieg allem ein Ende macht und das Malen für Jahre aufgegeben werden muß. Begreiflich, daß die Schriftstellerei wieder mehr in den Vordergrund tritt; dies wird noch gefördert durch die während des Krieges einsetzende Bekanntschaft mit Franz Blei und die daraus entstehende starke geistige Berührung. Zeugnis davon ist eine nach dem Umsturz von Blei und Gütersloh herausgegebene und fast nur von ihnen allein geschriebene Zeitschrift »Die Rettung« mit katholisch-kommunistischer Tendenz.

Nach Friedensschluß vollzieht sich langsam wieder die Rückkehr zur Malerei, und zwar auf dem durchaus konsequenten Wege über das Theater. Gütersloh inszeniert nun während der Direktionszeit Hermann Bahrs einige Stücke für das Burgtheater und das Schönbrunner Schloßtheater; die Dekorationen für Tolstois »Der Fremde und der Bauer« und Molières »Die Hochzeit wider Willen« dürften noch manchem ein Erinnerung sein. Nach dem Regimewechsel am Burgtheater wird die Inszenierungstätigkeit in München fortgesetzt, schließlich kommt es doch wieder zur reinen Malerei und es entstehen (wieder in Wien) die ersten Arbeiten in Öl. In diese Zeit fallen zwei interessante Selbstporträts: eine Zeichnung, heute im Besitz der Albertina, und ein etwas späteres Ölgemälde, das sich in Wiener Privatbesitz befindet. Mit diesem letzten Bild beginnt nun neben der charakteristischen Aquarelltechnik, die fleißig fortgesetzt und verfeinert wird, eine Reihe von Ölporträts und -kompositionen in einem ganz neuen Stil. Während den mit spitzem Pinsel und fast miniaturhaft gemalten Aquarellen, die stets das gleiche kleine Format haben, regelmäßig ein fast genremäßiges Motiv, eine irgendwie gedanklich zugespitzte Situation zugrunde liegt, tritt dieser (man möchte sagen) literarische Charakter bei den guten Ölbildern dieser Zeit ganz zurück. Es entstehen nun vorwiegend Porträts, Stilleben in breiter malerischer Behandlung und größer angelegte Kompositionen von gemäldehaftem Aufbau.

Von dieser Zeit an kommen der Maler und der Schriftsteller etwa gleich stark zu Wort. Der Schriftsteller publiziert nebst einigen ironisch-lehrhaften Büchern eine großangelegte *Rede über Blei*, in welcher er vor einem mythischen Hintergrund die Figur dieser schwer zu fassenden Persönlichkeit in der Form scholastischer Dissertation zu gestalten trachtet; der Maler erobert sich die Zeichnung und den Stil der Landschaft. Diese malerischen Errungenschaften, für den Künstler ebenso bedeutsam wie die Erfassung der Öltechnik mit dem großen Selbstporträt, sind der wohltätigen Wirkung längeren Arbeitens unter italienischem Himmel zu danken. Am Gardasee findet Gütersloh die Ausdrucksmittel für das Licht des Südens und, was noch wichtiger ist, den Blick für die malerische Vedute. Nach einigen Versuchen entstehen bereits Bilder, in denen die Gardasee-Landschaft in ihrem Charakter und ihrer Optik auf eine völlig persönliche Weise dargestellt ist, wie etwa die Ansicht von Torbole, die letzten Herbst im Künstlerhaus zu sehen war. Neben der Öltechnik wird besonders die lange Zeit vernachlässigte Zeichnung kultiviert, wofür die fast gleichzeitig entstandenen Blätter mit Motiven aus Malcesine ein gutes Beispiel sind; diese Blätter sind wirklich graphisch empfunden, jeder Strich lebt und, wiewohl sie alles eher als naturalistisch sind, tritt die Landschaft lebendig und geistreich gesehen hervor.

Neben diesen Werken der letzten Zeit sind noch zwei Gruppen von Arbeiten als besonders charakteristisch zu erwähnen, weil sie sozusagen auf der Brücke zwischen Literatur und bildender Kunst stehen: die Gobelinentwürfe und die Buchillustrationen. Die Gobelinentwürfe, auf Bestellung für die Pariser Kunstgewerbeausstellung gemacht, zeigen eine sehr instruktive Ausweitung des bekannten Güterslohschen Aquarellstiles im Sinne dichterer Komposition und reicherer gedanklicher Belebung, die Illustrationen zu des Künstlers eigenem Buch *Kain und Abel*, einer freien Deutung des biblischen Mythos, sind der erste Versuch in der Technik der Lithographie und bilden, durchaus buchmäßig empfunden, eine neue Bereicherung der Ausdrucksmittel und Wirkungsgebiete.

Der Gesamteindruck dieses nicht großen, doch äußerst vielfältigen Œuvres mag problematisch bleiben. Eine klare Kontur des Künstlers ist aus diesem immer neu ansetzenden, ewig experimentierenden Werk schwer zu gewinnen. Noch schwerer, wenn man etwa die Bücher zu Rate ziehen wollte, um den Maler durch den Schriftsteller zu kommentieren. Nichts Unmalerischeres (von den Vergleichen höchstens abgesehen) kann man sich denken, als diese höchst intellektuellen Schriften, in welchen moralphilosophische Probleme kompliziertester Natur mit einer spitzen Dialektik behandelt und aufgelöst werden. Dieser Weg führt nicht zum Künstler, erklärt gewiß nicht den Maler, demonstriert höchstens die moralische Person, auf die es aber hier nicht ankommt – oder doch nur sehr mittelbar.

Was bleibt also als Gemeinsames dieser Gemälde, Aquarelle und Zeichnungen? Außer einer heiter schauspielerischen Atmosphäre zwei Dinge vor allem: ein prävalierender Intellekt und ein erstaunlich sicherer Geschmack. Ohne diese beiden wäre schon der Weg der Entwicklung nicht möglich gewesen, dieser Weg vom Dilettanten zum Künstler, der Gütersloh trotz geringer Schulung, trotz vergleichsweise geringem Können, trotz allem und allem heute ist. Intelligenz, Esprit liegt in den Sujets der

Aquarelle, diesen geistreichen Kompositionen kleinsten Formats, in dem ironischen Pathos ihrer Diktion; Intelligenz spricht aus der erkenntnishaften Charakteristik der Porträts, besonders der Selbstporträts, aus dieser ganz merkwürdigen Bildnismalerei, die nicht psychologisch explizierend, sondern logisch konstruierend zu Werke geht. Welch kultivierter Geschmack außerdem in diesen Bildern! Wie die Atmosphäre der Situation stets glücklich getroffen und festgehalten wird, ob es nun fromme Legenden oder recht weltliche Bilder einer vagen Antike oder romantisch-sentimentale Liebesszenen sind. Wie vollends wäre ohne sichersten Geschmack diese Anpassung an die Gesetze jeder Gattung möglich, dieser erstaunliche Takt im Erkennen aller unsichtbaren Grenzen! Es wäre lehrreich zu demonstrieren, wie die Gesetzlichkeit dieses Schaffens von Gattung zu Gattung sich wandelt, immer den jeweils herrschenden Gesetzen und Convenus sich fügend. Der Zeichner der Malcesine-Blätter ist bei aller Ähnlichkeit ein anderer als der Maler der Torbole-Gemälde und wieder ein anderer als der Aquarellist der Gobelinkartons, obwohl alle diese Werke fast gleichzeitig entstanden sind. Während der Paysagiste von Torbole die Konturen in Licht und Farbe auflöst und den großen typischen Bildausschnitt wählt, reizt den Graphiker von Malcesine gerade die krause Linie mit ihrem leidenschaftlichen Ausdruck und die kapriziös japanische Darstellung einer durchaus untypischen Besonderheit, während in den Gobelinkartons wiederum Belebung der Fläche und zyklische Erfindung dominieren.

Schließlich bleibt noch ein Drittes als Gemeinsames und Verbindendes sämtlicher Werke Güterslohs: der Niederschlag dessen, was wir an einer früheren Stelle des Künstlers »Liebe zum Dekorativen« genannt haben. Man hat über dieses »Dekorative« in den letzten Jahren viel gesprochen und geschrieben, und es ist vielfach Sitte geworden, es sehr von oben herab oder geradezu als flagrante Gefahr zu behandeln, indem man statt Bildern Teppiche und Tapeten als das Endziel dieser Bewegung befürchten zu müssen glaubte. Dabei wurde wohl übersehen, daß das, was man das »Dekorative« nennt, nichts Neues ist, sondern daß es als Symmetrie, Komposition, Architektonik in primitiven und strengen Kunstrichtungen stets prädominierte, auch im Realismus der

Hochrenaissance als formgebendes Element vorhanden war und selbst noch der frei gewordenen Kunst eines Manet den Charakter absoluter Gesetzlichkeit gibt, der ihn vor allen Zeitgenossen auszeichnet. Was man geringschätzig das »Dekorative« nennt, ist in Wahrheit nichts anderes als der in Vergessenheit geratene Appell an Werte, die jenseits der Grenze des Artikulierten, somit hinter dem Bereich der Gestalt liegen: an die Ausdrucksmacht der abstrakten Form und der Farbe und Linie an sich. Durch diesen Appell erst entsteht dem Kunstwerk die Möglichkeit jenes allgemeinsten Ausdruckes, der sich der Gestalt wie dem Wort versagt, weswegen ja auch das Gedicht und das Drama die Musik zu Hilfe rufen oder geradezu auf das Wort verzichten wie im Tanz und der Pantomime. Dieser Bezug des Dekorativen zu den wesentlichsten Problemen der Kunst droht durch die erwähnten Polemiken verdunkelt zu werden. So viel sich auch gegen die Gefahren eines Überwucherns des Dekorativen bei geringem Gestaltungsvermögen sagen lassen mag – Befürchtungen und Ausstellungen übrigens, die gegenüber dem Dilettantismus, der Stümperei und dem durch sie bewirkten Mißbrauch zu jeglicher Zeit und überall am Platze sind –: es darf nicht vergessen werden, daß das Dekorative als Korrelat des Stiles anzusprechen ist und daß es sich immer um so fühlbarer macht, je mehr eine Kunst vom Naturalismus zur Stilisierung oder – in der Terminologie Worringers – von der Einfühlung zur Abstraktion tendiert.

Es ergibt sich somit in diesem Zusammenhang das Dekorative als ein notwendiges Element der Kunst und sein In-Vordergrund-Treten als charakteristisches Merkmal einer Wendung zur »Abstraktion«. In Österreich hat die Gruppe der Künstler um Klimt und Hoffmann diese Wendung sehr früh vollzogen und einen Stil geschaffen, der bei aller Strenge und archaischen Starrheit nicht ohne eine grazile Anmut ist, eine Anmut, die aus dem Süden zu kommen scheint und etwa an die Sienesen, Botticelli oder Crivelli denken läßt. Seit dem Tode Klimts und Schieles geht die österreichische Malerei wieder vielfach andere Wege, und Gütersloh scheint neben dem stärkeren, doch roheren Kokoschka der einzige, der den Stil der ersten Kunstschau in den Traditionen seiner Entstehung weiterführt.

## »Sonne und Mond«

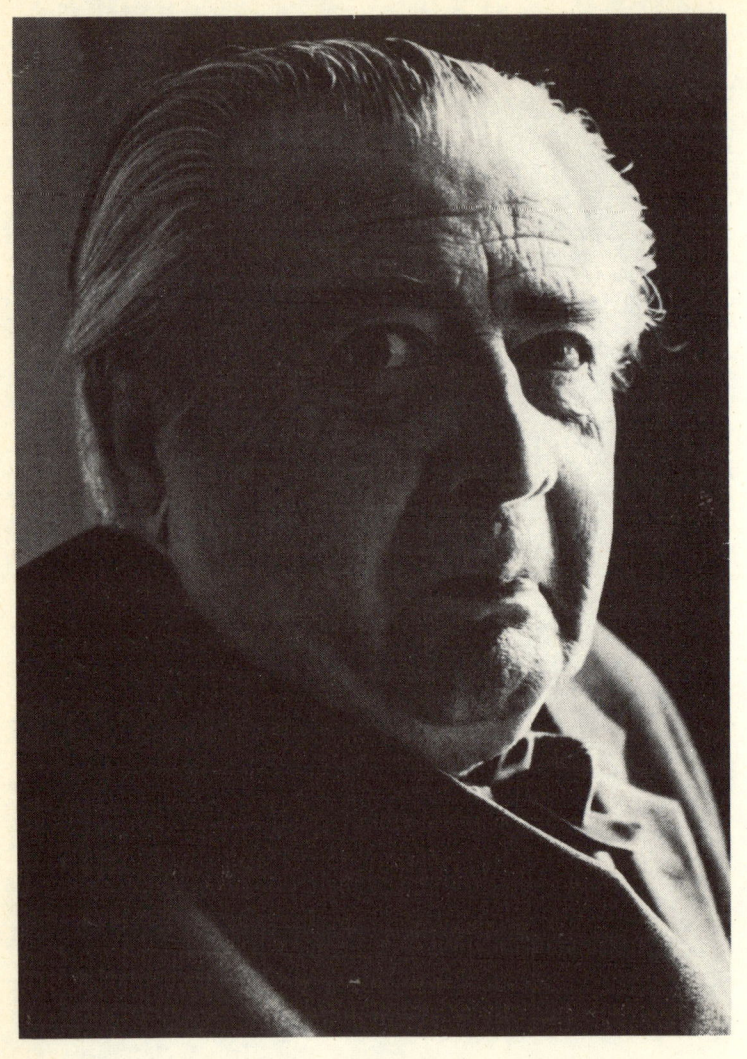

# I. Dokumente

## Brief von Hansjörg Graf an A.P. Gütersloh

München den 30. März 1957

Sehr verehrter Herr Professor,
es hat sich bei uns schon beinahe so etwas wie ein »Fall Gütersloh« herauskristallisiert, und wir wagen unser längeres Schweigen nur damit zu begründen, daß eben ein »Verfahren« erst dann
eröffnet wird, wenn alle Akten gesammelt sind. Hochnotpein-
liche Gefühle wären allerdings Ihnen gegenüber fehl am Platz.
Wir können es nur nicht mehr mit unserem Gewissen vereinba-
ren, Sie länger auf eine Entscheidung oder zumindest auf einen
Situationsbericht warten zu lassen.

Die Zusammenstellung der Kapitel und Kapitelbruchteile aus
Ihrem Romanwerk *Sonne und Mond*, wie sie von Ihnen besorgt
wurde, hat ihre Vor- und Nachteile. Es geht einerseits aus den
vorliegenden Manuskriptteilen der Reichtum an differenzierten
»Einstellungen« und Möglichkeiten einer literarischen Welter-
oberung hervor. Andererseits wurde durch diesen absichtsvollen
Modus der Auswahl verhindert, das Continuum Ihres Romans
sichtbar werden zu lassen. Herr Piper, den ich für diesen lebens-
länglichen »Denk- und Schreibprozeß« interessieren konnte,
obwohl ihn der beiläufig angedeutete Umfang des Manuskripts
zu einem Stöhnen veranlaßte, – Herr Piper kann sich also aus den
Splittern noch nicht das, erlauben Sie das Doderer-Zitat, »speculum universale« zusammensetzen, das wir doch von Ihnen erwarten dürfen. Es wäre vielleicht günstig, wenn Sie uns die Kapitel zuschicken könnten, die den Spuren Lunarins nachgehen. Ich
kann mir zwar denken, daß Sie eine Aversion gegen solche Bemühungen, ein »Schicksal« transparent zu machen, haben könnten. Es würde eine Umgruppierung von Kapiteln, ja den Verzicht auf Nebenläufe und Zwischenstücke bedeuten. Glauben
Sie, daß Sie einem redaktionellen Mitspracherecht des Verlages
grundsätzlich stattgeben könnten? Ich finde nämlich, daß schon
das erste Kapitel einen Roman in nuce einschließt, und daß man
schon hier ein persönliches Interesse an der Weiterentwicklung
der Gestalt Lunarins ( – ist sie nicht der des Erzählers diametral

entgegengesetzt? –) gewinnen kann. Dieser Teilnahme sollte man meiner Meinung nach nicht durch »Abweichungen von der Linie« verlustig gehen, wie es eben bei dem auf keiner Subskriptionsliste stehenden Leser (und mit ihm wollen wir ja auch rechnen) zu befürchten wäre.

Verzeihen Sie bitte, wenn ich Ihnen dies alles so nüchtern vom Schreibtisch aus darlege, bei Ihnen in der Salesianergasse kämen wir eher auf einen grünen Zweig, dessen bin ich ganz sicher.

Wie saftig ist doch die Szene im Fotoatelier, hier schießt die Komik nur so ins Bild, und man hat das Gefühl, daß Sie sich selbst kaum von der Szene trennen können, so sehr freuen Sie sich über den Einfall. Eine Erzählung für die Piper-Bücherei besprachen wir doch auch damals: ist die Zeit dafür schon reif?

Ihr Vertrauen zu unserem Verlag bringt jetzt auch für Sie ganz grundsätzliche Fragen. Es ist doch so, daß wir erst, nachdem wir den Großteil Ihres Romanmanuskriptes erhalten haben, uns bindend äußern können über die Bedingungen für eine Veröffentlichung des ganzen Komplexes. Erst dann wird es uns auch möglich sein, das Problem des Umfangs zu erörtern.

Am 6. 4. fahre ich für ein paar Wochen nach Italien. Anfang Mai bin ich wieder im Verlag. Es wäre schön, wenn Sie uns bis dahin, sehr verehrter Herr Professor, Ihre Stellungnahme zu unseren Überlegungen wissen ließen. Noch besser wäre es aber, wenn wir von Ihrem Roman soviel zu sehen bekämen, daß wir eine wenigstens flüchtige Übersicht über die Gesamtanlage erhalten und eine grundsätzliche Entscheidung treffen könnten.

Mit vielen herzlichen Grüßen
Ihr Dr. Hansjörg Graf

# Hansjörg Graf
## Versuch eines Gutachtens
## über Albert Paris Güterslohs *Sonne und Mond*

[24. Mai 1960]

Ich glaube nicht, daß sich unser Eindruck von Gütersloh nach der Lektüre von weiteren 500 oder 1000 Seiten wesentlich von dem Eindruck unterscheiden würde, den wir jetzt nach 200 Seiten bereits besitzen. Unser Eindringen in das ominöse Romanmanuskript *Sonne und Mond* muß mit einer Expedition in einen Urwald verglichen werden. Ein Urwald allerdings ohne Raubtiere und Schlingpflanzen, ein Urwald, aus dem die Dämonen ja überhaupt und das Prinzip des Bösen verbannt sind. Ein Urwald, der immer wieder Schneisen und Lichtungen hat, besiedelt von freundlichen Jausenstationen, deren Intérieur manchmal an den 4. Akt des Rosenkavaliers denken läßt. Cum grano salis gesprochen, könnte überhaupt die Spannung, wie sie in der musikalischen Komödie der Rosenkavalier vom ersten bis zum letzten Ton durchgehalten wird, auch als eine der Dominanten bei Gütersloh zitiert werden. Es geht also nicht an, wenn wir die Landschaft dieses Romans verniedlichen wollen. Um es noch einmal zu sagen: ich sehe sie als einen barock-hochtheatralischen Urwald, aus dem ein riesiger Anstand aufragt, ein nach allen Seiten hin offener Ausguck, von dem aus der Jäger, sprich Autor zu sichten und zu ordnen sucht, was unter ihm kreucht und fleucht. »... ich wühle vor Ihren Augen in dem alten Enguerrand herum wie in einem Koffer, dessen kaleidoskopartige Unordnung durch beharrliches Durcheinanderschütteln wieder auf die ursprüngliche Konstellation und Ordnung zu bringen sein muß.«

Die Frage nach der Handlung ist eine Frage, die nicht gestellt werden dürfte, obwohl sie beantwortet werden kann. Die Antwort – sie kann im besten Falle zwanzig Zeilen umfassen – *muß* aber lächerlich wirken gegenüber einem Text von schätzungsweise 2000 Seiten. Es ist die Geschichte des alten Baron Enguerrand, der seinen Neffen, einem unter abenteuerlichen Umständen gezeugten Wesen, ein baufälliges Schloß, testamentarisch vermacht, um einem nomadischen Don Juan und Prometheus (denn das ist Lunarin in einer Person) zu einem seßhaften Landmann ohne »Schicksal« umzuerziehen. Immer wieder entwischt der junge Graf seinem nur ironisch zu verstehenden »Gönner«, sein Schicksal ist es zu kreisen, in Liebe zu verbrennen, er ist eine Rakete, die einmal fast die Erdoberfläche, das heißt, das ihn erwartende Schloß betritt, um im letzten Moment einer Dame die Hand zu überlassen, den Besitz aber seinem Verwalter und damit wieder in die Flugbahnen des Eros zurückfällt.

Das ist die seltsame Grundfigur eines weit verzweigten, den Einzelschicksalen und Umständen nachspürenden Handlungslabyrinths, das ich aber weniger mit einem Irrgarten als mit dem Stadtbild Venedigs vergleichen möchte. Man folgt einem vicolo, tritt in den brunnenrauschenden Innenhof eines Palazzos ein, verfolgt eine Duftspur, landet am Canale, muß wieder durch das Gewirr der Gassen zurück, um die Hauptader der Mercería zu finden. Die Grundfarben des Schachbretts, auf dem Gütersloh seine Züge macht, sind tatsächlich schwarz-gelb, und die oben skizzierte Parabel kann meines Erachtens auch als die Fabel eines Staatsromans genommen werden. Einer politischen Epopöe von größten Ausmaßen. Das baufällige Schloß ist dann natürlich Österreich, der bäurische Verwalter ist der republikanische Erbe, der noch zu retten versucht, was zu retten ist. Diese Interpretation wird einigermaßen glaubhaft, wenn man daran denkt, daß Gütersloh in den Jahren 1918 und 1919 zusammen mit Franz Blei eine Zeitschrift »Die Rettung. Blätter zur Erkenntnis der Zeit« herausgegeben hat. Aber im Grunde geht es Gütersloh doch um viel sinnenhaftere Dinge, nämlich um die dichterische Umsetzung von thomistischen Grundsätzen, die den Menschen als Ziel der Schöpfung sehen und diese sicht- und greifbare Schöpfung ungeachtet aller selbstvorgebrachten skeptischen Einwürfe zuinnerst bejahen. Thomas von Aquin, den Gütersloh als einen seiner Lehrer verehrt, schreibt, daß Schlafen und Baden ein Heilmittel wider die Traurigkeit der Seele ist. Man lese daraufhin die Episode vom Bad des Herrn Mullmann, um die Affinität unseres Autors zu seinem Herrn und Meister zu erspüren. In dieser Szene offenbart sich der verschmitzte Humor, der bei Gütersloh als Grundhaltung so ausgeprägt erscheint, daß er auch als stilbildendes Ferment gelten darf. Es ist ein Humor, der mit den eigenen Schwächen auf so charmante Weise kokettiert, daß man dem Erzähler nie böse sein kann, auch wenn er den Leser noch so weit vom Weg der Handlung abbringt. Das manchmal etwas gar zu sehr strapazierte Spiel mit dem Wort ist bei Gütersloh nicht Selbstzweck, es steckt zwar ein komödiantischer Antrieb dahinter (G. begann selbst als Schauspieler und war später Regisseur an den Kammerspielen hier in München), aber dieser führt nie zur Artistik oder zur Schaumschlägerei. Das von Gütersloh eingespickte Latein hat immer Hand und Fuß und ist nie zur Floskel erstarrt.

»Wir haben, wie der Leuchtturm den Kopf voll Augen und drehen uns um uns selbst, sehen alles und bleiben am Platze. Diesen Platz wird der geduldige Leser so oft auch er ihn schon endgültig verloren zu haben glaubt, immer wieder unter seinen Füßen finden.« Dieser Hinweis ist tröstlich, denn auch das Exposé gibt nicht den Kompaß ab, den wir für den Urwald brauchen würden, es ist wieder eine Art Kapitel und es werden in ihm Handlungselemente unterschlagen, die im Auswahl-Manuskript einen wichtigen Platz einnehmen, so etwa der Brand in der Oper (2. Kapitel). Als Beispiel eines aus der Sicht des Autors ohne Aufenthalt und Exkurse durcherzählten Kapitels, möchte ich zur Lektüre die Szene zwischen dem Grafen Lunarin und Benita empfehlen (3. Kapitel). Es ist symptomatisch für Gütersloh, daß er es nach diesem relativ geradlinig erzählten Abschnitt nicht lassen kann, eine 27 Seiten lange Marginalie anzuheften, um quasi das Versäumte gutzumachen.

Alles in allem: selbstverständlich kann die Beschaffung von weiterem Material all das Gesagte vielleicht noch besser stützen, trotzdem glaube ich, daß wir uns im Prinzip schon auf Grund der vorliegenden massa entscheiden sollten. Ich finde, daß alle Vergleiche mit ähnlichen Monstre-Romanen unserer Zeit, mit Musil, Joyce oder Proust hinken. Ich sehe dieses Lebenswerk des Malers und Schriftstellers Gütersloh, der übrigens 1911 einen der ersten expressionistischen Romane *Die tanzende Törin* veröffentlicht hatte, als einen kolossalen Rohguß eines barocken (nicht barockisierenden) politisch-didaktischen und zu innerst humoristischen Welttheaters, das nur aus der spezifisch österreichischen Übergangssituation heraus geschrieben werden konnte, dessen philosophische Struktur ganz und gar nicht kompliziert ist, das sich uns aber durch komische Komplikationen des Vortrags und der Handlungsführung zunächst als Anti-Komposition präsentiert und erst bei näherem Hinschauen die Ordnung erkennen läßt, der der Autor ergeben ist. Eine mit so viel Selbstironie und Konfession gewürzte Beiläufigkeit, wie sie hier geboten wird, sieht der grundsätzlich enchantierte Leser dem Autor nach. Ich glaube, die Sympathien, die man dem figurreichen Zauberer und Schalk Gütersloh entgegenbringt, geben am Ende den Ausschlag, sie sind meines Erachtens stärker als die Ungeduld und Verzweiflung, der wir gelegentlich bei allzuviel Umstandskrämerei nicht entrinnen können. So halte ich eine Veröffentlichung dieses epischen Unikums unter der Voraussetzung einer redaktionellen Rodung nicht nur für geboten. Hier steht tatsächlich das opus major eines der letzten österreichischen Universalisten – wenn ich so sagen darf – zur Diskussion. Die eigentlich literarische Bedeutung dieses Romans im besonderen und die des Autors im allgemeinen, kann ich persönlich noch nicht ganz überblikken, doch bin ich schon jetzt überzeugt davon, daß Gütersloh an Weitblick und geistiger Substanz, an Ernst und Verbindlichkeit etwa den Autoren Doderer und Herzmanowski weit überlegen ist, und ich finde, daß dieses Kriterium schon allein genügen müßte, um den Abschluß eines Vorvertrages mit dem Autor zu rechtfertigen. Ich sehe außerdem in diesem Fall besonders interessante Aspekte für die Werbung, insbesondere für einen »Digest«, der den Abdruck in den wichtigsten deutsch-sprachigen Organen ermöglicht, vom Interesse des Rundfunks gar nicht zu reden.

## Zwei Briefe von Klaus Piper an A. P. Gütersloh

München, den 18. Juli 1960

Sehr verehrter Herr Professor Gütersloh!
Herr Dr. Graf hat Ihnen einen Brief von mir angekündigt. Wir haben uns in den letzten Wochen mit der von Ihnen übersandten Auswahl aus Ihrem großen Roman-Manuskript eingehend und

intensiv befaßt. Ich selbst habe, wie natürlich auch Herr Dr. Graf, die Texte vollständig gelesen.

Um das Wichtigste gleich zu sagen: Wir sehen ein durchaus ursprüngliches, höchst eigenartiges, bedeutendes Prosa-Werk vor uns, zu dessen verlegerischer Realisierung und Veröffentlichung wir grundsätzlich bereit sind. Ich möchte Sie diese unsere Bereitschaft heute wissen lassen und Ihnen auch sagen, daß wir uns bewußt sind, daß mit Ihrem großen Roman ein wahres Lebenswerk – ein poetisch-didaktisch-humoristisches Welttheater vor uns liegt, also ein Werk, für das auch mit gewissen Schwierigkeiten und Opfern sich einzusetzen, für den Verleger und seine Mitarbeiter zu den schönsten und vornehmsten Aufgaben zählt. Bemerken möchte ich auch, daß mich auch der philosophische »Unterbau« immer wieder interessiert und gepackt hat. Gerade dieses Element bringt oft einfach großartige Züge einer kosmogonisch-überzeitlichen Weltschau, zum Beispiel an der Stelle, wo der das Universum durchdringende Zusammenhang aller Wesen – der Sterne, Gesteine, Pflanzen, Menschen – in einem geradezu sphärisch erklingenden Gedankenbild beschworen ist.

Daneben zeigt sich eine gewisse Heterogenität zwischen den Kapiteln, die vor langer Zeit geschrieben zu sein scheinen, und solchen, die offenbar aus viel späterer Zeit stammen. Im ersten, frühen Teil sind großartige Stücke Prosa – z. B. das Enguerrandsche Testament, die visionäre Szene des Opernhaus-Brandes, die erhellende, vor- und über-psychologische Deutung des Verhältnisses von Sohn, Vater, Mutter ... In diesen Kapiteln sind die wechselseitigen Beziehungen zwischen Schicksal, Weltgefühl, örtlicher Magie, Eindruck und Gedanke in ihren Verspannungen überzeugend dargestellt. Leben, Atmosphäre und Geist durchdringen einander. In anderen, offenbar wesentlich später geschriebenen Teilen des Manuskripts geraten die Handlungslinien und Ereignisse manchmal etwas ins Schwimmen und die Konturen werden vage. Es unterlaufen dann auch ab und zu sprachliche Ungenauigkeiten. Der Leser findet sich in der inneren und äußeren Ordnung des großen Prosa-Gefüges nicht mehr ganz zurecht. So sind zum Beispiel die Gedanken von Mullmann im Wissendrum-Kapitel für den Leser kaum noch nachvollziehbar.

Die Bitte meines heutigen Briefes ist es nun, sehr verehrter

Herr Professor, daß Sie uns so bald wie möglich die übrigen Teile des Manuskripts vertrauensvoll zum Weiterlesen übergeben. Bitte sagen Sie uns doch bald, ob Sie in der Lage sind, uns das vorliegende Gesamtmanuskript – ich möchte versicherte Wertsendung vorschlagen – für einen Zeitraum von etwa zehn Wochen, also bis Ende September, zur Verfügung zu stellen. Wir werden uns weiter intensiv damit beschäftigen und sicher rasch zu einem Gesamteindruck von den vorliegenden Teilen des Werkes kommen und Ihnen, wenn sich unser jetziger, mit einigen Vorbehalten doch positiver Gesamteindruck weiterhin bestätigt, unser verbindliches Vertragsangebot machen. Ich hoffe sehr, Sie bald noch näher persönlich kennenlernen zu können. Damals, als Sie uns liebenswürdigerweise im Verlag besuchten, war es mir leider, an einem sehr arbeitsreichen Tag, nur gegönnt, Ihnen in einem kurzen Gespräch zu begegnen.

Voraussetzung für unsere weiteren Verhandlungen muß sein, daß wir uns mit Ihnen, sehr verehrter Herr Professor, über Art und Umfang einer sicher notwendigen Straffung des Gesamt-Manuskripts unterhalten und verständigen können. Vielleicht haben Sie selbst von den stilistischen und inhaltlichen Änderungen und Überarbeitungen, die notwendig erscheinen, schon genauere Vorstellungen. Dies mit Ihnen zu erzielende Einverständnis wird Gegenstand späterer ausführlicherer Diskussionen sein, auf deren Einzelheiten ich heute noch nicht eingehen will. Solche Gespräche sind erst möglich, wenn wir eine genauere Übersicht über das ganze Manuskript gewonnen haben. Es verhält sich doch wohl so, wenn ich recht sehe, daß Sie die Arbeit an dem Roman, dessen Beginn Jahrzehnte zurückreicht, zum größten Teil abgeschlossen haben, daß aber doch der letzte Abschluß noch zu leisten ist. Selbstverständlich denken wir bei einer notwendigen »Überarbeitung« keineswegs daran, in einer Weise operativ einzugreifen, daß die Substanz des Werkes angegriffen oder sein Stil verfälscht wird. Herr Dr. Graf würde – dazu bringt er gewiß, schon als ein der Literatur hingegebener Österreicher, besondere Voraussetzungen mit, – mit persönlicher Passion Ihnen bei der gewiß nicht einfachen, aber auch sehr reizvollen Bearbeitung für die Buchausgabe Ihres Romans beratend und mitarbeitend zur Verfügung stehen.

Lassen Sie mich zum Schluß noch sagen, daß ich in dieser Woche noch in München und im Verlag erreichbar bin. Dann will ich mit meiner Familie zu einem See-Urlaub nach Dänemark fahren. Ich würde sehr gern (sorgfältige Behandlung zugesichert) weitere Manuskripte Ihres Romans mit in den Urlaub nehmen. Gleichzeitig würden sich Herr Dr. Graf und auch unser Verlagsleiter, Herr Dr. Rössner, in den nächsten Wochen mit dem Manuskript befassen. Deshalb wäre ich Ihnen für einen recht baldigen Bescheid auf meinen heutigen Brief zu besonderem Dank verbunden.

Mit verbindlichen Grüßen und guten Wünschen, denen sich die Herren des Verlags anschließen, bin ich für heute

Ihr sehr ergebener
Klaus Piper

München, den 2. September 1960

Sehr verehrter Herr Professor,
noch nachträglich möchte ich Ihnen sehr für die prompte liebenswürdige Übersendung weiterer Manuskripte Ihres großen Romanwerks danken. Ich war gerade schon in den Urlaub nach Dänemark abgereist, erhielt die beiden Manuskript-Konvolute aber unversehrt bald nach unserer Ankunft am Kattegatt (Nordküste von Seeland, nicht sehr weit von Dänemarks schöner Hauptstadt Kopenhagen). Wir hatten ein auf einem veritablen nordischen Naturgrundstück gelegenes Sommerhäuschen. Dort, durch kleine Tannen, Birken, Hagebusch und Wachholdergebüsch vom Ostseewind geschützt, las ich viel in den Manuskripten und möchte Ihnen heute, lieber Herr Professor, nur rundherum sagen, daß ich mich in dem schon vom ersten Teil des Roman-Werks empfangenen starken Eindruck durchaus bestätigt fühlte, ja noch mehr; zunehmend und anhaltend ein »Heimatgefühl« als Miterleber und geistiger Nachvollzieher Ihrer kosmischen Romanwelt erwarb.

Ich freute mich sehr über Ihre Zeilen vom Juli, in denen Sie Ihre Anerkennung für den Ihnen in Andeutungen mitgeteilten Erlebnis-Eindruck aus dem ersten Manuskript-Teil aussprachen – besonders auch darüber, daß wir uns nun schon im gegenseitigen verlegerischen Entschluß – Ihr Werk im Piper-Verlag zu veröffentlichen – einig sind.

Am wichtigsten scheint mir zu sein, daß wir nun bald zu einem ausführlichen Gespräch kommen, da der Briefwechsel über die zu behandelnden Fragen der weiteren praktischen Prozedur doch umständlich wäre. Den September über bin ich sehr in Anspruch genommen; gegen Mitte des Monats bin ich zur diesjährigen Jahrestagung des Kulturkreises im Bundesverband der Deutschen Industrie (eine Institution, die sich der lebendigen deutschen Literatur von Rang mit erfreulicher Intensität annimmt) in Würzburg, am 18. habe ich vor, über den Piper-Verlag zu einem größeren Kreis norddeutscher Buchhändler zu sprechen und dann schließt sich gleich die berühmte Buchmesse in Frankfurt an. In der ersten Oktober-Hälfte würde ich Sie aber gern zusammen mit Herrn Dr. Graf, der sich ja sehr auf die redaktionelle Zusammenarbeit mit Ihnen freut, in Wien aufsuchen. Würde Ihnen für unseren Besuch die Woche vom ca. 9.–16. Oktober passen?

Unseren Vertragsvorschlag würde ich dann am besten persönlich mitbringen, um die verschiedenen Dinge im Gespräch zu behandeln. Ich sehe für den Vertrag, was das Technische anbelangt, keine Problematik. Entscheidend ist ja für Sie, daß wir in voller Einsatzbereitschaft die gewiß nicht einfache, aber eben eminent reizvolle Aufgabe für uns annehmen wollen, Ihr singuläres episches Werk in die Buchgestalt hinein zu realisieren und durch die Buchhändler in die Hände der Leser zu bringen.

Hauptziel der Zusammenkunft in Wien sollte sein, daß wir gemeinsam einen Plan für die redaktionelle Zusammenarbeit mit Ihnen aufstellen und uns dabei über den »Zeithaushalt« klar werden. Wenn ich es aus meinem letzten Gespräch mit Herrn Dr. Graf, der eben noch kurze Zeit in Urlaub ist, richtig in Erinnerung habe, so ist es ein im Verhältnis zum Gesamtumfang des Werks nur mehr relativ kleiner Manuskriptteil, den Sie, sehr verehrter Herr Professor, noch zu schreiben haben. – Darf ich noch, um jetzt schon im Briefwechsel unser Wiener Gespräch vorzubereiten, dazu folgendes fragen:

Es liegen uns jetzt hier drei Manuskript-Konvolute vor. Teil I ging bei uns am 9. Mai, Teil II und III am 25. Juli ein. In der

Anlage sende ich Ihnen eine Aufstellung der uns mit diesen drei Teilen vorliegenden Teilmanuskripte den etwaigen Kapitelüberschriften und den jeweiligen Seiten-Umfängen. Nach grober Schätzung – ich werde noch eine genaue Ausrechnung veranlassen – liegen uns jetzt insgesamt *ca. 750 Seiten* Manuskript vor. Wenn ich mich recht entsinne, meinte Herr Dr. Graf ursprünglich, daß es sich bei dem kompletten Manuskript um ein Werk von gegen *2000* Seiten handeln würde. Wenn dies richtig ist, dann würden sich jetzt also schon fertige Manuskripte mindestens in dem Umfang der in München bei uns liegenden Manuskripte noch bei Ihnen befinden. Würden Sie bereit sein, uns jetzt auch diese weiteren Manuskripte, soweit Sie sie nicht für Ihre Arbeit am abschließenden Teil des Werks benötigen, zur Lektüre hierher zu senden? Ich wäre Ihnen dafür natürlich sehr dankbar, weil wir dann, wenn wir bei Ihnen in Wien sind, von der eigenen Lektüre her auf die denkbar beste Weise für unser Gespräch vorbereitet wären. Meine Bitte gilt aber nur im Rahmen des Ihnen mit Rücksicht auf die Arbeit am Schlußteil Wünschenswerten.

Ich habe mir schon zu der bisherigen Lektüre verschiedene Notizen, allerdings nicht in Einzelheiten gehend, gemacht. Das große Fest bei Mendelsinger, in der Atmosphäre natürlich an Strauß-Hofmannsthalsche Milieus, fast aber auch an Raimund erinnernd, ist ein großartiges Ereignis, wiederum geologische Lebensschichten von Jahrhunderten aufblätternd. Ganz vorzüglich auch die Geschichte des Benedikta-Wunders mit dem freundschaftlichen Streitgespräch des (aufgeklärten) Abt-Theologen mit dem Arzt-Freigeist.

Zugeben muß ich, daß die Lektüre im und beim Ferienhäuschen trotz der idealen Ruhe doch dort, wo die Schilderung und der Erzählprozeß zu fast übermenschlichen Dimensionen anschwillt (so wie ich mir die großen sibirischen Ströme, bei denen man kaum mehr von einem zum andern Ufer blicken kann, vorstelle) – ich muß gestehen, daß sich dann bei mir, dem also wirklich innerlich konformen, eingestimmten Leser Zeichen gewisser Erschöpfung bemerkbar machten, die Pausen rätlich sein ließen. Bitte nehmen Sie diesen ganz persönlichen Hinweis nicht als Kritik am Substantiellen, sondern nur in dem schon in meinem ersten Brief geäußerten Sinn, daß eine Konzentrierung des Gesamt-Manuskripts die, gewiß im Einvernehmen mit Ihnen, gut zu lösende redaktionelle Hauptaufgabe ist. Ich beneide darum schon Herrn Dr. Graf, da man ja, wenn man sich dieser Aufgabe widmet, dann ständig in der faszinierenden Originalität Ihrer erzählerischen und gedanklichen Hervorbringungen lebt. Ich hoffe, daß Sie trotz des nicht idealen Wetters, bei uns im Norden war es sehr erträglich, gute Sommerwochen hinter sich haben, sehr verehrter Herr Professor, und ich wäre Ihnen für einige Zeilen auf meinen heutigen Brief, insbesondere auch wegen des Besuchsdatums, das ich gern bis Mitte September festlegen würde, dankbar.

Mit den besten Grüßen verbleibe ich für heute

Ihr Klaus Piper

PS.: Am Abend vor unserer Abreise nach Dänemark war der unverwüstliche Jakob Hegner mit Frau bei uns zu Hause. Hegner, der meine Verleger-Arbeit in den Nachkriegsjahren mit viel mich ermutigender Sympathie begleitet hat, nahm mit Freude und Zustimmung die Kunde meines grundsätzlich positiven Entschlusses zu *Sonne und Mond* entgegen und bot mir liebenswürdigerweise auch schon an, unserem Verlag die vor langer Zeit im Hegner-Verlag erschienenen Bücher von Ihnen für etwaige spätere Neuausgaben zu übertragen.

Nochmals schönste Grüße

# Brief von A. P. Gütersloh an Klaus Piper

Wien, den 13. September 1960

Sehr geehrter Herr Piper!
Von einem kurzen Urlaub zurückgekehrt, finde ich Ihren höchst erfreulichen Brief vor. Ich beeile mich, ihn in Kürze zu beantworten. Vor allem, um die Disposition über Ihre sehr in Anspruch genommene Zeit zu bestätigen. Nur wollen Sie die große Güte haben, Ihren und Herrn Dr. Grafs lieben und willkommenen Besuch auf den 16. Oktober festzulegen (auch auf einen späteren Termin), weil am 15. Oktober die hiesigen Hochschu-

len beginnen und ich bis zu diesem Tage mit Aufnahme und Einteilung der neuen Schülerschaft fast restlos beschäftigt bin. Ich unterrichte nämlich (leider) noch und würde meinen Kopf nicht ausschließlich – wie sich's gehört – bei der zwischen uns zu behandelnden Sache haben. Ich bitte Sie also, dieser kleinen Verschiebung zuzustimmen. Was Ihr loberfülltes Schreiben im besonderen anlangt, bin ich, Zweifler von Beginn an meines sogenannten Dichtens und bis jetzt, durch es sowohl beglückt wie tief beschämt. Ich werde anläßlich Ihrer Gegenwart diesen zwiespältigen Gefühlen, soweit sie mitteilbar sind, Ausdruck verleihen, nebst dem großen Danke, einen Verleger gefunden zu haben, der Kritik und Zustimmung in so einziger Weise vereint. Um die zweite Ihrer Fragen zu beantworten: Von den 2000 Seiten, von denen der Herr Doktor, den ich herzlich grüßen lasse, gesprochen hat, gehört ungefähr die Hälfte nicht zum Roman, sondern zu einem sogenannten »Wörterbuche« zu diesem. Aber wegen Belastung des erzählenden Teils bin ich von ihr abgekommen. Wenn es Ihnen nicht Mühe machen sollte, es zu lesen, werde ich Ihnen die drei fertiggestellten Bände auf die Reise mitgeben.

Ich darf Sie also ab den 16. Oktober erwarten. Da ich inzwischen umgezogen bin, *neue Anschrift obenstehend*, werde ich Sie und Herrn Doktor Graf bereits in meiner neuen Wohnung begrüßen können.

Alles Liebe für jetzt und künftig! Und mit vorläufig schriftlichem Danke für Ihren mich ermunternden Brief

Ihr Ihnen sehr ergebener
Gütersloh

# Brief von Klaus Piper an A. P. Gütersloh

München, den 6. Oktober 1961

Lieber Herr Professor!
Seit längerer Zeit habe ich mich nicht mehr brieflich wieder bei Ihnen gemeldet. Das Thema »Gütersloh« ist aber ständig an ganz prominenter Stelle in meinem Bewußtsein beheimatet.

Eben hatte ich ein längeres Telefongespräch mit Herrn Dr.

Graf, der kürzlich, während einer Auslandsabwesenheit von mir, hier im Verlag war und unserem Verlagsleiter, Herrn Dr. Rössner, eingehend über den Stand der Arbeit an *Sonne und Mond* unterrichtet hat.

Es sind zur Überbrückung der Handlungslücken im Roman, die zum Teil durch die Redaktionsarbeit von Herrn Dr. Graf (Streichungen, Straffungen) entstanden sind, noch ca. 100 Seiten von Ihnen zu schreiben. Ich nehme an, daß in diesen 100 Seiten das Manuskript, das Sie für den Schluß noch liefern müssen, eingeschlossen ist. Dabei handelt es sich beim Schluß ja im wesentlichen um die bis zur Rückkehr des Grafen reichende Handlung, die Sie in der zweiten Hälfte des großen Exposés schon in einem einprägsamen erzählerischen Vortrag niedergelegt haben. Diese letzte Arbeit, der Schluß, scheint mir also nicht eigentlich erheblich zu sein, zumal es hier künstlerisch durchaus möglich zu sein scheint – dies sagte ich auch Herrn Dr. Graf –, daß Sie den Schluß so behandeln wie große Sinfoniker es oft mit der Koda gemacht haben: der Schluß kann, nachdem der große Korpus des Werkes vor dem Leser erstanden ist, sozusagen in einem gerafften Allegro dem »Schluß«, d. h. dem den letzten Satz beschließenden Punkt, zueilen.

Herr Dr. Graf sagte mir, daß er Sie zu seiner Freude in großer Frische und bester Arbeitsstimmung angetroffen habe. So geben wir uns, lieber, verehrter Herr Professor, der inständigen Hoffnung hin, daß Sie den von Herrn Dr. Graf gesetzten *Termin* fürs letzte Manuskript – Ende Februar / spätestens Anfang März 1962 – einhalten können.

[…]

Ihr Ihnen sehr ergebener
Klaus Piper

## II. Reaktionen

Helmut Heißenbüttel
Zu Albert Paris Gütersloh *Sonne und Mond*

[1962]

Auch die Kenner abgelegener literarischer Provinzen sind sich im Jahre 1962 darüber einig, daß es nicht mehr allzuviel zu entdecken gibt. Die Zeit der großen Jagd ist vorbei. Die Trophäen in den Verlagsmuseen aufgereiht. Man beginnt zur Klein- und Pionierarbeit zurückzukehren, zum geduldigen lektoralen Begießen unscheinbarer Sprößlinge und zur Aufzucht mittlerer Ernten zu mächtigen Gewächsen durch propagandistisches Kraftfutter.

Und nun zeigt sich doch noch unverhofft eine große Beute. Sie kommt aus Österreich, dem Land, das man trotz Hofmannsthal und Musil und obwohl sich Doderer ganz gut verkauft und Herr Qualtinger den Herrn Karl auf die Beine gestellt hat, nicht ganz auf der Rechnung hat. Dabei war der Name des Autors durchaus bekannt: Albert Paris Gütersloh alias Albert Conrad Kiehtreiber (wobei man auf den ersten Blick schwer entscheiden könnte, welcher Name nun mehr nach einem Pseudonym aussieht, und man den Verdacht nicht los wird, der richtige Name müßte noch ganz anders lauten). Es gab ja schon jenen von Doderer angezeigten Fall Gütersloh, es gab auch, in Wien und daher in Deutschland nicht registriert, zwei Sammelbände mit Erzählungen, Parabeln, Legenden, von denen vor allem der zweite, kürzlich im Luckmann Verlag, Wien erschienene *Laßt uns den Menschen machen* sehr gut geeignet wäre, auf den Roman vorzubereiten. Es war auch bekannt, daß Gütersloh seit soundsoviel Jahren an einem umfangreichen Werk arbeite. Aber offenbar hat niemand recht vermutet, daß dieses Werk auch gelingt und, gelänge es, auch etwas wäre, was man beachten müsse. Eines von jenen Büchern, die wie die hohen luftigen Gestelle trigonometrischer Punkte die Landschaft der Mittelmäßigkeit überragen.

Aber es ist gelungen. Der Roman ist da. Er ist eines dieser Bücher. Sein Titel heißt lapidar *Sonne und Mond*. Es ist sogar bekannt, daß ein ebenso umfangreiches Wörterbuch zu Begriffen, Orten und Figuren des Romans im Manuskript vorhanden ist und, mit etwas Geduld, ebenfalls vom Leser erwartet werden darf. Obwohl ein scheinbar ähnliches Schicksal dazu verleiten könnte, Güterslohs Werk mit dem seines weiteren Landsmannes Musil zu vergleichen, obwohl die persönliche Verbundenheit Doderers nahezulegen scheint, bei diesem anzuknüpfen, wäre es falsch, den Roman auf eine solche Weise im »Österreichischen« anzusiedeln. Wenn schon durch Vergleiche etwas vom Wesen des Buches angedeutet werden soll, würde ich eher zu so heterogenen Autoren wie Gadda und Simenon raten. Bei aller Verschiedenheit im Thema und im Stil hat nämlich Gütersloh eines mit diesen gemeinsam, das ist die Verbindung von psychologischer Erzählung und allegorischer Parabel. Das ist der Umschlag der radikal phänomenologisierenden Menschenbeschreibung in die hintergründige allegorische Doppeldeutigkeit, ein Vorgang, der in gewisser Weise sogar den Motor der Erzählung bildet. Aber es wäre verwirrend, schon jetzt auf Details einzugehen. Wichtiger ist es, wie bei allen umfangreichen literarischen Erzeugnissen, erst einmal zu sagen, was denn etwa erzählt wird und welchen Verlauf diese Erzählung nimmt. Das ist bei *Sonne und Mond* einfach und schwierig zugleich. In bestimmter Hinsicht kann man sagen, der Roman befasse sich mit einem nach Minuten zu messenden Zeitraum an einem Tag, dessen Datum man sogar rekonstruieren kann. Es ist der Morgen des 27. Juli 1930. Sechs Dienstboten verschiedenen Ranges warten vor einem verfallenen Schloß, das der verstorbene Baron von Enguerrand aus Bosheit dem jüngeren Grafen Lunarin vererbt hat, auf eben diesen Erben, der sie am Abend vorher flüchtig angeheuert hatte. Aber der Graf hat sich, was die Wartenden noch nicht wissen, gleichzeitig um die Erbschaft gedrückt und einen Stellvertreter geworben. Dieser erscheint nun in Gestalt des jungen Till Adelseher, eines reichen Bauern der Gegend. Er führt, nach einigen Zwischenfällen, die Bediensteten ins Schloß ein, zusammen mit dem Mann, der für die Ausbesserungen zuständig ist, dem Bauunternehmer, Architekten und Bildhauer Strümpf.

Das wäre eigentlich schon alles. Um diese Einführung (deren allegorische Hintergründigkeit bereits in der Abkürzung anklingt) dreht es sich. Das andere (und das natürlich der seitenmäßig größte Teil des Buches) ist Vorgeschichte und (ganz zum Schluß) ein Stück Nachgeschichte zu diesem einen Moment der Einführung ins Schloß.

Und da kann man natürlich auch umgekehrt sagen, diese Vorgeschichte sei die Hauptsache und ihr fast unabsehbares, von immer neuen Abschweifungen verstelltes und in mehrere große Szenerien auslaufendes Panorama der eigentliche Roman. Dagegen und dafür steht das Wort Güterslohs, der sagt: »Woran uns wirklich liegt, ist zu zeigen, daß, um zu entstehn, ein so unbeachtliches Bauwerk wie der eingangs beschriebene Turm, weniger eines kleinen Kapitals und einiger Maurer bedarf als einer langen Geschichte –.« Die lange Geschichte umfaßt alles, was zur vollständigen Dokumentation des einen Moments notwendig scheint. Es geht dabei nicht um die Kontinuität von Ereignissen (vielfach wird in solchen Fällen die Geschichte nur bis zum Kulminationspunkt geführt und dann für immer abgebrochen), es geht auch nicht um die vollständige Bekanntgabe der Schicksale der einzelnen Figuren (diese werden vielmehr oft nur als anekdotisches Material für die Erläuterung des psychologischen Trieb- und Spielwerks der Figuren verwendet), es geht darum, daß die entscheidenden Fäden und Farben sichtbar werden, die zu dem beabsichtigten Gewebe zusammenschießen. Gütersloh sagt: »Im Einverständnis mit dem idealen Leser, der ebensowenig wie wir irgendwo verweilen will, weder auf dem weichen Pfuhl der Liebe noch auf dem schmerzlichen Nagelbrett des Büßers (obwohl die Welt meint, man müsse unbedingt für das eine oder für das andere sich entscheiden), sondern bestrebt ist, mit Hilfe dauernder Unruhe, das der erahnten Komplettheit von Leben gemäße Fiebern, Schillern, Ineinanderfließen zu erleiden oder zu genießen – was aber in der Länge aufs selbe hinausläuft –, brechen wir jetzt eine Beschreibung, die eigentlich keine, sondern der Kommentar einer solchen, ab, um einen Sprung über neun Monate auszuführen.«

Diese Unruhe, die der erahnten, aber nicht der faktischen Komplettheit gemäß ist, trägt die Erzählung. Sie hat, wie in dem

Mosaik aus Erzählbruchstücken, räsonierenden Abschweifungen und topographischen Schilderungen, ihre Entsprechung in einem Sprachstil ganz eigener Art. Schweifende und wieder punktuell zusammengedrängte Perioden, Koppelungen aus treffender Benennung und bis ins Akrobatische getriebener Metaphorik zeigen gleichsam das molekulare Bild der Unruhe. Dabei bleibt die Verwendung jeden Mittels immer leicht, gleich spielerisch ungezwungen.

(Ein paar Beispiele für die Metaphorik: »mit wahren Hausschuhen von Pfoten« – »die rindszungenlangen Scheckhefte« – »auch hier herrscht, nur diskreter, der Betrieb des Triebs« – »so unwiderstehlich nämlich die blutige Tasche des Metzgers, in der er das Fleisch austrägt, die Hundeschnauze anzieht, also hingebungssüchtig legt sich das Bedeutende – so unbedeutend es zuerst scheinen mag – unter die zum Schreiben sich erhebende Feder«.) Ein anderes Mittel, die Unruhe in Gang zu halten, ist der häufige, extreme Tempuswechsel innerhalb weniger Sätze, wie etwa in dieser Stelle: »Und dieses Was hatte eine verdammte Ähnlichkeit mit dem Angelhaken im Gaumen des Fisches. Das Einholen der Schnur und das verzweifelte Umsichschlagen des Fangs werden die bloße Ähnlichkeit zur Identität vervollkommnen. Es galt demnach nur noch, die Dame also zu reizen, daß auch den letzten Rest von Bitterkeit sie ausbräche. Nachher wird sie wohlauf sein und dem jetzt gehaßten Arzte mit all ihrer wiedergewonnenen Süßigkeit danken; der Herr kannte natürlich das unfehlbare Vomitiv. Ob er's zufällig bei sich hatte oder ob er das es Beisichhaben nur überzeugend fingierte, wissen wir im Augenblick nicht zu sagen.«

Die Elemente dieses Sprachstils sind so geartet, daß der Leser sich ständig wie von einer syntaktisch und parabolisch bewegten Strömung fortgeführt fühlt. Die Sprache wird ständig als etwas gleichsam eben erst Entstehendes suggeriert. Eine Art stilisierter Improvisation läßt die Welt, die dem Leser geöffnet wird, als etwas stets noch im Begriff des Werdens Befindliches erscheinen, und auch als etwas, an dem der Leser selber aktiven Anteil nehmen kann durch Weiterdenken und Ergänzen (»unsere eigentlich Aufgabe ist nur«, sagt Gütersloh, »das selbständige Denken des Lesers in Gang zu setzen –«). Eine der großartigsten Stellen dieses »offenen« Erzählens scheint mir der Schluß des Turm-kapitels zu sein.

Mehr oder weniger ironische Hinweise auf die eigene Methode sind über das ganze Buch verstreut. »Aber: hindern Sie, lieber Notar, einen meisterhaften Miniaturisten, sein Blättchen bis ins letzte gleichmäßig auszupinseln!« Oder: »– wir, die wir natürlich immer alles gesehen haben müssen –«. Oder: »– wir sind keine Schauspieler, imitieren nicht die Gehetztheit des Ephemeren, halten im Durchschnitt vom Aus-der-Rolle-Fallen mehr als vom angeblich herkulischen Festhalten der fiktions-schweren Maske –«. Diese Hinweise, die auch den sowieso schon naheliegenden Rückblick zur gebrochenen Erzählweise Jean Pauls und der Romantiker verstärken, könnten den Verdacht erwecken, das Methodische sei Gütersloh unter der Hand zum Selbstzweck geworden. Das Bild würde, gäbe man diesem Verdacht Raum, einen gewaltigen Alexandriner der abendländi-schen Erzählweise zeigen, einen geistreichen und spöttischen Erfinder von immer neuen sprachlich-fabulatorischen Eldora-dos, der alle überlieferten Mittel der Syntax, der Rhetorik und des Stils mit überlegener Ironie für seine unglaublichen Kunst-stücke zur Verfügung hält.

Die Vorstellung ist verführerisch. Aber sie würde, nähme man sie ernst, nur eine Seite des Autors ins Licht rücken. Denn gerade bei diesem Roman ist es wichtig, zu erkennen, daß seine Bedeu-tung sich nicht in seiner sprachkünstlerischen Dimension er-schöpft. Der Roman hat, altmodisch gesagt, einen Inhalt. Wie kann man ihn bezeichnen?

Schon in der Skizze des einen entscheidenden Moments der Einführung ins Schloß ließ sich eine allegorische Doppeldeutig-keit erkennen. Das verfallene Schloß stünde da etwa für die ver-fallende Herrschaft, Graf Lunarin wäre der Vertreter des Privile-giums, der seine Erbschaft nicht antreten kann und sie vorerst (und schließlich endgültig) dem bäuerlich-volkstümlichen Adel-seher überläßt, der aber schon im Kampf mit dem präfaschisti-schen Clan des antisemitischen Ariovist von Wissendrum steht. Dazwischen spielen etwa Regierungsrat Mullmann (Verkörpe-rung des Beamtentums) und Oberst von Rudigier, der Militarist. Manche privat eingeführten Ereignisse, wie der Brand der Wiener Oper, nehmen den Charakter von historischen Stationen an. In dem Maler Andree und dem Ehepaar Mendelsinger erscheint der Widerstreit von Kunst und Wirtschaft. Und so ließe sich aus dem figuralen Inventar des Romans so etwas wie eine komplette Allegorie des Österreich zwischen 1913 und 1938 herstellen.

Doch auch diese strikte allegorische Aufschlüsselung würde zu weit führen. Sowenig das allegorisierende Element (das ja schon in den Emblemen des Titels »Sonne und Mond« erscheint) von der Hand zu weisen ist, sowenig darf es strapaziert werden. Es ist lediglich ein Hinweis. Hinweis dafür, daß die Geschichte, die »lange Geschichte«, die erzählt wird, mehr bedeutet als die Schilderung einiger privater Erlebnisse, mehr als nur ein paar dramatische Begegnungen, das Verhältnis zweier Generationen, ein Bündel Liebesstorys. Um Sonne und Mond wird ein menschliches Planetarium versammelt, ein österreichisches überdies, denn, wie Gütersloh sagt: »In einer anderen Landschaft, so lautet unsere Behauptung, wäre den Genannten ihr ganz spezielles Unheil nicht widerfahren.«

Dieses Planetarium, dieses Sternbildertheater hat eine allegorische Seite, wie es eine sprachliche hat. Es hat aber ebenso eine fabulisierende, in der das Menschliche und das Allzumenschliche regiert, ohne sich um Hintergründigkeiten zu bekümmern. Hier gilt allein der Blick, der gleichzeitig den bunten Schein nachmalt und durchdringt, der die Oberfläche der Phänomene mit ihrem Triebwerk zusammenkettet und sich ein ganzes Arsenal fabulöser, anekdotischer Beispiele für die Einsichten seiner bis auf die letzten Gründe gestoßenen Menschenkenntnis ansammelt. Und es gibt noch jene Seite, die sogar der sonst alles durchsetzenden Ironie Einhalt tut, die Seite der weitgespannten gesellschaftlichen und politischen Diagnosen, wie sie am deutlichsten werden in der Rede des fiktiven Anklägers am Ende der Vorgeschichte.

Phänomenologisches Fabelbrevier, gesellschaftlich-politische Diagnosen und allegorisches Panorama durchdringen sich. Diese Durchdringung wird von dem eigentümlichen Sprachstil ermöglicht und schafft sich eine neue, in bezug auf die Faktizität des Alltäglichen irreale Dimension. Die Dimension dieser, wenn man so will, puren Sprachwelt stellt ein eigentümliches Korrelat zur Realwelt dar; die Dinge und Fakten spiegeln sich und sind zugleich in ihre eigenen Bezüglichkeiten verschoben. Gütersloh drückt es so aus: »Will eine Figur, entweder im Guten oder im Bösen, gleichviel, aus ihrer Welt, aus unserem Buche nämlich, heraus, so muß ihr gleich auf den Kopf geschlagen werden, daß sie wieder schön ins Relative eintauche, das, weil wir nicht Gottes Endgewißheit besitzen, die dem Menschen einzig gemäße Zuständlichkeit ist.«

Diese Zuständlichkeit der Relativität zu demonstrieren und zu exemplifizieren, diese Tätigkeit des schreibenden Autors ließe sich als der Blickkreis, der Horizont des Romans von Gütersloh bezeichnen. Und so gesehen, erscheint es nur selbstverständlich, daß die Erzählung, die »lange Geschichte« von einem ebenso umfangreichen Wörterbuch ergänzt werden muß, denn es kann ja nur ein Teil des Wißbaren sein, was sich binden läßt.

Die Zuständlichkeit der Relativität als das Wesen des Menschen kommt im Buch aber auch an den Stellen unmittelbar zur Sprache, an denen das bunte Durcheinander der menschlichen Aktionen an seine Grenzen gelangt. Eine solche Stelle ist die, in der sich die Vorgeschichte des Malerturms der Maske einer ironisierten Heiligenlegende bedient und am Beispiel des wundersüchtigen törichten Mädchens jene Grenze unverdeckt ausspricht. Es heißt dort:

»Gleich einem unsichtbaren Hochwasser steht die herabgebrochene übersinnliche Welt uns bis zum Halse, und während wir dauernd zu ertrinken meinen, sitzt die übrige Menschheit vollzählig auf dem Trockenen und erfreut sich der heidnischen Sonne. Schneller, als wir zu laufen vermöchten, gleitet die Erde unter unseren Füßen weg, es ist ein Wunder, daß wir nicht sterben *hic et nunc*, wir ringen nach Atem im knatternden Wind der Ewigkeit und hören doch unsere Taschenuhr ticken, und können so gut achtzig wie dreihundert oder zehntausend Jahre in einem steten letzten Augenblick leben, immer in Todesfurcht, immer in tiefster Reue, immer im Zustand der fleckenlosesten Vollkommenheit, ohne das Einzigartige solchen Zustands zu empfinden, ohne jetzt den Stolz, dann die Verzweiflung zu

umklammern, die abwechselnd auftauchenden Endspitzen
der Psychologie –«

Mit diesem speziellen Hinweis möge der allgemeine Hinweis auf
das Buch Güterslohs enden. Es kann nicht beschrieben, es muß
im Lesen, wie eine reale Erfahrung, bewältigt werden.


Walter Jens
Noch einmal die ganze Welt
Albert Paris Güterslohs österreichisch-katholische
Universal-Chronik

[1962]

Vor Jahren, als die Werke Musils zum ersten-, zum zweitenmal
erschienen, als Broch postumen Ruhm gewann und die späte
Roth-Renaissance begann – vor Jahren sagten die Kenner, mit
einem Blick auf die großen austriazensischen Summen: »Das
eigentliche Epos Österreichs, Güterslohs Universal-Chronik,
steht immer noch aus. Erst wenn sie erschienen ist, können wir
sagen, ob »Der Mann ohne Eigenschaften« wirklich, wie die
Leute sagen, unvergleichbar ist.«
   Heute ist es soweit; endlich kann man vergleichen. Lang erwartet, kaum noch erhofft, zu einem Zeitpunkt, da der Roman-
cier Gütersloh schon im Alter seines Urerzählers, des sechsund-
siebzigjährigen Baron Enguerrand steht, kommt *Sonne und
Mond* auf den Markt, unbekümmert ums Weihnachtsgeschäft,
zu einem späten November-Termin. Und warum nicht? Ein solches Riesenwerk kümmert sich, ganz zu Recht, um keine Saison.
   An Hemingway denkend (»noch einmal »Krieg und Frieden«
zum erstenmal lesen zu können!«), gäbe ich viel darum, wenn
ich den Augenblick wieder herbeizaubern könnte, in dem ich das
Manuskript aufschlug (die Kapitel kamen kunterbunt ins Haus)
und die zierlich-akkurate Handschrift, ärarisches Deutsch, zwischen den getippten Zeilen zu entziffern suchte, das längst vergessene Rund-S von Blüschen und das anmutige, im unlateini-
schen Duktus so gar nicht österreichisch wirkende *lusch!*

Glücklicher Leser, der du, unvorbereitet, diesem Zaubergarten und seinen Flaneuren begegnen darfst: dem Satelliten und hermetischen Postzusteller, Regierungsrat Mullmann, dem Baron Enguerrand, einem Nichtschriftsteller, der infolge des zögernden, auf dem Flur verharrenden Tods dennoch zum Schreibenden wird, und seinem Vetter Lunarin, diesem schicksalsbesessenen Vaganten und Labyrinthdurchforscher, der in allem das Gegenteil eines normalen Menschen, vielmehr ein Abenteurer, Hallodri und rechter Dämon ist.

Und dann die beiden Hauptfiguren: das Sonntagskind Till Adelseher, ein bürgerlich-gewissenhafter Phoebos Apollon (lauter, ledig und nicht des »Segens von oben« ermangelnd), und, endlich, der Windbeutel und kecke Zauberer Graf Lunarin der Jüngere, Sohn eines »interessanten« Vaters und einer nicht minder staunenswerten portorikanischen Mutter! (Sie kann auch, der Verfasser läßt's offen, aus Kuba oder Jamaika stammen. Der Exotismus genügt, die genaue Lokalität tut wenig zur Sache.)

Ihm, dem im Mondreich angesiedelten Erben, dem Zwiegesichtig-Schillernden, vermacht der sterbende Enguerrand sein windschiefes und verkommenes Schloß ... und dies, um ihn in einen Hinterhalt, eine Hamlet-Mausefalle zu locken. Wird sich aber, so fragt sich der Leser, der tolldreiste, dabei bisweilen von Melancholien heimgesuchte Mondgeist tatsächlich fangen lassen? Wird der Bewohner des Flitterhauses Königinstraße Nummer 2 wirklich dem Zauber des Enguerrandschen Moder-Hauses erliegen?

Hier Atridenhaus, Lupanar, ein mit herbstlichem Tand und bösem Schicksal gefülltes Pallavacini-Palais; dort, Symbol einer großen, längst vergangenen Zeit, nur noch Echo, ein »ökonomisches Nichts«: die josephinische Ruine ... wie geht es aus, wird das Geschlecht der Lunarins in Wahrheit ausgetilgt (»zu ihrem und der Menschen Heil«) oder gelingt dem phöbischen Agronomen, dem republikanischen Adelseher, die Rettung des Schlosses *und* des Grafen?

Nun, man sei nicht allzu begierig, schnell eine Auskunft zu erhalten; gilt es doch, Güterslohs Buch mit besonderem Maßstab zu messen.

Dieser Roman hat weder Anfang noch Ende, wohl aber tausend Mitten; nicht die Fabel-Kontinuität, sondern das Disparate, das vorwitzige Detail, eine brennende Karyatide, ein Andachtsbild, ein Wollustseufzer, verfügt über den Verlauf der Handlung:

> »Wie aber anders denn hätten wir das entscheidende Ereignis des Torgglerschen Lebens, das Nahen der Nemesis, einem ganz Unschuldigen vorbereiten und wie, ehe sie eintritt, ihr Eintreten bereits glaubhaft machen sollen? Mußten nicht zu diesem Zwecke ein vollbesetztes Schiff, eine tausendköpfige Familie, eine ganze halbe Stadt auf den Beinen, eine von Meersalz und Landstaub, von Fisch-, Käse-, Öl-, Kirchen-, Kutten-, Rosen- und Glyzinien-, Coiffeur- und Garküchen-, Mädchenbett- und Männerbocksgerüchen, süßlichen und ranzigen, erfüllte Luft in zyklonischem Durcheinander, eines Prätorianers kraftstrotzende Leiblichkeit, und statt einer menschlichen Jungfrau, die schwimmt und Tennis spielt, so gern in die Kirche geht wie in eine pasticceria und zum Haarkünstler, eine ausgegrabene, frühgriechische Demeter vorgestellt werden! Die Motte ist nicht weniger von der Natur als die Lampe, an der sie sich versengt.«

Vom Hundertsten ins Tausendste, vom Tausendsten wieder ins Hundertste kommend, hat es Gütersloh darauf abgesehen, so etwas wie eine austriazensische Bestandsaufnahme, eine universale, katholische Chronik zu geben: der Kaiser in Schönbrunn, die Jungfrau Maria, thronend in der Plenipotenz ihrer Gnade, als die »höchste Dame des Reiches«, die Zentrale der Burg und das Schattenspiel in der Provinz ... die Toten halten Gerichtstag über die Lebenden ab, das alte Europa spricht Recht.

Von Abschweifung zu Abschweifung taumelnd, in der Dornröschenecke der Exkurse und Interludien verstrickt, mit seinem Pegasus Staub aufwirbelnd (den Staub sogleich beschreibend und die Beschreibung des Staubes abermals beschreibend), verliert Gütersloh, dieser zielstrebig-zerstreute Jean Paul, sein Fernziel nie aus den Augen: jene Vereinigung von Sonne- und Mondreich, Adelseher und Lunarin, Benita und Melitta, jene raffende Neusammlung des Zerstreuten, die der poetische Demiurg, stellvertretend, in höherem Auftrag vollzieht. Gütersloh selbst spricht es aus, verteidigt sich und seine »Schwatzhaftigkeit«, indem er auf die nesterbauenden Vögel verweist: »Die einzelnen Halme in ihren Schnäbeln sind zwar kaum sichtbar, alle zusammen jedoch ergeben ein Heim.«

In feierlichem *pluralis majestatis* sprechend, erinnert der Erzähler, ein sich ständig unterbrechender Rhetor, an den verkleidet-windbeutelnden Gott, der ein Weltgebäude errichtet, um es am Ende, mit einer ironisch-rührenden Geste, zur Diskussion zu stellen: »Welch Schauspiel! aber ach! ein Schauspiel nur!«

Noch einmal die ganze Welt … aber auf dem Theater! Noch einmal Feste, Bankette, Soireen, Aventiuren, noch einmal Zauber des Barock … aber in einem venezianischen Luftreich, als eine kolossalische Totenbeschwörung.

Doch welche Ausmaße hat dieser pittoreske Hades, welche Dimensionen werden umspannt, wenn der faunische Erbe des Jonathan Swift den Leser vom Keller in den Speicher, vom Parkett in die Galerie hinaufführt; wenn er ein spanisches Welttheater inszeniert, Feuerwerke abbrennt, kakanische Pantomimen präsentiert, Witz-Kaskaden donnern läßt, hier grimmig hochpathetisch wird und dort sich gehen läßt, hier Maximen einstreut (»wenn es erlaubt ist, zu sagen: Gott muß ungefähr dreißig Jahre gewesen sein, als er die Welt erschaffen hat. Doch dies Wichtige nur nebenbei«) und dort – es gibt ja Verweise, Verschnaufpausen, geheime Signale auf dieser Sterneschen Fahrt – mit gelassener Hand den Faden wieder dem Staub schenkt.

> »Jetzt überlassen wir die Menge ihrem ephemersten Geschäfte, dem sich zu verlaufen, und den Vater Abt einer recht notwendigen Sitzung mit seinen außer Form geratenen Kindern, die unter dem disziplinaren Donnerwetter auch gehorsamst zusammenschnurrten.«

Bild reiht sich an Bild; dem »Areopag der Kegelbrüder« folgt, ein mächtiger Faltenwurf, Adelsehers inquisitorisches Verhör; amüsante Malergeschichten, Histörchen von kapriziösen Frauenzimmern und schnippischen Domestiken wechseln mit den Berichten des Zuträgers Mullmann (Enguerrand kennt seinen Erben nur aus dem Augen-Spiegel des Satelliten), Episoden fächern sich zu Szenen auseinander, Szenen zu Bildern, Bilder wieder zu Szenen, Rokoko-Eleganz und biblisches Pathos durchdringen einander; der Stil ist sentenziös und fabulatorisch zugleich.

Der Roman will, abschnittsweise, laut gelesen sein, erst dann erweist sich die Struktur dieser rhythmisch gegliederten Prosa, und die Universal-Chronik, die sich so malerisch-sinnenfroh gibt, zeigt ihren musikalischen Reiz:

> »Auf dieser Straße nun, im blendenden Morgengolde, das auch als Staub aufwölkte gleich Weihrauch zur Monstranz, schritt, den Kopf wie auf das Capricepölsterchen eines Schaukelstuhls zurückgelegt, ein so gut wie kalkweißer Mann, weißhaarig oder – wenn der hohe Schopf nicht von lebendem Filze sein sollte – mit einer weißen phrygischen Mütze bedeckt. Über der Schulter, an einem weißen Gurte trug er eine ebenfalls weiße Fleischhauertasche aus Leinen, wie die Jäger ihr Gewehr tragen, nämlich: die hohle Hand nachlässig auf dem Laufe, kurz so, wie lesende Damen auf dem Chaiselongue zu liegen pflegen.«

Welch ein Buch, dieses schillernd-bombastische Sprach-Konvolut, dieses europäische Resümee, diese Kapuziner-Predigt eines hochgebildeten Mannes, der seinen Nestroy so gut wie seinen Thackeray kennt und doch immer Albert Paris Gütersloh bleibt ...


Peter Härtling
Das Spiegelreich des Albert Paris Gütersloh
Bemerkungen zu seinem Roman *Sonne und Mond*

[1962]

Es hat sich seit einigen Jahren bei den großen Verlagen der Brauch einer »Brevierliteratur« eingebürgert: Romane, die dem

Verleger bedeutsam vorkommen, werden von schmächtigen Heftchen begleitet, in denen Rezensenten, Buchhändler und Leser erfahren, aus berufener Feder selbstverständlich, wie bedeutsam das soeben vorgelegte Werk ist. So wurde der »Lady Chatterley« eine interpretierende Broschüre beigesellt, wie auch Tibor Dérys »Unvollendetem Satz«. Diese Gepflogenheit hat, neben allerlei Vorteilen, ihre Nachteile, da der Leser flugs von kundiger Hand mit Enthusiasmus eingeseift wird, da er vor lauter Erläuterung das Werk kaum mehr sieht und womöglich über der Interpretation die eigentliche Lektüre vergißt. Nun haben wir von neuem, bei Güterslohs voluminösem Opus, ein Exempel jener Brevierliteratur, freilich mit dem Unterschied, daß man bei diesem Autor von einer Exegese zur anderen gerät, ohne kaum mehr als ein Tütelchen der Fülle zu erhaschen, die er vor seinen Erklärern mutwillig ausbreitet. Ja, er ruft die Exegeten geradezu auf den Plan! Er verlockt zu aufwendigen Paraphrasen, zu Erlebnisberichten, was zumindest den bemühten Rezensenten dazu verführt, seine eigene Variante hinzuzufügen, obgleich er voller Demut unter Heißenbüttels Erkenntnis steht, daß man dieses Buch nicht beschreiben könne, sondern es im Lesen, wie eine reale Erfahrung, bewältigen müsse. Heißenbüttel verdirbt, wenn man so will, dem Referenten sein Handwerk, der nun getrost seine Leser auffordern könnte: Lest es halt, das Buch; mir steht es an, zu schweigen. Ich setze mich, frohgemut und von der Lektüre zu einer Unzahl von Paraphrasen angeregt (die darzulegen hier kaum der Platz ist), über diese schnöde Forderung hinweg.

Von Gütersloh sprach man, bis zum Erscheinen dieses Werkes, etwa so, als handle es sich um den General Gehlen der Literatur. Die meisten wußten über seinen an die Identifikation grenzenden Einfluß auf Heimito von Doderer, der nachdrücklich auf Gütersloh hinwies: ein Geheimtip, eine das zeitgenössische Erzählen wärmende Sonne. Meine erste Begegnung mit Albert Paris Gütersloh – sein Name schuf sogleich in mir einen mitschwingenden Raum von Irrealität – geht auf die Lektüre von Alfred Döblins Zeitschrift »Das goldene Tor« zurück; sie erschien kurz nach dem Kriege. In ihr wurde ein ellenlanger Satz aus dem seinerzeit erschienenen Roman *Eine sagenhafte Figur* zitiert, mit der lakonischen Bemerkung, was das denn mit Kunst noch zu tun habe. Mich indessen faszinierte die Güterslohsche Wurmgrammatik derart, daß ich das Buch, welches bereits verramscht wurde, kaufte und keinen Augenblick den Entschluß zu dieser Lesebekanntschaft bereute. Was sich während der Lektüre auftat, war ein ins Fegefeuer der Ironie gehaltenes Rokoko, eine artistische Reise in die für Gütersloh stets gegenwärtige Vergangenheit seines Vaterlandes Österreich, es war ein Erzeugnis – und dies bestätigte sein neues Buch *Sonne und Mond* – ebenso urbaner wie weltberauschter Katholizität. Und da wäre ich bei einem Stichwort angelangt, das zu übersehen bei Gütersloh nahezu unmöglich ist, denn sein Vexierspiel von Sonne und Mond, diese Spiegelparabel einer die Zeit negierenden Welt, ist im Innersten nichts anderes als ein von Nebenhandlungen überwucherter Versuch, die Wurzeln des Königtums, des angeborenen wie des eingesetzten, bloßzulegen.

Was das Lesen anfänglich erschwert, ist Güterslohs erregende Neigung zum Totalen. Der Erzähler sieht sich als einen Leuchtturm, der sich ununterbrochen dreht und dessen Lichtaugen je nach Drehung auf einen bestimmten, einmal wichtigen, einmal unbedeutenden Ausschnitt der Welt fallen. Da aber – und hier tritt ein Aspekt seiner Geschichtsphilosophie an den Tag – das Bedeutende das Geringe bedingt und vice versa, bedarf es, will man einen Sachverhalt schildern, des Blickes aufs Ganze, auf seine Verästelung, auf seine Aktionen und Gegenaktionen (was unverzüglich an Robert Musils Konstruktion des »Mannes ohne Eigenschaften« denken läßt). Hinzu kommt seine Wollust am Wort, die wiederum zum Totalen hinstrebt: Die Sprache ist mehr als kommunikatives Instrument, sie wirft Schatten, sie ermöglicht dem Erzähler, das Instrumentarium des Erinnerns in seiner unendlichen Breite und Tiefe spielerisch zu benützen, anspielerisch; was dazu führt, daß jene Partien, die aufs erste wie ein belangloses Rankenwerk aussehen, eine sich am Verb berauschende Übung, am Ende doch auf jene Bezüge verweisen, die für Gütersloh das Zentrum berühren.

Versuchen wir, das Skelett der Handlung herauszuschälen, so sehen wir uns immer wieder gezwungen, gleich einem Astronomen, der einen einzelnen Stern unverzüglich in der Ordnung des

Bildes sieht, den Nebensternen, den Randfiguren, gleichfalls Bedeutung beizumessen, nicht deshalb, weil der Roman Güterslohs – wie Heißenbüttel bemerkt – eine allegorische Grundstruktur besitzt. Am 27. Juli 1930 stehen vor dem Tor des Schlosses des verstorbenen Grafen Enguerrand sechs Bedienstete des Grafen Lunarin, welcher von Enguerrand zum Erben eingesetzt worden ist und nun seine Vorhut ausgesandt hat. Der Leser macht es sich leichter, wenn er folgendes imaginiert: Auf dieses Datum hat sich der Erzähler seinen Leuchtturm gestellt, auf diesen Zeitpunkt, der ihm die entscheidende Marke eines Experiments bedeutet. Die Zeit ist ihm wenig, doch dieser Einschnitt ist notwendig, des Rundblicks wegen, der das Terrain der Geschichte streift und folglich willkürlich mit den Epochen umgehen kann, die Vergangenheit nach Belieben übers Zukünftige stülpt, so es die Charakteristik einer Gestalt oder eines Ereignisses notwendig macht. Die Perspektive weitet sich also zu einem nur durch die Memorierkonturen der einzelnen Figuren begrenzten Erinnerungsraum, in dem die Data dann gleichgültig geworden sind. In diesen Grenzen wird nach gesellschaftlichen Gesetzen gelebt, auf denen die schwelgende und bisweilen melancholische Philosophie Güterslohs sich aufbaut.

Kehren wir zurück zum Datum des 27. Juli und folgen wir von dort weiter dem Blick des Erzählers in die Vergangenheit des Geschlechts der Lunarin. Von den Eltern des als Erben eingesetzten jungen Grafen wird in einer grandiosen Entführungsgeschichte Mitteilung gemacht. Vater Lunarin hat in Südamerika eine exotische Schönheit an sich gerissen, und aus beider Blutsmischung, deren Diskrepanz zu betonen der Graf Enguerrand nicht müde wird, steigt sein Erbe, dem er mißtraut, und aus diesem Mißtrauen – mehr noch: um das lockere Geschlecht der Lunarin, diese Schweifenden, diese Verantwortungslosen, zu strafen – vermacht Enguerrand das im Gebälk krachende und moderne Schloß. Er ward, bei der Niederschrift seines Testaments, sich der Gaukelkunst des Grafen nicht inne; Graf Lunarin hatte von seinem Auftrag in verwunderlicher Weise Kenntnis bekommen, in einem fernen Land, wo sein Diener auf einem stillen Örtchen saß und dort die Zeitungsfragmente, zur Benutzung ausgehängt, durchblätterte. Der Lakai stieß auf die keineswegs erquickliche Nachricht. Lunarin reist ins Land seiner Väter, unterdessen in eine Liebesaffäre verwickelt, deren Ende er nicht anberaumen möchte, eines wackligen Schlosses wegen; so setzt er, als Verwalter, den gleichaltrigen, vermögenden Bauern Till Adelseher ein (über die oft belustigende, doch stets beziehungsreiche Namensgebung Güterslohs wäre eigens eine Abhandlung zu schreiben, es sei auf die Herren Schoißwohl und Wissendrum verwiesen).

Setzt man das Schloß als allegorisches Signum für die Monarchie ein, eine Monarchie, die bereits sich im Niedergang befindet, dann begreift man den Herrentausch Güterslohs und seine Bedeutung besser. Es werden die Monarchien des Erbes und des Auftrags vorgeführt. In Adelsehers Regiment, unterstützt von den sechs Bediensteten des Grafen, schleichen sich fürs erste polternd republikanische Züge ein, die, kaum ist der Bauer seines Regiments auf Zeit gewiß, einem schlauen Absolutismus weichen müssen. Der jedoch ist in sich fragwürdig, weil ihm die Insignien des Königlichen mangeln, das Geburtsrecht nicht minder, dem Gütersloh mit gespaltener Zunge das Wort redet.

Lassen wir den Bauern im Amt, den Grafen bei seinen Liebesgeschichten, denn das Auge des Erzählers schweift nun über das vom Schloß kaum mehr beherrschte Land. Die willkürlichen Szenen bekommen einen Hintergrund und stellen sich der großangelegten Allegorie zur Verfügung. Uns begegnen, neben anderen, die auf dem Wunderglauben des Katholizismus erbaute Wallfahrtsstätte der Benedikta, deren Historie mit Frivolität erzählt wird; der Maler Andree, der, in Kenntnis seiner fatal geringen Kunstfertigkeit, zum Fotografen wird (welch eine Kritik am Naturalismus!); der sich in die Dienste des gräflichen Geschlechts einflüsternde Späher Mullmann – eine der kennzeichnenden Gestalten des Buches, »Satellit« genannt, ein Wortversteller, ein Spitzel, der Wurm im königlichen Haus, der sich schließlich als Hermaphrodit entpuppt und so zum Sinnbild des Spitzels wird, welcher sich mit seinem Gifte selbst begattet und an böser Fülle nie leidet; zuletzt die Stützen der »guten Gesellschaft«, kontrapunktisch eingesetzt auch sie: der Ritter Rudigier mit seiner aus hellenischen Gefilden entstammenden Frau Laetitia, dem mediterran-göttlichen Durchschuß in Güterslohs Panorama, und der reiche Jude Mendelsinger, der als Fürst eines Festes porträtiert wird, auf dem die Künste als von der Korruption entstellte Fratzen auftreten, samt dem krönenden Abschluß, daß Madame Mendelsinger sich in reichstem, die Armut parodierendem Kostüm als die darstellt, die sie einmal war: eine Zündholzverkäuferin, die sich Herr Mendelsinger aus der Gosse geholt hat (dieses Kapitel hat schablonenhafte Züge bei allem Reichtum der Schilderung, es wird zudem getrübt durch einen Mißton, den der Böswillige als Antisemitismus ausgelegt, wobei man ihm aber den in allen Teilen vorherrschenden Freimut entgegenhalten könnte).

Noch haben wir, außer Laetitia und jener schönen exotischen Mutter, auf die der Graf eindeutig fixiert ist, die Frauen nicht auf die Bühne gelassen (es sei bei dem Stichwort Bühne gestattet, auf ein weiteres Merkmal der Güterslohschen Kunst hinzuweisen: Seine Figuren bewegen sich zumeist in einer bühnenhaften Exaltation, so, als trügen sie einen Text vor, den der Autor vor Dezennien geschrieben hat, von neuem einsetzt und zum erstenmal kommentiert). Es sind Benita und Melitta. Benita taucht zuerst auf, Begleiterin des Grafen, verheiratet und Mutter von zwei Kindern, dieser Bindung aber allenfalls im provozierenden Gespräch mit dem Geliebten eingedenk, ein helles melodisches Urbild des Femininen, der schweifenden Verlockung, ein Gegenbild zur Magna Mater, die wir in Laetitia erkennen, Mutter von Melitta, der lockenden Freundin des Verwalters Till. In Lunarin und Benita findet sich Geblüt zu Geblüt, während Till in der Werbung um Melitta über seinen Stand hinaus will.

Ein Jahr ist vergangen, der Allerweltsarchitekt Strümpf, ein sich selbst und die Bauten verwirrender Geist, hat unter Assistenz seines törichten Gehilfen am verfallenden Schloß wenig ausgerichtet, da hält, überraschend – sein Annum amoris mit Benita ist beendet – der Graf Einkehr, endlich sein Erbe besichtigend. Ein Satyrspiel hebt an. Der Graf, die grobe Staatsführung Tills keineswegs übersehend, den Verfall hinter einer geordneten Verwaltung, lobt die Taten des Bauern, ist jedoch um so tiefer gerührt von der Erscheinung Melittas, in der er den verwandten Geist findet, ein Erbe fortzuführen, das keine Mauern hat, das ziel- und weglos ist und dessen Sinn im Adel des Schweifens besteht. Noch ist Melitta unentschieden. Der Graf schlägt, verführender Worte kundig, Till einen Handel vor – Melitta oder das Schloß; der Bauer trachtet, beides zu besitzen (er ahnt, daß eines das andere erst gültig macht), und Melitta, nun den Aberwitz Tills begreifend, entscheidet sich für Lunarin. Das Schloß ist seiner Herrin verlustig gegangen, seiner Würde; seiner Verwaltung nicht.

In Güterslohs 1946 erschienenem Roman *Eine sagenhafte Figur* steht ein Satz, der das Verhalten des Erzählers von *Sonne und Mond* begründet und erhellt: »... man soll nicht nach dem Schein, ja, man soll überhaupt nicht richten; könnte man doch selber, ohne es zu wissen, allzuweit vom Natürlichen entfernt sein, um mehr als nur Fremdartiges wahrzunehmen. Das moralische Urteil bedarf der schuldhaften Verwandtschaft mit dem Unmoralischen.« Entweder Verquickung oder Distanz: Gütersloh entschied sich fürs zweite als Erzähler; als Vertreter seiner Gestalten entschied er sich fürs erste. Diese fortwährende Reibung zweier grundsätzlicher Verhaltensweisen schlägt in seinem Buch jene Funken des Geistes, deren Licht uns so bestürzt. Als Muster erkennen wir hinter allem die parabolische Dialektik des Welttheaters, und da ist Gütersloh einer beherrschenden katholischen Tradition verpflichtet (nicht umsonst haben wir vorher auf die helle Katholizität seines Buches hingewiesen). Was Hofmannsthal von Calderon erwarb und intellektualisierte, das bereicherte Gütersloh aus seinem unermeßlichen Erinnerungsfundus, der einen Teil, einen erklecklichen Teil, der europäischen Geschichtserfahrung umfaßt. Man wandert durch sein Buch wie durch ein Märchen, in dem tausend Spiegel aufgestellt sind, welche die Wahrheit spiegeln, und man ist angehalten, sich unablässig zu fragen, was nun die Wahrheit sei. Gütersloh meint, daß es die Erfahrung sei. Wenn man sich seiner Erkenntnis bemächtigt, ist man reicher und skeptischer in einem.

# Karl August Horst
## Güterslohs planetarisches Labyrinth

[1963]

Es braucht eine gewisse Zeit, ehe man mit dem Roman *Sonne und Mond* von Albert Paris v. Gütersloh richtig in Kontakt ist. Aber da man schon auf den ersten Seiten des 819 Seiten starken Buches in eine Art planetarischer Drehung hineingezogen wird, kann man sich Zeit lassen. Der Autor bringt uns binnen kurzem dahin, daß wir den Gedanken an ein Ziel der Handlung aufgeben. Man ist zunächst geneigt, an die Ausschweifungen und Extrablättchen Jean Pauls zu denken – interpolierte Arabesken also, die zur Not auch überschlagen werden können. Doch alsbald kommt man darauf, daß es mit den Abschweifungen hier eine andere Bewandtnis hat. Es sind nicht Einschaltungen, sondern stete Korrekturen jeder nur gedachten Folgerichtigkeit, Krümmungen, wie sie etwa ein Fluß neben der schnurgeraden Trasse einer Straße beschreibt. Sie entsprechen der Krümmung des Horizonts, dem unser Blick zuzufliegen meint. Sie sind aber auch die unbelichtete Seite der Geschichte, die der Autor »in mente« hat; je stärker er sich auf sie konzentriert, desto tiefer fällt die Elongatur des Schattens in den Raum. Der Kontakt mit dem Roman ist in dem Augenblick hergestellt, in dem wir einsehen, daß paradoxerweise gerade unsere Konzentration die größte Fliehkraft besitzt. Wir können nicht behaupten, wir hätten etwas gesehen, bevor uns dieses Etwas nicht in Gedanken um die Welt geführt hat.

Bevor wir von der planetarischen, im Anfangskapitel kometenhaften Handlung des Romans etwas sagen und dabei erklären, inwiefern sich bei Gütersloh das Planetarische ins Labyrinthische zurückverwandelt, möchten wir die Vermutung äußern, daß der Autor, der – wie wir wissen – auch Maler ist und in seinem Roman sehr entschieden von den Bewandtnissen der Malerei spricht, dem Bild eine andere Bedeutung gibt als gewöhnliche Menschen. Wenn ich sage: »eine andere Bedeutung«, so meine ich, daß Gütersloh die Überzeugung hat, nichts sei so dumm und arm und insofern bedürftig, mit einer Bedeutung zu kommunizieren, wie eben das Bild in seiner Nacktheit. In seinem Roman kommt ein reichgewordener jüdischer Händler vor, der seine Frau zur Unterhaltung der Gäste in demselben Bettelgewand auftreten läßt, in dem er sie zuerst gesehen hat: Zündhölzer verkaufend im Schatten zwischen zwei Laternen auf einer Brücke. Der Maler – als der einzige Habenichts der Gesellschaft seiner Armut, aber auch seiner bildmagischen Empfänglichkeit wegen fasziniert von der Bettlerinnenerscheinung – stürzt auf sie zu und macht die katastrophale Entdeckung, daß das Gewand nicht aus Lumpen, sondern aus künstlich zusammengestoppelten Brokatresten besteht, daß die Risse darin von Rubinen bluten usw. Das Bild, aufs erste dem der Bettlerin auf der Brücke täuschend ähnlich, erhält also miteins eine furchtbare Bedeutung. In ihm stellt sich nicht nur die geschändete Armut dar, sondern auch die Blendung dessen, was das Auge von der Erscheinung erwartet. Man könnte so weit gehen zu behaupten, in der Bettlerin, deren Gewand die Armut mittels kostbarer Stoffe täuschend nachbildet, hätten wir es mit einer pervertierten platonischen Idee zu tun.

Genauer besehen liegt hier das gleiche dialektische Verhältnis vor, auf das wir zu Anfang hindeuteten. Die Faszination bewirkt eine Entleerung des Bildes, die durch die täuschende Gleichheit zweier entgegengesetzter Erscheinungen ausgedrückt wird. In diese Leere stürzen nun die verschiedenen Bedeutungen hinein, und zwar mit solcher Wucht, daß die sichtbare Welt sich ständig verwandelt. Aus dem Bettelgewand wird der Leib einer Astarte. Immer wieder kommt es bei Gütersloh zu dem kritischen Moment, in dem das Bild dem, was es zu sein verspricht, abwendig gemacht und gleichsam a tergo angegangen wird. Das bedingt die unendlichen Abschweifungen. Nehmen wir die Sonne als Symbol für das platonische Sein der Dinge, so kann für das, was ihr Schaubild ständig verhehlt und in Schatten hüllt, als Gestirn nur der Mond eintreten. Der Mond, dieser vagierende Trabant, der lauernd unsere Erde umkreist, indessen wir als kreisender Trabant der Sonne die Wahrheit immer nur stückweise erschauen – er ist der zumeist im Kulissendunkel verborgene Held der Geschichte. Dessen Name, ein Graf Lunarin, deutet übrigens darauf hin.

Die Fabel, von der nur konventionshalber die Rede sein kann – im Grunde besteht sie in einer einzigen, über den ganzen Roman ausgedehnten Situation –, ist so gebaut, daß sie die ganze Welt wie in einem Reflektor erscheinen läßt. Lunarin ist durch seinen Onkel, der seinen Neffen jedoch nie gesehen hat, zum Erben eines Schlosses ernannt worden, das sich im Zerfall befindet. Er ist aus Afrika, wo er sich gerade abenteuernd aufhielt, herbeigeeilt. Die Schlüssel zu dem zerfallenden Erbstück hat aber ein junger Großbauer von stämmiger Herkunft in Händen. Wir sehen ihn als Rosselenker über der Hügelwelle aufsteigen und mutmaßen wohl nicht zu Unrecht, daß sein klappriges Gefährt das heruntergewirtschaftete Symbol des ehemaligen Sonnenwagens meint. Till Adelseher, so heißt der blondhaarige ländliche Helios, nimmt sich als Sachwalter des Lunarinschen Erbes an, bringt es in die Höhe und erhält es schließlich von dem Grafen zum Geschenk, nachdem dieser – auf der unbelichteten Seite sozusagen – ihm ein Mädchen abspenstig gemacht hat. Die einzige Situation, von der ich sprach, ist die Szene auf dem Vorplatz des Schlosses, vor Antritt der Erbschaft. Daß der Graf sich zur verabredeten Stunde nicht einfindet, Till infolgedessen zum Herrn aufrückt, aber als Nachkömmling des unseligen Phaeton auf andere Weise ebenso gefährdet ist wie sein zwielichtiger Rivale, folgt aus ihrer planetarischen Deszendenz.

Wir sagten: Gütersloh bewirke eine Rückwandlung des Planetarischen ins Labyrinthische. Seine Erzählungen lassen das vielleicht noch deutlicher erkennen als sein Roman, weil in einem längeren Werk die stete Krümmung der Linie im Laufe der Zeit nicht mehr gespürt wird, während in der kürzeren Erzählung die Abschweifung von dem gedachten Verlauf leichter abgelesen werden kann. Wird aus dem Planetenumlauf ein Buch, so kann dies nur ein unendliches, mithin ein labyrinthisches Buch sein. Nirgends gibt es einen Punkt, der uns einen Blick auf das Ganze freigibt. Schreibend und lesend – Güterslohs bewundernswerteste Eigenschaft besteht darin, daß er die Distanz zwischen dem Schreiben und dem Lesen auf ein Mindestmaß verringert – sind wir in einem Vorgang begriffen, der uns durch die Faszination der Bilder zu mondhaften Trabanten des sichtbaren Geschehens macht und uns zwingt, aus unserem eigenen Seelenfundus die dort gespeicherten Bedeutungen heraufzupumpen. Der Leser selbst wird hier, wie der Schriftsteller – wenn man es recht begreift – zu einem abenteuernden Lunarin.

## Armin Mohler
## Nach dem Mondwechsel
## Der neue Wiener Roman:
## Heimito von Doderer und Albert Paris Gütersloh

[1963]

Seit dem Tode von Hans Henny Jahnn und Wolf von Niebelschütz hat sich der Schwerpunkt des deutschen Romans eindeutig nach Wien verlagert. Nur hier, im Umkreis von Heimito von Doderer, wird der Roman in seinem eigentlichen Sinne noch bewußt gepflegt – und das heißt: geschrieben und theoretisch erforscht. Gewiß gibt es auch diesseits der Salzach noch Erzähler von Rang. Aber eben Erzähler, nicht Romanciers. Gerd Gaiser ist ein Meister der Verdichtung komplexer Situationen in geschlossene Bilder, etwa in »Das Schiff im Berg«. Das ist genau das Gegenteil des Romans im traditionellen Sinne, der das weitverzweigte Labyrinth liebt, welches sich erst nach Durchschreiten aller Gänge, der rechten wie der irreführenden, zu einer Einheit zusammenschließt. Auch das bei aller Extravaganz und Provokationslust interessanteste epische Experiment dieser Jahre – das »phonetisch« geschriebene »Kaff auch Mare Crisium«, das seinem Verfasser, Arno Schmidt, den Spitznamen eines »niedersächsischen Diderot« (Ernst Jünger dixit!) eingetragen hat – ist trotz aller Assoziationsfülle kein Roman in diesem Sinn: Sein Kunstgriff besteht ja gerade darin, daß er die Welt auf zwei Schnittflächen reduziert, auf denen jedes angeschnittene Äderchen zu sehen ist. Der »Weltroman«, wie er im Barock entstand – und wer wüßte das besser als Arno Schmidt, der besondere Kenner und Liebhaber jener Epoche –, will ja gerade Gefäß der ganzen Welt mit aller Ungefügigkeit ihrer einzelnen Brocken sein. Er sperrt sich gegen die Reduktion, die doch eines der künstlerischen Grundprinzipien ist; er läßt nur die Rhythmisierung der Fülle durch Leitmotive zu. Das ist, was Doderer den »totalen Roman« nennt; sein Lehrer Gütersloh spricht von »Materiologie«.

Die »Wiener Schule des Romans« war nie eine geschlossene Schule. Immer wurde sie durch starke Gegensätzlichkeiten ihrer führenden Meister belebt. Bis vor kurzem hat die Spannung zwischen Musil und Doderer sie charakterisiert. Das Dritte Reich hat ja die Aufnahme Musils innerhalb der deutschen Grenze um eine gute Generation verzögert; das Publikum begann sich fast zur gleichen Zeit mit ihm wie mit Doderer zu beschäftigen. Weil Musil etwas älter war und im Ausland schon anerkannt, machten Denkfaule Doderer zu seinem Schüler. Wirkliche Leser aber spürten bald, daß sich da zwei grundverschiedene epische Prinzipien gegenüberstanden. Musils »Mann ohne Eigenschaften« ist das höchste Muster des essayistischen Romans; seine Figuren haben die Tendenz, sich zu Markierungszeichen auf Denklinien zu verinnerlichen. Die Welt wird in die Hirnhöhle des Autors aufgesogen; der Roman kann darum auch keinen Abschluß finden, weil diese Verinnerlichung ja alle Eigenheit auflöst.

Doderers große Romane hingegen, »Die Strudlhofstiege« (1950) und »Die Dämonen« (1956), scheinen auf den ersten Blick nur aus Eigenschaften zu bestehen. Was von ihnen zunächst sich einprägt, sind bestimmte Attitüden, in denen eine Person sich verrät; sind Gerüche, in denen sich eine Situation konzentriert. Das »Allgemeine« ist in diesen dicken Bänden, in denen nach Urteil von Diagonallesern »nichts drin steht«, nur indirekt da; es wird ausgespart. Der Leser, der sich auf das Spiel einläßt, wird über eine Kette von scheinbaren Nichtigkeiten zu dem Punkt geführt, wo schon im Aufklang einer Teetasse das hereinbrechen kann, um das es geht. »Die Tiefe ist außen«, hat Doderer schon vor dem »nouveau roman« der Robbe-Grillet und Butor gesagt, weniger verbissen als diese und darum auch nicht mit »Marienbader«-Längen. Musil war der letzte und großartige Versuch, sich des Allgemeinen unmittelbar zu versichern – der Versuch mußte ins Fragment auslaufen. Der nur sechs Jahre jüngere Doderer ging von unserer geistigen Lage aus, dem Zerredetsein des Allgemeinen, und hat über das Echo der Dinge doch wieder eine ganze Welt aufgebaut.

Heute nun sieht es so aus, als ob sich, lange nach Musils Tod (1942), in der Wiener Schule der gleiche Gegensatz wiederholen würde. Albert Paris Gütersloh ist mit seinem seit vielen Jahren erwarteten Hauptwerk, *Sonne und Mond*, auf die Bühne getreten. Wie Doderer an seinen »Dämonen«, so hat auch er ein gutes Vierteljahrhundert an dieser »Materiologie« gearbeitet und sie nun im Jahre seines 75. Geburtstages in München (der »reichsdeutsche« Verlag scheint zum Wiener Roman zu gehören!) herausgebracht. Bis dahin war Gütersloh, zum mindesten als Schriftsteller, eher ein Gerücht gewesen. Man kannte ihn als eigenartigen Maler, der eine interessante Schule junger Surrealisten (Ernst Fuchs, Wolfgang Hutter) um sich gruppierte. Man wußte vielleicht noch, daß er zur Zeit des Ersten Weltkrieges an den Bestrebungen eines katholischen Expressionismus um Franz Blei teilgenommen und mit diesem esoterische Zeitschriften von der Art der »Rettung« herausgegeben hatte. Sein erster Roman, *Die tanzende Törin* von 1910 – für Kenner das Gründungswerk des literarischen Expressionismus –, war längst eine bibliophile Rarität; sein späteres schriftliches Werk blieb verstreut, wurde nur dosiert bekannt.

Als Dichter hatte dieser Professor an der Akademie der bildenden Künste zu Wien für ein größeres Publikum nur durch Doderer Existenz. Dieser wurde nämlich gut 30 Jahre lang nicht müde, Gütersloh seinen Lehrer zu nennen und die Welt zu schelten, daß sie von der Existenz dieses Meisters in skandalöser Weise keine Notiz nehme. Er hat diesem Skandal 1930 ein ganzes Buch (»Der Fall Gütersloh«) gewidmet, von dem sein Münchner Verleger nun noch eine Restauflage übernommen hat. Mancher Doderer-Liebhaber hielt das für eine Schrulle. Nun aber ist Gütersloh da, und er ist sichtbar als ein Meister da. Seltsamerweise wirkt aber gerade von dieser neuen Lage aus der jahrzehntelange Feldzug Doderers als einer jener Spleens, mit denen diese literarische »Kapelle« (der Geist Franz Bleis, ihres Begründers, möge uns verzeihen!) von jeher ihre Leserschaft gerne verwirrt hat.

Doderer hat nämlich *Sonne und Mond* in einer längeren Besprechung begrüßt. Man spürte dieser Besprechung die Erleichterung darüber an, daß dem Freunde endlich der Durchbruch gelungen; zugleich aber gab Doderer deutlich zu verstehen, daß der 800 Seiten starke Band keineswegs den Vorstellungen entspreche, die er sich von Epik mache. Und wirklich: Wer das Buch zu lesen beginnt, merkt bald, daß dieser Dichter, den Doderer stets als seinen Lehrer bezeichnet hatte, einer grundverschiedenen Ästhetik folgt. Gewiß, auch dieses Buch beginnt beim konkreten Detail. Bald aber merkt der Leser, daß er es da mit einem Autor besonderer Laune zu tun hat – einem Autor, der sich geradezu einen Spaß daraus macht, den einmal aufgegriffenen Faden der Erzählung da, wo es »spannend« wird, wieder liegen zu lassen, brüsk zu einer grundsätzlichen Überlegung überzugehen und von da scheinbar vom Hundertsten ins Tausendste zu geraten, und das alles, nicht ohne sich weidlich lustig zu machen über den Leser, der gern wissen möchte, wie die »Geschichte« nun eigentlich weitergeht. Kommt noch hinzu, daß der Verlag in einem kleinen Bändchen über Gütersloh, »Autor und Werk«, mit Auszügen Appetit auf das andere, wohl in einem Jahr erscheinende Hauptwerk des Dichters macht; jene *Wörterbücher*, in denen Begriffe wie »Adel«, »Bildung«, »Grammatische Führung«, »Narretei« erläutert werden. Schon in *Sonne und Mond* (dessen Manuskriptteile notabene hilfreiche Geister dem großen Kunktator entrissen und nach seinem Plan aneinandergefügt haben) stößt man auf Passagen dieser Art.

Spaltet sich also die Wiener Schule des Romans von neuem in zwei Hälften – in eine mondbeschienene, deren kühler Glanz den mehr intellektuellen Leser anzieht, und eine vom Glanz der Dinge bestrahlte, in der sich der künstlerische Mensch zu Hause fühlt? Der Vergleich täte Doderer und Gütersloh zugleich unrecht. Schon Musil gegenüber war Doderer keineswegs der Naturkünstler. Sowenig man dem allein dem Gesetz des Zufalls unterworfenen Ablauf seiner Romane anspürt, daß ihnen ausführliche »Partituren« auf langen Papierrollen zugrunde liegen, sowenig spürt der Leser bei Doderers indirekter Methode auf den ersten Anhieb, wieviel disziplinierte Denkarbeit hinter seiner scheinbaren Lässigkeit steckt. Ein bejahrter Ordinarius, also ein

Mann mit Vorkriegsbildungsansprüchen, hat nach längerem Studium von Doderer und Gütersloh festgestellt, daß er beide ohne Zögern für einen philosophischen, einen patristischen oder einen historischen Lehrstuhl vorschlagen würde. Nur eben unterscheiden sich die beiden scharf darin, wie das Geistige sich in ihrem Romanwerk niederschlägt.

Gütersloh ist kein Essayist, der aus Versehen Romane schreibt, und *Sonne und Mond* ist nicht, wie ungeduldige Rezensenten gemeint haben, eine Aneinanderreihung von Aphorismen, also in sich abgeschlossenen Gedanken. Diese »Materiologie« versucht vielmehr, das Geistige unmittelbar sinnlich werden in einem elementaren Erzählstrom:

> »Wir aber sind Materiologen! Das heißt, wir erforschen die Welt unter der Fiktion, nicht, in ihr zu leben, und zwar deswegen, um den jedem Denken integralen Fehler, welcher der Denkende selbst ist, bei möglichster Geringfügigkeit zu halten. Daher wir auf unsere eigene Vorhandenheit viel weniger Wert legen als auf die aller anderen Wesen, die unsichtbaren nicht nur miteingeschlossen, sondern vielmehr an der Spitze!«

Das ist im Kern Güterslohs Programm. Auch hier »ist die Tiefe außen«, nur auf einer anderen Ebene.

Und es bleibt nicht bloß Programm. Das eigentliche Wunder an Güterslohs Erzählkunst ist, wie das Geistige anschaulich wird: »... Das Vortragen klang wie liturgisches Beten, doch nicht wie eines, das mit dem heiligen Zeremoniell bereits Ernst gemacht hat, sondern wie eines, das es erst einübt. Es war eine etwas langweilige Etüde für zwei auseinandergefaltete Hände auf dem theologischen Klavier.« Von einem Diener heißt es: »... er wurde ein Hauspsychologe von hoch oben oder weit hinten her; jedenfalls mit größter Gespanntheit seines kleinen Bogens.« Und das sind nicht etwa herausgepickte Perlen, sondern so geht es im Grunde über alle 800 Seiten hin. Man muß sich an so viel pralle Anschaulichkeit des Geistigen gewöhnen, das wir sonst nur grau in grau kennen, während dem Ding allein Farbe zugemessen schien. (Die ihm bei Gütersloh notabene nicht abgeht:

Da wird von einem Menschen nicht einfach gesagt, er winde sich wie eine Schlange, sondern: »Der windet sich wie eine Schlange, bauchauswärts, baucheinwärts …«) Wir haben keinen illegitimen Roman vor uns, sondern einen, der sich wieder hereinholt, was die Spezialisten als Beute in ihre Kojen weggeschleppt hatten.

Den Leser mag allerdings zunächst das Hin und Her zwischen zwei Ebenen schmerzen. Bei »unserer seltsamen Art, das Leben zweimal zu erleben, das eine Mal in der Gegenwart, das andere Mal in der Erinnerung«, wird die Welt der Essenz, die beim »normalen« Erzähler nur als Glanzlicht den Fakten aufsitzt, zur eigentlichen Ebene des Geschehens; wenn dieses zwischendurch zu den Fakten taucht, so um der stereoskopischen Deutlichkeit willen. Das setzt das »Einverständnis mit dem idealen Leser« voraus, der »bestrebt ist, mit Hilfe dauernder Unruhe, das der erahnten Komplettheit von Leben gemäße Fiebern, Schillern, Ineinanderfließen der Heterogenitäten hervorzubringen und, je nachdem, zu erleiden oder zu genießen …«.
Es wäre Sabotage dieses Einverständnisses, den Roman in die schlechte Allgemeinheit zurückzuzerren und aus ihm eine Allegorie zu destillieren. Gewiß, der Titel *Sonne und Mond* scheint auf die beiden männlichen Hauptfiguren gemünzt zu sein: auf den flatterhaften Grafen Lunarin und den soliden Bauern Till Adelseher, der des Grafen Erbe so ehrlich mehrt. Darum aber aus diesem in einer idealösterreichischen Landschaft zwischen 1887 und der Gegenwart (mit den bei den Wiener Schulen obligaten Abstechern ins Mittelalter) spielenden Roman zu einer Allegorie Österreichs zu machen, wäre zu eng. Er ist ein Welttheater wie jeder echte Roman, und es passiert auch auf der unteren Ebene, der des Faktischen, nicht wenig: Ein Opernbrand und ein Marien-Wunder gehören zur durchaus vorhandenen »Story«, ein Haremssturm und ein verwandter Turm, der außerdem als Photographenatelier dient, weiter werden antike Tempel ausgegraben, ein Streichholzmädchen steigt zur Millionärsgattin auf, und von ferne blitzt sogar ein portorikanisches Pronunziamento herein. Aber diese Vorgänge samt ihrem Personal sind plastisch und flüchtig zugleich; die Evokationskraft des Autors

ist so groß, daß der Faden fast an beliebigem Punkte gekappt werden kann – auf ihn kommt's ja nicht an. Das zeigt sich schon daran, daß die Figuren nie Menschen wie diejenigen Doderers, also unsere Begleiter, werden; bei Gütersloh sind es Figurinen einer großen Oper.

Beides aber ist legitim. Während Musil und Doderer sich ausschlossen, sind Doderer und Gütersloh zwar ungleiche Brüder sehr verschiedenen Berufes – aber doch Brüder.

## H. G. Adler
## Brief an Heimito von Doderer

London, den 20. April 1963
[von Doderer an Gütersloh geschickt
24. April 1963]

[...] Es ist schon richtig, was auf dem Umschlag von *Sonne und Mond* hinten steht: »Dieses Buch kann nicht beschrieben ...« – nur würde ich fortsetzen: »... es muß im Lesen *als* reale Erfahrung bewältigt werden.« Das scheint mir treffender und stärker als das zwischen Kommata gesetzte »*wie eine* reale Erfahrung«. Dieses Buch hat in der gesamten Literatur nicht nur nicht seinesgleichen, das hat kein episches Meisterwerk, es gibt auch keines seiner *Art*. Die bisher erschlossenen Möglichkeiten der Epik werden erweitert. Das geschieht hier radikaler als in allen mir bekannten Meisterepen unseres Jahrhunderts, mit Ausnahme von »Ulysses« und »Finnegans Wake«, bei denen ganz andere Neuerungen gewonnen wurden.

Das überraschend Neue in *Sonne und Mond* besteht vorzüglich darin, daß der erzählte Stoff gleichsam polarisiert wird, indem (so glaube ich) simultan jede positive Aussage negiert, jede negative affirmiert wird. Das ergibt eine Aufhebung des Faktischen, aber das Merkwürdige ist nun, daß mit dieser Auflösung die ontologische Substanz weder zertrümmert noch auf andere Weise weggeschafft wird, sondern die Fakten in ihr überwirkliches Substrat transzendieren, doch ohne sie surrealistisch zu verzerren (und damit auch zu verfälschen). Darum ist der Dichter hier *in einem* Ankläger und Verteidiger sowie verurteilender und freisprechender Richter in *einem* processus universalis. Das ist der offenbare Inhalt des Buches.

In dieser Aufhebung nun – das ist das größte Verdienst dieser Darstellung – werden die Fakten in ihrem vollen Umfang als Essenz der endlichen Schöpfung – das heißt also »relativ«, »verhältnismäßig« – *und* als Gleichnis für das Nicht-Endliche erfahren. Alle Naivität, die sich schuldig-unschuldig und unschuldig-schuldig mit der literarischen Erstellung des Soseins begnügt, wie das der natürliche Realismus objektiv (also subjektiv) versucht, ist damit bewußt preisgegeben, und schon deswegen kann dieses Werk mit der Aufopferung einer »normalen« Handlung auch nicht den Progreß einer Handlung haben, wohl aber statt seiner einen Progreß in der Entfaltung der coincidentia oppositorum zur Herstellung einer sie umfassenden Identität; aus diesem Grunde liefert der Dichter, so gut er das in der Fessel der Zeit als einer unentrinnbar vorgegebenen Projektionsebene der Wirklichkeit vermag, die Simultaneität aller konträren Phänomene an und in den gewählten Personen und allen übrigen Objekten, die er dem Leser vorstellt.

Deshalb ist es auch ungeziemlich, hier von Abschweifungen zu sprechen, denn weder werden zu einer Hauptsache Nebensachen gesetzt, noch ergänzen sei es selbst wichtige Umstände eine Hauptsache. Gütersloh schweift in der Tat überhaupt nicht ab, sondern führt mit den so bedünkenden Partien des Buches in die sich weit erstreckenden Ausbuchtungen des Faktischen hinein, um das zu leisten, was ich vorhin mit Polarisierung bezeichnet und in ihren Folgen erklärt habe [...]

## III. Der innere Erdteil

Edwin Hartl
Der innere Erdteil

[1966]

Schon 1962, unmittelbar nach dem Erscheinen des Romans *Sonne und Mond*, wurde *Der innere Erdteil* avisiert, als Hinweis auf die Riesenmasse unsichtbaren Erdreichs, dem jene geistig wuchernde Schöpfung entsprossen war. Jetzt aber, nach Kenntnisnahme dieses unbedingt zum Hauptwerk gehörigen Nebenwerkes, könnte man an die Planetoiden denken, die nach ihrer Eruption zunächst unsichtbar bleiben und die doch vom gleichen Stoff sind wie »Sonne und Mond«, entstanden sogar im selben Schöpfungsakt. Schon nach der Lektüre des Romans mußte es dem besseren Leser klar sein, daß dieses planetare Werk nicht bloß aus einem Guß, sondern vielmehr aus dem Guß einer weit größeren Gedankenmasse hervorgegangen ist. Und es wurde ja damals tatsächlich von informierter Seite bekanntgegeben, »daß ein ebenso umfangreiches Wörterbuch zu Begriffen, Orten und Figuren des Romans im Manuskript vorhanden« sei. Da die vorliegende Auswahl nur 258 Seiten umfaßt, darf angenommen werden, daß aus dem umfangreichen »Wörterbuch zu Begriffen, Orten und Figuren« nur das Wörterbuch zu den Begriffen veröffentlicht worden ist. Es reicht ja auch nicht von A bis Z, sondern nur von A bis W, beginnend mit Adel, Altern und Antinomie, endend mit Weib, Willensfreiheit, Wir und Wirklichkeit. Die Besprechung der hundert Stichworte, welche somit zu Buche steht, ist weder als Summe kleiner Abhandlungen noch als Aphorismenreihe zu fassen. Güterslohs Wortkunst geht – expressis verbis – dahin, »eine Sprache zu sprechen, aus der zwar nicht alles verstanden, in der aber nichts mißverstanden werden kann, kurz: eine Konzilssprache«. Denn zur »Aussage (des Prosaisten)« deponiert er: »Aussagen sind Weissagen. Oder Geschwätz. Oder Polizeibericht. Die meisten Erzähler, die besten unter ihnen so gut wie die schlechtesten, berichten ihrer Behörde, dem Publikum, was wo mit wem warum und wie sich zugetragen hat ... die Schreiberhand an die Hosennaht gepreßt ...« Es geht eben nicht um Inhalte, Entdeckungen, Neuerungen: »Der Künstler ist jenes einzigartige Wesen, das am wenigsten zu sagen hat, aber alles zu Sagende am besten zu sagen versteht.« Später fügt Gütersloh hinzu: »Der Schriftsteller tut gut daran, ein solcher zu sein, der da was gehört, dort was gelesen hat, irgendwo bei irgendwas dabeigewesen ist, und besser zufällig als beruflich, und der sogar das, was ihm am meisten am Herzen liegt, das Schreiben nämlich, nicht allzu vollkommen betreibt, damit er ja nicht ins Virtuosen- und Spezialistentum falle ...« Der Sprachkünstler ist somit ein seltsamer Widerspruchsgeist; er deckt die Widersprüche wörtlich auf, um sie dialektisch wieder zu überbrücken: »Ein Gedanke hat genauso viel Wert, wie die Sprache darauf legt, eine zu sein. Hinter dem Wort steht so wenig das eigentlich Gemeinte, wie hinter dem Spiegel wir stehn, wenn wir davor stehn. Daß dem anders sei, glauben nur die Affen der Zoo- und der Ideologie.« Daß Romanschreiben in hohem Grade eine Kunst des Weglassens ist, dafür wird *Der innere Erdteil* zum dokumentarischen Nachweis; denn der vollkommene Roman *Sonne und Mond* entstand im kunstvollen Weglassen der vollkommenen Wörterbücher zu dem Roman.

Hansjörg Graf
Ein Liebhaberlexikon
Neues von Albert Paris Gütersloh

[1966]

Ein Wörterbuch beschreiben heißt eine Definition definieren: A. P. Gütersloh, der mit einfachen Situationen nie sein Auskommen fand, versetzt den Rezensenten in eine jener »vollkommenen Situationen, in denen alles Mögliche zugleich möglich ist«. Die *complexio oppositorum* ist auch in diesem Appendix zu einem Roman verwirklicht, der – ungeachtet eines 800 Seiten langen Gegenbeweises – keineswegs der Weisheit letzter Schluß ist, einer Weisheit, die in unveröffentlichten Kapiteln ihrer Verlautbarung harrt.

*Der innere Erdteil* war ursprünglich als Titel für einen Gedichtband gedacht; die neue Verwendung ist dem Gegenstand angemessen. In diesen Miniaturessays, Aphorismen und Denkfiguren steckt die Summe eines fast achtzigjährigen Lebens, dem Treue zu sich selbst oberstes Gebot war. Dabei ist diese Auswahl aus den *Wörterbüchern zu Sonne und Mond* nur ein Bruchteil der Texte, mit denen sich der Künstler die Möglichkeit einer Fortsetzung seines legendären *roman fleuve* gesichert hat. In den Charakteristiken und Terminologien, die in den vorliegenden Band nicht aufgenommen sind, hat Gütersloh die Hauptfiguren seines Romans *Sonne und Mond*, also Till, Graf Lunarin, Melitta und Obdeturkis, um viele Nuancen bereichert; die Kleinkunst seiner Aquarelle hat er in diesen intimen Porträts ins Wort transportiert. Im *Inneren Erdteil* sind die direkten Hinweise auf den Roman selten; dennoch ist dieses »biographisch versuchte« Werk in jeder Marginalie seines Schöpfers präsent.

Nichts wäre vermessener, als den Confessor alias Gütersloh auf seine Generalbeichte hin festzulegen. Es ist symptomatisch für diese Soliloquien, daß sie austauschbar sind, ohne jemals ihren Kontext zu verlieren. Dieses *Wörterbuch* hat auch nicht den Ehrgeiz, Dunkelheiten aufzuhellen oder Widersprüche aufzulösen; immerhin erfahren und begreifen wir, *warum* die Paradoxien und Antinomien im Opus von APG ihren legitimen Platz haben. Gütersloh ist ängstlich darauf bedacht, sein Handwerk nicht »allzu vollkommen« zu betreiben; er weicht allem Professionellen aus, um »wenigstens *per negationem* und durch kunstvolle Fehler in der Universalität« zu bleiben.

Und die Themen des *Wörterbuch*s? Es sind über hundert; drei zentrale Begriffe genügen aber, um den Stromkreis mit allen anderen zu schließen: Ödipus, Solipsismus, Roman. Wenn Gütersloh von der Materie und in weiterer Konsequenz von der Materiologie spricht, assoziiert er, dieser Erzsemantiker unter den großen Außenseitern der Literatur, unmittelbar den Begriff »Mutter«. »Warum ist die Mutter nicht die Gattin des Sohnes, warum ist der Sohn nicht der Mann der Mutter?« Diese Ödipus-

Situation ist bei Gütersloh werkimmanent; ihr Einfluß macht sich in Definitionen von »Liebe«, »Ehe«, »Familie« bemerkbar. Die »Weiber« werden grundsätzlich dem Hades zugeordnet; vom Liebenden grassiert auch nicht die beste Meinung: »... mit welch meisterhafter Akribie er den Henker beschreibt, während dieser sein Schwert schwingt! Und wie er eigentlich nicht die Hand der Geliebten küßt, sondern die eigene, die allein ihn sterben und auferstehen macht!« Gütersloh, dieser verhinderte Dionysiker, der vor den Frauen Reißaus nimmt, hat es verstanden, eine Ritardando-Haltung aus dem biographischen Bereich auf das Werk und die ihm zugrundeliegenden formalen Prinzipien zu übertragen. »Gesamthaltung gewordene Undeziertheit«: Diese Definition könnte auf die erotische Vorstellungswelt ihres Urhebers gemünzt werden. Faktisch gilt sie aber dem Roman, dessen »Anfang ein zufälliger ist und sein muß« und dessen »Ende unendlich weit hinausgeschoben werden kann und soll; keinesfalls hat er ein solches notwendig in sich ...« Gütersloh sieht es als seine Aufgabe im literarischen Leben an, »Unsicherheit zu verbreiten«. Ein Leben lang war er deshalb bemüht, das »unabwendbare Verlangen, Figur zu werden, ... noch hinauszuschieben«. Und es ist diesem »Posthumus des neunzehnten Jahrhunderts« nur recht, zu den »dauernd Unverstandenen«, zum »unorganisierbaren Genius« zu gehören, gegen den die organisierten »Nichtgenien« vergebens ankläffen.

Wenn Gütersloh sich zu dem Bekenntnis hinreißen läßt, daß er, »statt einen hundertprozentigen Roman zu schreiben, eine bestenfalls fünfzigkarätige Philosophie« offeriert, macht er nicht aus der Not eine Tugend; dieses *Wörterbuch* ist nicht dazu angelegt, von einem hermeneutischen Arbeitskreis zerpflückt zu werden. Gütersloh, dieser engagierte Antiphilosoph, hält nichts vom Ernst der Exegeten. Des Meisters ausgestreckter Zeigefinger weist nach oben, und wir sind angewiesen, das Labyrinth seiner Prosa als Gleichnis Seiner verschlungenen Pfade zu akzeptieren.

»Man muß auch im Erotischen Theologe sein.« Gütersloh apostrophiert den Theologen, wenn er den Schriftgelehrten oder noch besser: den Grammatiker meint, der eine Situation meistert, indem er sie definiert. Die Grammatik als Schleuse der

Wirklichkeit: davon träumt er tatsächlich, und die besten Inventionen dieses Buches sind in unscheinbare Klammer- und Schaltsätze eingemauert, als grammatische Versteinerungen im Urwald einer wild wuchernden Syntax. Das von Gütersloh selbst heraufbeschworene und bewußt stilisierte Dilemma einer »magnetischen Verklammerung« von Werk und Person wird diesem *Wörterbuch* zum Schicksal: Das Spiegelbild des Enzyklopädisten absorbiert letzten Endes alle Bilder, die ihrem Maler-Dichter abtrünnig werden wollen.

# Die sagenhafte Figur

# Kunst in der Kriegsausstellung

[1917]
Anonym

Vergleichen wir die Bildnisse der Heerführer von tüchtigen Malern des Künstlerhauses mit dem eines Soldaten von Paris von Gütersloh oder den Portraitskizzen von Egon Schiele, so erkennen wir das gleiche: dort gemalte Wirklichkeit, hier gemalte Vision. Der Blick dieses Menschen im Kriegerrock, den Gütersloh geschaffen hat, ist unvergeßlich: die Angst der Seele, die tiefe Todesangst glüht weiß aus dem leeren Blau dieser Augen. Tiefstes Leben hat auch Schiele, den wir nie besser gesehen haben, in den Gesichtern seiner Offiziere, Soldaten und Gefangenen ausgedrückt. Dies sind Menschengestaltungen höchsten Rangs, hier ist nicht nur Gesicht, hier ist Vergangenheit und Weissagung mitgegeben, und nirgends ist gegen eine autonome Forderung der Kunst gefehlt: reine Zeichnung, an der nichts stört; schöne Farben, an denen nichts verletzt.

# Molière »Die Heirat wider Willen«
# Bearbeitung von H. v. Hofmannsthal
# Bühnenbild von A. P. Gütersloh

[1919]

Richard Alfons Bermann

Der vortreffliche expressionistische Maler Gütersloh hat für das Stück ein tolles Bühnenbild entworfen, mit wahnsinnigen roten und grünen, schiefen und krummen Häusern und komischen Kugelbäumen; vielleicht hätte er seine Parodie ein wenig mehr an Molières Zeitstil anpassen können, wie sie aber ist, benimmt die Dekoration der Aufführung von vornherein jeden Ernst und jede Realität, entkleidet sie vollkommen des Gewichts; nun kann das lustige kleine Ding wie ein grotesker Ballon in der Luft herumbaumeln.

W.

Der Vorhang geht auf, und man erblickt eine unmögliche Welt, schreiende Farbenflecke, grüne, gelbe, blaue Häuser, die aus rot angestrichenen Käselaiben aufgebaut scheinen, große Säcke und seltsam bezipfelte Beutel, die Erker darstellen sollen, da und dort eine grüne Kugel, die man für einen Globus halten könnte und aus der man nicht ohne Mühe den Wipfel eines Baumes entziffert. Expressionistische Dekorationsmalerei ohne Zweifel, vielleicht auch kubistische oder futuristische. In Übereinstimmung mit diesem Stil müßten die Darsteller auf dem Kopf gehen, dann wäre alles in Ordnung.

## P. R.
Gespräch mit Paris Gütersloh
Der neue Professor der Kunstgewerbeschule

[1931]

Wenngleich die endgültige Entscheidung des Unterrichtsministeriums noch nicht vorliegt, so ist doch Paris Güterslohs Berufung als Professor an die Wiener Kunstgewerbeschule so gut wie feststehend.

Das Kaffeehaus, in dem man den Schriftsteller und Maler Gütersloh antrifft (sein Äußeres ist unverändert charakteristisch: pechschwarze, in die Stirn gekämmte und glatt abgeschnittene Haare, lebhafte, sehr kluge und ungemein liebenswürdige, warme Augen, elegant saloppe und doch von jedem Bohemetum ferne Kleidung) und das in einer engen Seitengasse der Inneren Stadt gelegen ist, wirkt mit seinen niedrig gewölbten Deckenbogen altwienerisch und heimlich. – »Ich habe ein inniges Verhältnis zur Vergangenheit«, erwähnt Gütersloh einmal im Gespräch. Aber dieses Verhältnis zur Vergangenheit läßt ihn die Gegenwart nicht mißverstehen, und wenn er gegen das Moderne polemisiert, so meint er damit wohl das Modische.

Es war im Jahre 1910, als Gütersloh einmal im Café »Museum« erschien, wo Klimt und Wagner, wo die »Kunstrevolutionäre« des damaligen Wien saßen, und einige von ihm gemalte Aquarelle vorzeigte. Auf Anraten Klimts ließ er sich bei Reinhardt anmelden, der damals gerade mit seinem »Sommernachtstraum« in Wien war. Reinhardt verpflichtete den jungen Künstler als Bühnenbildner nach Berlin. Gütersloh aber war mit seinem Los nicht zufrieden, man beschäftigte ihn zu wenig. In der Mußezeit schrieb er seinen ersten großen Roman *Die tanzende Törin*.

Nach Berlin kam Paris. Nach dem Krieg schuf er Bühnenbilder für das Burgtheater.

Den Entwicklungsweg des Künstlers hat Heimito Doderer in seinem Werk über Gütersloh ausführlich geschildert.

»Ich habe nun drei Jahre«, erzählt Gütersloh weiter, »in einem kleinen bei Nizza gelegenen Dorfe verbracht, in dem Renoir lebte und starb. Ich meine das aus einem riesigen Felsblock gelegene Cagnes-sur-mer. Ich wurde hier, angesichts der ganz eigenartigen Vegetation, zum Blumenmaler.

Ich kann ruhig sagen, daß der Roman *Eine sagenhafte Figur* oder *Jedem das Seine*, den ich in Cagnes geschrieben habe, ohne Erkenntnis französischen Wesens nicht möglich gewesen wäre. Gleichwohl spielt der Roman in Wien, der Name der Stadt wird allerdings nicht genannt. Ich beschäftige mich mit dem Zustand vor 1914, leite dann zu unserer Zeit hinüber.

Ich möchte den Arbeiten der Künstler wieder einen Inhalt geben. Sie sollen nicht bloß ein Gebilde aus Farben und Formen sein. Jedes Kunstwerk soll etwas darstellen und ausdrücken. Es muß, auch wenn es gemalt, aus Stein gehauen oder aus Noten komponiert ist, sein Zentrum im Mund haben. Damit spreche ich nicht dem Genrebild das Wort. Ich habe neuere Bilder gesehen, die Szenen darstellen. Auch das meine ich nicht, es handelt sich hier bloß um filmische Elemente in einer statischen Kunst. Ein Bild muß in sich beschlossen sein, über seine Grenzen hinaus der Phantasie keinen Spielraum lassen. Ich denke etwa an das ›Leben des heiligen Franz von Assisi‹, das Giotto so herrlich gemalt hat. Auch hier sind Szenen dargestellt, aber wir fragen nicht, was mit den Menschen, die in diesen Szenen vorkommen, noch weiterhin geschehen wird ...«

nmd.

## Gütersloh, der Maler und Dichter
## Gespräch mit dem Künstler

[1931]

Über seine künftige Tätigkeit als Professor an der Kunstgewerbeschule zu reden, lehnt Gütersloh ab, solange er noch nicht die
offizielle Verständigung von seiner Berufung erhalten hat. Seine
prinzipielle Auffassung des Lehrberufes steht jedenfalls in be-
wußtem Gegensatz zu den Theorien des modernen Schulunter-
richtes. Seiner Meinung nach hat der ideale Lehrer nicht nur füh-
render Berater des Schülers zu sein, sondern auch sein »Meister«. Die geheimnisvolle und mystische Macht der »Autorität«
muß den Schüler befruchten, muß ihm die Vorstellung geben
von der absoluten Vollkommenheit des Meisters. Nichts sei im
Leben des jungen unreifen Menschen wichtiger als das Erlebnis
einer starken und überlegenen, selbstsicheren Persönlichkeit.
Gütersloh hat den Mut dazu, diese Auffassung seines künftigen
Berufes, die leicht mißverstanden werden kann, offen zu bekennen. Und er freut sich darauf, daß man ihm nun Gelegenheit
geben will, die Probe aufs Exempel zu stellen.


## Reinhard Urbach

[1970]

Am 3. Februar 1887 wurde Georg Trakl geboren. Zwei Tage
später kam Albert Paris Gütersloh zur Welt. Das muß man sich
vor Augen halten, wenn man Güterslohs neuen Roman, *Die
Fabel von der Freundschaft* betrachtet, der nun endlich im Piper Verlag, München, herausgekommen ist. Vorabdrucke einzelner Abschnitte kannte man seit einigen Jahren; ein Teil war
unter dem Titel *Die Fabel vom Dilemma* schon 1947 erschienen. Man muß sich vor Augen halten, daß Gütersloh der Generation der achtziger Jahre angehört, der auch Musil, Kafka und
Broch entstammen. Daß Gütersloh älter ist als Saiko, Roth,
Doderer, Horvath.

244

Gütersloh ist der letzte der großen österreichischen Epiker, die sprachschöpferisch, bewußt und originell den Roman in Frage stellten.

Wenn nun ein neuer Roman von Gütersloh erschienen ist, so hat das nicht allein literar-*historische* Bedeutung, die sich später einmal erweisen wird. Gütersloh hat sich nicht überlebt. Er schreibt nicht für erinnerungstüchtige alte Herrschaften. Zu Albert Paris Gütersloh kommt die Jugend. Es gibt keine Generationsprobleme, keine Verständigungsschwierigkeiten zwischen dem 83jährigen und den Zwanzigjährigen. Warum?

*Die Fabel von der Freundschaft* ist ein Faust-Roman. Fabel heißt: eine Geschichte wird nicht um ihrer selbst willen erzählt. Sie ist die Versinnlichung eines Abstraktums, die Fleischwerdung des Wortes.

Freundschaft meint: Faust und Mephisto haben sich in ihrer Verschiedenheit aneinander gewöhnt. Der Teufel hat sich in vierzigjährigem Zusammenleben mit Faust verwandelt. Der Pakt gilt nicht mehr. Mit Güterslohs Worten:

»Die Tatsache steht fest, auf die wir den Eid des Schriftstellers ablegen, welchen Eid einzig die Sprache, in der er geleistet wird, erhärtet oder erschüttert, daß nach langer Freundschaft des verführerischen Teufels mit dem verführten Menschen, der Mensch den Teufel verführt hat. Und zwar – wie nicht anders möglich – zum Guten.«

Das wäre eine Fabel, die man wieder beiseite legen könnte, um vielleicht erneut zum »Faust« oder »Dr. Faustus« zu greifen, wenn sie für Gütersloh nur ein Bild wäre, das zu deuten ihm wichtiger ist als es zu malen. Der Erzähler ist für ihn eine Dreieinigkeit, als erlebender, schreibender, reflektierender. Nicht in der Aufeinanderfolge von Dichter und Interpret, sondern in der geheimnisvollen Gleichzeitigkeit, die die menschliche Totalität ausmacht. Gütersloh fordert sie nicht – wie Doderer – vom Roman, der dadurch zum vergeblichen Panorama würde, sondern im Schriftsteller steht sie vor ihm als eine Verwirklichung des ganzen Menschen in seiner Sinnlichkeit und mit seinem Bewußtsein. Nicht dialektisch auseinanderklaffend, sondern im urchristlichen Sinn als geistig durchdrungene Lebendigkeit, der ein Sprachgefühl entspricht, das im österreichischen Barock Abrahams a Santa Clara und im Jesuitentheater einen Höhepunkt erlebt hat.

Das Auge des Malers verwandelt die sichtbare Welt in neue Farben und Formen; die Feder des Schriftstellers vollzieht diese neue Sehweise in Metaphern, Vergleichen, in der komplizierten Grammatik des bildlogischen Denkens, das nicht Assoziation ist, sondern Konstruktion.

Gütersloh führt hier eine Tradition fort, unbeirrt von Experimenten, die von außen an die Sprache herangetragen werden. Das Experimentelle seines Schreibens vollzieht sich in der Sprache selbst. Er spielt nicht mit ihr, sondern bewegt sich in ihr und bewegt sie. Er beherrscht sie. Darum.

## Alfred Focke
## Interview mit A. P. Gütersloh

[1969]

Focke: Könnten Sie, verehrter Professor, eine besondere Intention, ein besonderes Anliegen nennen, das Sie bei der Ausarbeitung des Romans *Die Fabel von der Freundschaft* vor Augen hatten?

Gütersloh: Ich wollte einmal meine Katholizität ein bißchen beweisen. Der Meister, der hier das theologische Gespräch führt, bin ich selber. Ich wollte hier meine Katholizität dokumentieren und das ist hoffentlich auch gelungen.

Focke: Man kann sich des Eindrucks nicht erwehren, daß viele Dinge, die heute das theologische Gespräch der Kirche bewegen, wie Entmythologisierung, Entsakralisierung, Inkarnation, Weltoffenheit usw. Sie zu einer Stellungnahme herausgefordert haben.

Gütersloh: Das war nicht ausdrücklich beabsichtigt. Diese Diskussionen gab es ja damals, als die ersten Seiten entstanden, noch gar nicht. Doch kann ich nicht leugnen, daß mich diese Probleme schon lang und sehr tief bewegt haben. Wenn ich damit heute eine Stellung bezogen zu haben scheine, freut es mich nur, die wesentlichen Situationen schon lang gesehen zu haben. Meine Materiologie dokumentiert ja, wie ich schon früh diese Probleme angegangen bin, die man nicht mit den billigen Alternativen von Konservativ und Progressiv, Pharisäismus und Revolution zu lösen imstande ist.

Focke: Dieses Eindruckes kann man sich wirklich nicht erwehren, wenn man Ihre Schriften kennt, daß Sie schon längst eine Problematik gesehen haben und zu bewältigen versuchten, die erst heute die Gemüter erregt.

Gütersloh: Wenn auch kein direkter Zusammenhang dieses Romans mit früheren Schriften besteht, so sind natürlich geheime, untergründige Strömungen vorhanden, aus denen ein Autor immer schöpft; die Aufgabe des Lesers oder des Kritikers ist es dann, das zu finden und zu sehen.

Focke: Wenn ich mir schließlich noch eine Frage, eine Bitte um einen Hinweis erlauben darf, so wäre das nach Ihrer »Schule«. Herzmanovsky–Orlando und Doderer werden immer wieder im Zusammenhang mit Ihrem Namen genannt.

Gütersloh: Nun, was Herzmanovsky angeht, so muß ich gestehen, nie auch nur einen Satz von ihm gelesen zu haben. Daß Doderer mein Freund war, daß er mich als seinen Lehrer bezeichnete, ist ja bekannt. Daß sich diese »Schule« in Peter von Tramin und Peter Marginter fortsetzt, ist auch kein Geheimnis. Was die Literatur angeht. Von der anderen Wiener Schule, die mich heute zu ihrem Ahnherrn zählt, phantastischer Realismus, Surrealismus, soll ja hier nicht die Rede sein.


Werner Helwig
Zu Besuch bei Gütersloh

[1969]

Gütersloh – mächtiger Schädel, Gesicht wie eine von Erfahrungen vielfältig zerfurchte Landschaft, aber von mittlerer, zerbrechlich wirkender Statur – Gütersloh also empfing uns in einer Etagenwohnung des 3. Wiener Bezirks. An der Tür ein Schild. Professor A. P. Gütersloh. Das Arbeitszimmer, ein schmaler Schlauch, ist zugleich Maleratelier, in welchem der Autor kleine

Zeichnungen (halbe Postkartengröße) in expressionistischer Manier herstellt, ein wenig an E. L. Kirchners bemalte Zigarettenschachtelböden erinnernd. Der Raum ist zum Ersticken überheizt.

Daß der heute 82jährige trotzdem noch fröstelt, zeigen die dicken Filzpantoffeln, die er trägt (sie gleichen den Märchenpantoffeln, wie man sie sich als Kind für die Bewohnerin des Hexenhäuschens vorstellt) und in denen er sich lautlos bewegt. Ein blauer Anzug von etwas angeknitterter Eleganz, das Jackett mit einem Kavalierstaschentuch, das österreichisch kokett aus der oberen äußeren Tasche hängt, aufgeschönt.

Er serviert uns Tee von sehr zartem Aroma, ließ sich zögernd auf ein kleines informatives Gespräch ein und zeigte uns die sehr hübschen Bildskizzen, die ihm der Tag bescherte. Die Möbel waren denkbar unauffällig, Bücher – hier jedenfalls, nur wenige. Auf der Couch eine pseudomexikanische Decke, zum Fenster hin ein großer Tisch. Der Meister rauchte und bot eine Art von Minizigarre (halbes Zigarettenformat) an, mit der er unbetont gestikulierte. Wir begriffen bald, daß hier der Lebensraum ganz nur im Denken zustande kam.

# Jeannie Ebner
# Güterslohs Lesungen

[1977]

Wer je das Vergnügen hatte, einen Text zur modernen Malerei, geschrieben von Gütersloh, dem Schriftsteller, von Gütersloh, dem Schauspieler vorgetragen zu hören, der wird diese synchrone Darbietung aus Sprachkunst und Denkfähigkeit mit den Mitteln der Mimik wie der tönend beherrschten Sprechkunst nie wieder vergessen. Wie da die durchdringenden Augen »sonnenhaft« blitzten und funkelten, die Nase sich witternd kräuselte, die Brauen hinaufwanderten und die Lippen sich gerundet oder oval um die Vokale wölbten; wie da tönendes Pathos durch eine Prise Ironie schmackhaft gemacht wurde und schneidende Ironie ohne zu verletzen dem Zuhörer einging, weil sie stets mit einer väterlichen Dosis Wohlwollen für alles menschliche Kleinzeug gemischt war – nicht als Mordinstrument also, sondern als Skalpell zu heilenden Zwecken gehandhabt!

## Hans Jürgen Fröhlich
## Die Lesung zum 80. Geburtstag

[1974–75]

Zu seinem achtzigsten Geburtstag veranstaltete die Gesellschaft für Literatur eine Lesung in einem der vielen berühmten Palais. Gütersloh las aus seinem damals noch unvollendeten *Faust*-Roman, dessen Thema die Freundschaft zwischen Faust und Mephisto ist. Eine weitere Variante zum Problem der polaren Gegensätze, diesmal der Versuch einer Unio mystica von Gut und Böse.

Gütersloh las nicht, las nicht *vor*. Er deklamierte, donnerte wie ein sprichwörtlicher Burgschauspieler die Worte in den Raum hinein, gestikulierte, hob den Kopf, rollte mit den Augen, mimte, schlug mit der Hand aufs Rednerpult, klatschte sich bei dem Wort *Satansbraten* auf die Schenkel. War das eine Autorenlesung oder ein Rezitationsabend? Ich verstand, was den Schüler Doderer an seinem Lehrer und an der Art seines Vortrags störte: das komödiantische Pathos, die jahrmarktshafte Pose, der rhetorische Stimmaufwand, das Mitwirken des ganzen massigen und imposanten Körpers beim Lesen. Mich hat es nicht gestört. Ich sah nur: Vor mir stand, vor mir agierte ein Achtzigjähriger, an dem die Zeit durchaus nicht spurlos vorübergegangen war, der sich aber von der Zeit auch nicht hatte unterkriegen lassen, der die Zeit und sich selber immer wieder einzurenken verstanden hatte. Ein sprühender Ungreis, ein mit Hilfe Mephistos ewig jugendlicher Faust, der aus einer Werklesung einen theatralischen Akt machte, der seinen Text nicht monoton herunterlas, als sei er seiner schon beim Schreiben überdrüssig gewesen, sondern der diesen Text inszenierte. Und war es nicht ein Drama, das er da vortrug, eine erregende Moralität, war nicht sein ganzes Werk ein Beitrag zum großen Welttheater, das im Wien des jungen Gütersloh seine Reprise und Erneuerung erlebt hatte?

# Anhang

# Nachbemerkung

Dieses Buch gilt vor allem dem Dichter Gütersloh, wobei es zugleich die Vielfalt seiner Ausdrucksweisen verdeutlichen möchte. Erstmals sollte gezeigt werden, in welchem Beziehungsnetz der Erzähler und Epiker sich bewegte. Hat man ihn bisher manchmal einseitig nur als Lehrer Doderers gewürdigt, so verweisen die Dokumente auf ganz andere Verhältnisse. Dabei zeigt sich, daß es nicht die Bekanntschaft mit Doderer war, die für Gütersloh bestimmende Bedeutung hatte, sondern weit mehr die Freundschaft mit Franz Blei. Ferner lassen sich die Spuren erkennen, die Gütersloh mit den anderen Wiener Romanciers verbanden, mit Robert Musil und Hermann Broch. Betrachtet man diese Lebenszeugnisse, so zeichnen sich die Konturen des Wiener Kulturlebens eines halben Jahrhunderts ab: von Klimt und Schiele bis zu den Malern des »Phantastischen Realismus«; von Arthur Schnitzler und Franz Werfel bis zu Herbert Eisenreich, Peter von Tramin und Peter Marginter. Die Reaktionen von Karl Kraus und Hermann Bahr erscheinen in ihrer Art ebenfalls bedeutsam. Bald zeigt sich Gütersloh als Enfant terrible, bald als liebenswürdig: Sechzig Jahre hindurch wirkte Albert Paris von Gütersloh als ein Vater der Wiener Avantgarde.

Die Dokumente sollen vor allem selbst und ohne Zwischenschaltung des Herausgebers zur Geltung kommen. Sie sollen die Beschäftigung mit Gütersloh anregen und erleichtern, und nicht ein Monument erstellen. Neben bekannten Aussagen, die nicht fehlen durften, sollten vor allem schwer zugängliche, unbekannte und ungedruckte Texte geboten werden: So findet sich hier ungedrucktes von Gütersloh selbst, von Franz Blei, Hermann Broch, Heimito von Doderer, Peter Marginter und anderen Autoren. Daneben stehen unbekannte Gütersloh-Texte sowie unbekannte Texte über ihn und andere Zeugnisse, die in dieser Weise noch nicht zusammengestellt wurden, wie die Auszüge aus den Tagebüchern von Arthur Schnitzler und von Robert Musil. Aus der großen Zahl der Selbstzeugnisse Güterslohs konnte nur eine kleine Auswahl gebracht werden.

Es war mein Ziel, so viele Dokumente wie möglich ungekürzt zu bringen, doch ließ sich diese Absicht – etwa bei dem Komplex »Die Rettung« und die »Rote Garde« – nicht immer befolgen. In manchen Fällen schien es sinnvoller, einen Text durch Auszüge zugänglich zu machen, als auf ihn gänzlich zu verzichten. Alle Auszüge sind im Quellennachweis vermerkt. Bei Essays und Rezensionen habe ich die Zitierweise vereinheitlicht (Buchtitel stehen kursiv; Zitate zwischen Anführungsstrichen); in Briefen und Tagebuchauszügen habe ich versucht, die Form des Autors beizubehalten. Die angegebenen Daten sind die der Erstveröffentlichung; nur bei Reden, Briefen, Tagebucheintragungen und den Gedichten Güterslohs, die er selbst datiert hat, handelt es sich um das Entstehungsdatum. In allen Fällen habe ich die Form des Datums standardisiert.

Bei dem heutigen Stand der Forschung ist es nicht möglich, eine vollständige Bibliographie mit auch nur einiger Sicherheit zu erstellen. Dazu sind Güterslohs eigene Texte sowie die Zeugnisse über ihn zu sehr verstreut. Nicht alle bekannten Texte waren mir zugänglich. So ist die Literaturliste als Arbeitsbibliographie zu verstehen.

Diese Sammlung wäre ohne die Unterstützung und Hilfe verschiedener Institutionen und Personen nicht zustande gekommen. Das Westfield College der Universität London hat mich großzügig beurlaubt. Das Wissenschaftskolleg zu Berlin bot mir zeitlich und finanziell die Möglichkeit, das Buch zu konzipieren, zusammenzustellen und zu vollenden. Nicht weniger bin ich dem Gütersloh-Archiv, Wien, zu tiefem Dank verpflichtet, namentlich Frau Dr. Irmgard Hutter und Herrn Dr. Heribert Hutter. Herr und Frau Hutter haben mich in liebenswürdiger Weise bei sich aufgenommen und taten alles, um mir den Gütersloh-Nachlaß zu erschließen. Herr Hutter teilte mir manche unbekannten Tatsachen mit und vermittelte mir die Illustrationen. Frau Hutter stellte mir mit einer Großzügigkeit, die in gelehrten Kreisen ihresgleichen sucht, die Ergebnisse ihrer eigenen Forschung zur Verfügung: so gab sie mir ihre Transkriptionen mancher kaum entzifferbarer Gütersloh-Manuskripte und mehrere unbekannte Gütersloh Texte, darunter »Drei Minuten von gestern« und »So geht's nicht!« sowie Würdigungen wie die von

Hugo Ignotus (im Erstdruck) und von Robert Müller und Robert Baru. Ebenso bin ich dem Ehepaar Hutter für viele Ratschläge, für Lebensdaten und für bibliographische Angaben verpflichtet. Ferner danke ich Herrn Hansjörg Graf, der mir einige ungedruckte Texte freundschaftlich zur Verfügung stellte. Bei der Aufstellung der Bibliographie diente die von Hans Prokop als Grundlage. Bei der Beschaffung oft schwer zugänglicher Literatur halfen mir Frau Gesine Bottomley und die anderen Damen der Bibliothek im Wissenschaftskolleg. Frau Inge Böhm half mir stets bei allen Schreibarbeiten.

Jeremy Adler<br>Westfield College<br>University of London.

# Zeittafel

1887      Geboren am 5. Februar in Wien, Albert Conrad Kiehtreiber.

1898      Benediktinergymnasium in Melk. Frühe literarische Versuche. Freundschaft mit P. Romauld (Richard) Pramberger.

1900      Franziskanergymnasium in Bozen. Freundschaft mit Anton Faistauer.

1904      Schulaustritt. Rückkehr nach Wien. Schauspielunterricht bei Wilhelm Popp, Oberregisseur am Raimundtheater. Fortsetzung der dichterischen Arbeit. Die Tätigkeit erstreckt sich bald auf alle literarischen Gattungen.

1906      Schauspielerprüfung.

1906–11   Schauspielerische Tätigkeit unter dem Namen Albert Matthäus, bzw. Mattheus. Engagements in Reichenhall, Salzburg, Mährisch-Ostrau und Pettau. Anschluß an den Kreis um Klimt und Josef Hoffmann.

1909      Beginn der Freundschaft mit Egon Schiele. Erstes Auftreten als bildender Künstler, Internationale Kunstschau Wien 1909. Arbeit an den Romanen *Lenz Scolander* und *Tandaradei*.

1910      Anläßlich des Max-Reinhardt-Gastspiels in Wien, Bekanntschaft mit Reinhardt, der Gütersloh in Berlin engagiert. Arbeit am Roman *Die tanzende Törin*.

1911      *Egon Schiele. Versuch einer Vorrede*, Rosenbaum, Wien. *Die tanzende Törin*, Baumhauer, Berlin.

1912      Arbeitet als Maler in Paris. Beginn der jährlichen Aufenthalte dort als Korrespondent der »Budapester Presse«. Teilnahme an Ausstellungen des »Künstlerbund Hagen«, Wien, und »Salon d'autome«, Paris. Darauf häufige Teilnahme an Ausstellungen der Neugruppe und der Wiener Secession.

| 1913 | Es erscheint der Aufsatz »Schönberg als Maler«. *Die tanzende Törin*, G. Müller, München (Gekürzte Ausgabe). Öffentliche Lesung im Akademischen Verband aus dem Roman *Der Rausch der Abstracta* und aus den Gedichten »Der innere Erdteil«. Beiträge erscheinen in den expressionistischen Zeitschriften »Der Ruf« und »Die Aktion«. |
|---|---|
| 1914 | Ehe mit der Tänzerin Emma Berger. Mit Karl Adler Herausgeber der Zeitschrift »Der Knockabout«. Gütersloh-Sondernummer von der Zeitschrift »Die Aktion«. Zweiter Preis bei der Reininghaus-Konkurrenz. |
| 1915 | Militärdienst als »Einjährig-Freiwilliger« beim ersten Festungsartillerieregiment. Frontdienst. Später zum Sanitätsdienst abgestellt. |
| 1916 | Teilnahme an der Ausstellung Wiener Kunstschau, Berlin. |
| 1917 | Geburt der Tochter Alexandra. Tod der Frau. Teilnahme an Ausstellungen in Stockholm, Amsterdam, Den Haag. Arbeitet im Kriegspressequartier. Dort Bekanntschaft mit Robert Musil und Beginn der Freundschaft mit Franz Blei. Bekanntschaft mit Hermann Broch. |
| 1918 | Teilnahme an der 49. Ausstellung der Wiener Secession. |
| 1918–19 | Mit Franz Blei gemeinsam Herausgabe der Zeitschrift »Die Rettung«. Beiträge u. a. von Friedrich Schnack, Rudolf Borchardt, Carl Otten und Hermann Broch. |
| 1919 | Am Burgtheater Bühnenbilder für Tolstois »Der Fremde und der Bauer«, Gogols »Der Spieler«, Molières »Die Heirat wider Willen«. |
| 1920 | Beginn der Freundschaft mit dem Staatsrechtler Carl Schmitt. |
| 1920–21 | Regisseur und Bühnenbildner am Schauspielhaus, München. Bühnenbilder u. a. für den »Kaufmann von Venedig«. |
| 1921 | Offizielle Namensänderung: Paris von Gütersloh. |

Zweite Ehe mit der Tänzerin Vera Reichert. *Die Vision vom Alten und vom Neuen*, Hegner: Hellerau.

1922    *Innozenz oder Sinn und Fluch der Unschuld, Die Rede über Blei* und *Der Lügner unter Bürgern*, Hegner, Hellerau. Theodor-Fontane-Preis für *Innozenz*. Bekanntschaft mit Milena Friedinger.

1923    Aufenthalt in Rom und Frascatti, Arbeit an den *Worten Kyrills* und der *Großen und kleinen Geschichte*.

1924    *Kain und Abel*. Eine Legende mit Lithographien, Haybach, Wien.

1925    Bekanntschaft mit Heimito von Doderer. Goldmedaille für sein Gobelin »Himmlische und irdische Liebe«, internationale Kunstgewerbeausstellung, Paris.

1925–29    Lebt vorwiegend in Cagnes-sur-mer. Entstehung des Romans *Eine sagenhafte Figur*.

1926    Julius-Reich-Künstlerstiftung Preis für Malerei. *Die große und kleine Geschichte* erscheint unter dem Titel *Bekenntnisse eines modernen Malers*, Verlag Zahn & Diamant, Wien.

1928    Grand prix, Paris. Geburt des Sohnes Wolfgang Hutter. *Der Maler Alexander Gartenberg*, Haybach, Wien. Heimito von Doderer, »Der Fall Gütersloh«, Haybach, Wien.

1931    Berufung an die Kunstgewerbeschule in Wien. Gütersloh bemüht sich um die Wiederbelebung der Gobelinkunst.

1932    Trennung der zweiten Ehe. Bühnenbild und Prolog für Goethes »Triumph der Empfindsamkeit«, Akademie Theater, Wien. Arbeit an den *Wörterbüchern* und an dem Roman *Sonne und Mond*. »Stadtväter Gobelin«, Gemeinde Wien.

1932–36    Die *Miniaturen zur Schöpfung* erscheinen in der »Wiener Zeitung«.

1934    Glasfenster für die Kirche St. Josef in Sandleiten, Wien. Diplom der 5. Mailänder Triennale.

| 1935 | Staatspreis für Malerei. Mosaiken für die Kirche St. Erhard in Mauer, Wien. |
| 1937 | Grand prix, Paris. |
| 1938 | Entlassung aus dem Lehramt. |
| 1940 | Berufsverbot. Dienstverpflichtet als Hilfsarbeiter und Buchhalter. |
| 1945 | Berufung an die Akademie für bildende Künste in Wien. Als Lehrer wird Gütersloh zum Vater der »Wiener Schule des phantastischen Realismus«. |
| 1946 | *Eine sagenhafte Figur*, Luckmann, Wien. Präsident des »Art-Club«. Zu den Mitgliedern zählen Paul Flora, Ernst Fuchs, Friedensreich Hundertwasser, Wolfgang Hutter, Alfred Kubin und Kurt Moldovan. Es begegnen sich hier auch die Autoren der »Wiener Gruppe«. |
| 1947 | Die *Fabeln vom Eros*, Luckmann, Wien. Sein Bildteppich »Gloriette« wird von der österreichischen Bundesregierung Prinzessin Elisabeth von England als Hochzeitsgeschenk übergeben. |
| 1948 | Preis der Stadt Wien für Malerei. Hieronymus von Gaza, *Gütersloh*, Galerie der Secession, Wien. |
| 1952 | Großer österreichischer Staatspreis für bildende Kunst. |
| 1953 | Personalausstellung, Art-Club-Galerie, Wien. |
| 1953–54 | Rektor, Akademie der bildenden Künste. |
| 1956 | Personalausstellung, Artists Gallery, New York. |
| 1957 | *Musik zu einem Lebenslauf*, Gedichte, Bergland, Wien. Ehrenring der Stadt Wien. |
| 1961 | Großer österreichischer Staatspreis für Literatur. |
| 1962 | *Laßt uns den Menschen machen*, Erzählungen, Luckmann, Wien. *Sonne und Mond*, Roman, Piper, München. *Albert Paris Gütersloh. Autor und Werk*, Piper, München. |
| 1963 | *Fabeln vom Eros*, Erzählungen, Insel Verlag, Frankfurt a. M. *Zur Situation der modernen Kunst*, Forum Verlag, Wien. *Gewaltig staunt der Mensch*, Stiasny, Graz. *Kain und Abel*, Piper, München. Personalausstellung Galerie Junge Generation, Wien. |

| | |
|---|---|
| 1964 | *Der Lügner unter Bürgern*, Piper, München. Personalausstellungen »Haus am Lützowplatz«, Berlin. Galerie im Griechenbeisl, Wien. |
| 1965 | *Der Lügner unter Bürgern* erscheint auf englisch; *Kain und Abel* auf polnisch. |
| 1966 | *Der innere Erdteil. Aus den Wörterbüchern*, Piper, München. Personalausstellung Landau Gallery, Los Angeles. |
| 1967 | Preis der Stadt Wien für Dichtkunst. Ehrenzeichen für Wissenschaft und Kunst. *Zwischen den Zeiten*, Texte und Miniaturen, Rosenbaum, Wien. Personalausstellungen Galerie Würthle, Wien; Akademie der bildenden Künste, Wien (Erste Gesamtausstellung); Galerie am Hohen Markt, Krems. |
| 1969 | *Die Fabel von der Freundschaft*, Roman, Piper, München. *Der Lügner unter Bürgern*, Roman, Fischer, Frankfurt a. M. Personalausstellungen Galerie in Flottbek, Hamburg; Baukunstgalerie, Köln. |
| 1970 | Lebt in Baden bei Wien. *Miniaturen zur Schöpfung*, Residenz, Salzburg. Personalausstellungen Galerie Hartmann, München; Galerie 10, Wien; Albertina, Wien. |
| 1972 | *Paradiese der Liebe*, Gedichte, Kremayr & Scheriau, Wien. |
| 1973 | Gestorben am 16. Mai in Baden bei Wien. |
| 1974 | *Treppe ohne Haus*, Späte Gedichte, Edition Roetzer, Eisenstadt. |
| 1975 | Ausstellung im Museum des 20. Jahrhunderts, Wien. |
| 1977 | Gründung des Gütersloh-Archivs, Wien. *Beispiele. Schriften zur Kunst. Bilder. Werkverzeichnis*, Jugend und Volk, Wien. |
| 1980 | *Briefe an Milena (1932–1970)*, Niederösterreichisches Pressehaus, St. Pölten. |
| 1981 | Die *Fabeln vom Eros* und *Sonne und Mond* erscheinen auf polnisch. |
| 1982 | Ausstellung in Frauenbad, Baden bei Wien. |

1983    *Die Fabel von der Freundschaft* erscheint auf italie-
        nisch.
1984    Der Piper Verlag beginnt, in Einzelausgaben »Serie
        Piper« das Werk Güterslohs neu zu edieren. Es er-
        scheinen *Sonne und Mond* und *Der Lügner unter
        Bürgern*.
1985    *Eine sagenhafte Figur, Die Fabel von der Freund-
        schaft*, Piper, München.

# Quellennachweis

## Einleitung

Heribert Hutter, Apokalyptisches Reden. »Der Fall Gütersloh«, in: Das größere Österreich, hrsg. von Kristian Sotriffer, Edition Tusch, Wien 1982,
S. 397–401.

## Gütersloh über Gütersloh
### I. Gedichte

Selbstbildnis 1910, Ich fahre zum ersten Mal in einem Automobil, Schwermut,
in: A. P. Gütersloh, *Musik zu einem Lebenslauf* Gedichte, Bergland, Wien,
1957, S. 10, 65.
Entschlossen zur Abseitigkeit, in: Die Aktion 6, 8. Juli 1916, Sp. 396.
Grabschrift für viele Tage unseres Lebens, Spruch, in: Der Anbruch. Ein Jahrbuch der neuen Jugend, hrsg. von Otto Schneider und Arthur Ernst Rutra,
Roland, München 1920, S. 47.

## II. Prosa

Curriculum vitae, in: *Briefe an Milena (1932–1970)*, hrsg. von Reinhard Töt-
schinger, Niederösterreichisches Pressehaus, St. Pölten 1980, S. 11–15.
§ 24 aus: *Bekenntnisse eines modernen Malers*, [Auszug], Zahn und Diamant,
Wien / Leipzig 1926, S. 134–137.
Hieronymus von Gaza, Wenn Gütersloh über Gütersloh schriebe ..., in: Die
Galerie der Wiener Secession: Albert P. Gütersloh, Selbstverlag der Vereini-
gung bildender Künstler »Wiener Secession«, Wien 1948, S. 2–6.
Welches Buch nehmen Sie in den Urlaub mit?, in: Freude an Büchern 3 (1952),
S. 186.
Zum Schriftsteller geboren (1956), A. P. Gütersloh, Beispiele, hrsg. von Heri-
bert Hutter, Jugend und Volk, Wien / München 1977, S. 119.
Auf dem Linienwall, in: Neues Forum 1 (1966), S. 46–47.
Über Kritik und über mich selbst, in: Forum 11 (1964), S. 258–261.

## III. Aphorismus und Essay

A. P. Gütersloh, Zwischen Gut und Böse, in: Der Knockabout 1 (1914),
S. 9–10.
A. P. Gütersloh, Über den Essay, in: Die Rettung 1 / 12–14 (1919), S. 119–120.

A. P. Gütersloh, Drei Minuten von gestern, in: Der Wiener Tag, 13.9.1932.

A. P. Gütersloh, Eröffnungsrede gehalten am 12. April 1947 [zum ersten Hervortreten des Art Clubs], [Durch Herauslassung einer Anrede-Formel gekürzter Auszug], Privatdruck [Wien 1947], Gütersloh-Archiv.

A. P. Gütersloh, So geht's nicht! Bemerkungen zur Ausstellung »Aus dem Leben der arbeitenden Menschen im Künstlerhaus«, [Auszug], in: Weltpresse, 9.10.1951.

A. P. Gütersloh, Drei Worte zum Verständnis der »Moderne«, in: Die Schau 1 (1953), H. 5, S. 12.

A. P. Gütersloh, *Der innere Erdteil. Aus den Wörterbüchern*, Piper, München 1966, S. 178–184, 198–200, 203, 204.

A. P. Gütersloh, Kurzgefaßter Prolog zu meinen Schriften, [Auszug], in: Literatur und Kritik 68 (1972), S. 452.


## *»Die Rettung« und die »Rote Garde«*

A. P. Gütersloh, Auszüge aus einem offenen Brief an Franz Blei, in: Die Rettung, Nr. 1, 6.12.1918, S. 2–4.

Anonym, Erinnerung an die »Rote Garde von 1918«, [Auszug], in: Neues Wiener Journal, 16.12.1922.

Anonym, Die Kämpfe vor und im Parlament, [Auszüge], in: Neues Wiener Tagblatt, 13.11.1918.

Georg Bittner, Die Wiener »Rote Garde«, [Auszug], in: Das Neue 8=Uhr=Blatt, 16.11.1918.

A. P. Gütersloh, Wer ist der Mörder, [Auszüge], in: Die Rettung, Nr. 2, 13.12. 1918, S. 17–19.

Anonym, Eine Ehrenbeleidigungsklage gegen das »Neue 8=Uhr=Blatt«, in: Neues Wiener Abendblatt, 11.3.1920.

Anonym, Die Väter der »Roten Garde«, in: Der Neue Tag, 12.3.1920.

Robert Musil, Tagebücher, hrsg. von Adolf Frisé 2 Bde, Rowohlt, Reinbek bei Hamburg 1976 und 1981, Bd. 1, S. 433. © by Rowohlt Taschenbuch Verlag GmbH, Reinbek bei Hamburg.


## *Spuren und Freundschaften*

Emil Alphons Rheinhardt, Portrait des Dichters Paris von Gütersloh, in: Der Ruf (1912/1913), H. 4, S. 6.

Franz Pfemfert, Brief an Arthur Roessler vom 31. Mai 1913, in: M. Nebehay (Hrsg.), Egon Schiele, 1890–1918. Leben, Briefe, Gedichte, Residenz, Salzburg und Wien 1979, S. 256.

[Arthur Roessler], Paris von Gütersloh, in: Die Aktion 4 (1914), Nr. 26, Sp. 561–-562.

Arthur Schnitzler, Tagebuch 1913–1916, hrsg. von Werner Welzig, Verlag der österreichischen Akademie der Wissenschaften, Wien 1983, S. 86, 100f, 124.

Arthur Schnitzler, Tagebuch 1917–1919, hrsg. von Werner Welzig, Verlag der österreichischen Akademie der Wissenschaften, Wien 1985, S. 211, 217, 258, 259, 261 f.

Hermann Bahr, Replik, Dunkle Rede, in: H. B. Expressionismus, Delphin-Verlag, München 1916, S. 43, 50. [Auszüge] »Dunkle Rede« erschien zuerst im »Berliner Tagblatt« am 13. Mai 1914.

Karl Kraus, Die Fackel, Nr. 391–392, Mitte Januar 1914, S. 23 f; Nr. 514–518, Ende Juli 1919, S. 7 u. S. 16 f; Nr. 608–612, Ende Dezember 1922, S. 39 f. © Suhrkamp Verlag Frankfurt a. M. 1986.

Albert Paris Gütersloh, [über Karl Kraus], in: *Zwischenstufen I*, S. 37 (1940), Ms., Gütersloh-Archiv, Wien.

Robert Musil, Tagebücher, hrsg. von Adolf Frisé, 2 Bde, Rowohlt, Reinbek bei Hamburg 1976; Bd. 1, S. 319, 320, 433, 471, 476 f, 819. © 1978 by Rowohlt Taschenbuch Verlag GmbH, Reinbek bei Hamburg.

Robert Musil, Gesammelte Werke, hrsg. von Adolf Frisé, 2 Bde, Rowohlt, Reinbek bei Hamburg 1978; Bd. 2, S. 1642. © 1978 by Rowohlt Taschenbuch Verlag GmbH, Reinbek bei Hamburg.

Robert Musil, Briefe 1901–1942, hrsg. von Adolf Frisé, 2 Bde, Rowohlt, Reinbek bei Hamburg 1981; Bd. 1, S. 158, 166, 178, 181 f, 184, 199, 204, 206 f, 245, 273, 291, 502, 506, 517, 518, 578, 646. © 1978 by Rowohlt Taschenbuch Verlag GmbH, Reinbek bei Hamburg.

A. P. Gütersloh, An Franz Blei, in: *Musik zu einem Lebenslauf. Gedichte*, Bergland, Wien 1957, S. 71.

Franz Blei, Das Gütersloh, in: Das große Bestiarium der modernen Literatur, Rowohlt, Berlin 1922, S. 34 f; Hütersloh, in: Die großen Dichter deutscher Nation, in: Das große Bestiarium, S. 79. © Erbengemeinschaft Franz Blei, vertreten durch Internationaal Literatuur Bureau b. v. Hilversum / Holland.

Franz Blei, Gütersloh, in: Erzählung eines Lebens, Paul List, Leipzig 1930, S. 457–460. © Erbengemeinschaft Franz Blei, vertreten durch Internationaal Literatuur Bureau b. v. Hilversum / Holland.

Franz Blei, Kleine Rede auf Gütersloh (1937), in: Agathon. Almanach auf das Jahr 47 des zwanzigsten Jahrhunderts, Agathon, Wien 1946, S. 67–73. © Erbengemeinschaft Franz Blei, vertreten durch Internationaal Literatuur Bureau b. v. Hilversum / Holland.

Franz Blei, Zwei Briefe an A. P. Gütersloh, Gütersloh-Archiv, Wien. © Erbengemeinschaft Franz Blei, vertreten durch Internationaal Literatuur Bureau b. v. Hilversum / Holland.

Franz Blei, [imaginiert seinen Tod], aus: Verabschiedung des Lesers, in: F. B. Erzählung eines Lebens, Paul List, Leipzig 1930, S. 493 f. © Erbengemeinschaft Franz Blei, vertreten durch Internationaal Literatuur Bureau b. v. Hilversum / Holland.

Hermann Broch, Drei Briefe an Gütersloh, [Durch Auslassung zweier Adressen gekürzt], Gütersloh-Archiv, Wien.

A. P. Gütersloh, Konzept zu Rede über Doderer, 26. 4. 1932, Einleitung zu einer Lesung Doderers, [Gekürzt], Abschrift Dr. Irmgard Hutter, Gütersloh-Archiv, Wien.

A. P. Gütersloh, Notiz ad Doderer, Frühjahr/Frühsommer 1940, *Zwischenstufen I*, S. 29, Abschrift Dr. Irmgard Hutter, Gütersloh-Archiv, Wien.

Heimito von Doderer, Eine sagenhafte Figur, nachträgliche Niederschrift der zur Feier des 70. Geburtstages A. P. Güterslohs im PEN-Club am 4. Februar 1957 gehaltenen Rede, magnum (1957), H. 12, S. 81–82.

–: Brief an Klaus Piper, 5. 2. 1962, Archiv, Piper Verlag, München.

–: Gütersloh. Zu seinem 75. Geburtstage, in: H. v. D., Die Wiederkehr der Drachen, Biederstein München 1970, S. 133–136.

–: Der Rausch der Abstrakta, in: Frankfurter Allgemeine Zeitung, 1. 12. 1962.

–: Rede im Palais Pallavicini zu Wien, 4. 12. 1962, in: Die Wiederkehr der Drachen, S. 142–144.

–: Rede im PEN-Club zu Wien, 18. 12. 1962, in: Die Wiederkehr der Drachen, S. 144–145.

–: Brief an Arnim Mohler, 20. 12. 1962, Abschrift, Archiv, Piper Verlag, München.

Herbert Eisenreich, Offener Brief an A. P. Gütersloh, in: Wort und Wahrheit 13 (1958), H. 1, S. 41–44.

Peter von Tramin, Unterwegs zum totalen Roman, [Durch Auslassung eines Franz-Blei-Zitats gekürzt], in: Forum 9 (1962), S. 103–104.

Ernst Fuchs, Über Gütersloh, in: Literatur und Kritik 68 (1972), S. 480–482.

György Sebestyén, Aufzeichnungen über A. P. Gütersloh, in: G. S., Studien zur Literatur, Edition Roetzer, Eisenstadt 1980, S. 153–156, 159–161.

Peter Marginter, Über Gütersloh, [Leicht gekürzt], Originalbeitrag.


*Die kritische Rezeption der ersten Bücher*

*Die tanzende Törin*

Oskar Rosenfeld, [Rezension], in: Pester Lloyd, Morgenblatt, 7. 5. 1911.

Alexander von Weilen, [Rezension], in: Das literarische Echo 16 (1913), Sp. 126–127.

Hellmuth Wetzel, [Rezension], in: Die Aktion 4 (1914), Sp. 548–551.

*Innozenz oder Sinn und Fluch der Unschuld*

Georg Schäfer, [Rezension], Neue Romane, in: Hochland 20, 2 (1922/23), S. 432–435; S. 434.

*Die Rede über Blei*

Paul Zech, Paris Gütersloh, [Rezension], in: Der Querschnitt 4 (1924), S. 83–84.

*Bekenntnisse*

Franz Spunda, [Rezension], in: Die literarische Welt 3 (1927), Nr. 3, S. 6.

*Der Lügner unter Bürgern*

Hans Albert Walter, [Rezension], Hessischer Rundfunk, Kulturelles Wort, gesendet am 5. 8. 1965.

[Hugo] Ignotus, Paris von Gütersloh, in: Pester Lloyd, 24. 12. 1911. Eine gekürzte Fassung erschien in »Die Aktion« 3 (1913), Sp. 702–6.

Robert Müller, Ein katholischer Maler–Schriftsteller, in: Prager Presse, 17. 8. 1924, Beilage »Dichtung und Welt« Nr. 33.

Franz Spunda, Über Paris Gütersloh, in: Orplid 2 (1925 / 26), H. 10, S. 52–54.

Robert Baru, Paris Gütersloh, in: Die graphischen Künste 48 (1925), S. 61–68.

*Sonne und Mond*

*I. Dokumente*

Hansjörg Graf, Brief an Gütersloh, 30. 3. 1957, Kopie, Privatbesitz Hansjörg Graf, München.

Hansjörg Graf, Versuch eines Gutachtens über Albert Paris Gütersloh »Sonne und Mond«, Kopie, Privatbesitz Hansjörg Graf, München.

Klaus Piper, Brief an Gütersloh, 18. 7. 1960, Durchschlag, Archiv, Piper Verlag München.

Klaus Piper, Brief an Gütersloh, 2. 9. 1960, Durchschlag, Archiv, Piper Verlag München.

A. P. Gütersloh, Brief an Klaus Piper, 13. 9. 1960, Archiv, Piper Verlag München.

Klaus Piper, Brief an Gütersloh, 6. 10. 1961, [Auszug], Durchschlag, Archiv, Piper Verlag München.

*II. Reaktionen*

Helmut Heißenbüttel, Zu Albert Paris Gütersloh »Sonne und Mond«, Buchbesprechung, gesendet am 14. 10. 1962 im Hessischen Rundfunk. Erstdruck in: *Albert Paris Gütersloh, Autor und Werk*, Piper München 1962, S. 31–40.

Walter Jens, Noch einmal die ganze Welt, in: Die Zeit, 7. 12. 1962.

Peter Härtling, Das Spiegelreich des Albert Paris Gütersloh, in: Deutsche Zeitung, 24. 12. 1962.

Karl August Horst, Güterslohs planetarisches Labyrinth, in: Merkur 17 (1963), S. 97–98.

Armin Mohler, Nach dem Mondwechsel, in: Die Furche, Dezember 1963.

H. G. Adler, Brief an Heimito von Doderer vom 20. April 1963, [Auszug], Durchschlag, Gütersloh-Archiv, Wien.

## III. Der innere Erdteil

Edwin Hartl, [Rezension], Neue Bücher österreichischer Autoren, [Am Anfang leicht gekürzt], Österreichischer Rundfunk, Graz, gesendet am 16.12.1966.
Hansjörg Graf, Ein Liebhaberlexikon, in: Frankfurter Allgemeine Zeitung, 29.10.1966.

### Die sagenhafte Figur

Anonym, Kunst in der Kriegsausstellung, [Auszug], Fremden-Blatt. Morgen-Blatt und Abend-Blatt, 17.5.1917.
R[ichard] A[lfons] B[ermann], Alte Lustspiele im Burgtheater, [Auszug], in: Der neue Tag, 30.9.1919.
W., Burgtheater, [Auszug], in: Die Neue Freie Presse, Morgenblatt, 30.9..1919.
P.R., Gespräch mit Paris Gütersloh, in: Wiener Allgemeine Zeitung, 15.2. 1931.
mmd., Gütersloh, der Maler und Dichter, [Auszug], in: Neues Wiener Tagblatt, 17.2.1931.
Reinhard Urbach, [Rezension], in: Literatur und Kritik 1970, S. 309–310.
Alfred Focke, Dokumentierte Katholizität. Furche – Autorengespräch mit A.P. Gütersloh, [leicht ergänzter Auszug], in: Die Furche, 16.4.1969.
Werner Helwig, [zu Besuch bei Gütersloh], Fabel von der Freundschaft [Auszug], in: Kölnische Rundschau, 30.4.1969.
Jeannie Ebner, [Güterslohs Lesungen], [Rezension], A.P. Gütersloh: *Beispiele* [Auszug], in: Literatur und Kritik 1977, S. 501–503; S. 501–502.
H.J. Fröhlich, [Die Lesung zum 80. Geburtstag], In memoriam Albert Paris Gütersloh [Auszug], in: Jahresring 74–75, S. 193–196; S. 195.

# Bibliographie

Diese Bibliographie erhebt keinen Anspruch auf Vollständigkeit. Bei dem heutigen Stand der Forschung können weder A. P. Güterslohs eigene Beiträge in Zeitschriften und Zeitungen noch die Literatur über ihn vollkommen erfaßt werden. Daher ist diese Literaturliste lediglich als »work in progress« zu verstehen. Eine wissenschaftliche Bibliographie soll im Rahmen der Werksausgabe in der »Serie Piper« erscheinen.

## I. Bücher von A. P. Gütersloh

*Die tanzende Törin.* Ein Roman des Märchens. Baumhauer, Berlin 1911.
*Egon Schiele.* Versuch einer Vorrede. Rosenbaum, Wien 1911.
*Die tanzende Törin.* G. Müller, München 1913.
*Die Vision vom Alten und vom Neuen.* Hegner, Hellerau 1921.
*Die Rede über Blei oder Der Schriftsteller in der Katholizität.* Hegner, Hellerau 1922.
*Der Lügner unter Bürgern.* Roman. Hegner, Hellerau 1922.
*Innozenz oder Sinn und Fluch der Unschuld.* Hegner, Hellerau 1922.
*Kain und Abel.* Eine Legende. Haybach, Wien 1924 (Mit zehn Lithos).
*Bekenntnisse eines modernen Malers.* (Die österreichische Reihe, Bd. 2) Zahn und Diamant, Wien / Leipzig 1926.
*Der Maler Alexander Gartenberg.* Haybach, Wien 1928.
*Eine sagenhafte Figur.* Ein platonischer Roman. Luckmann, Wien 1946.
*Die Fabeln vom Eros.* Luckmann, Wien 1947.
*Musik zu einem Lebenslauf.* Gedichte. (Neue Dichtung aus Österreich, Bd. 29), Bergland, Wien 1957.
*Laßt uns den Menschen machen.* Erzählungen. Luckmann, Wien 1962.
*Sonne und Mond.* Ein historischer Roman aus der Gegenwart. Piper, München 1962.
*Die Fabeln vom Eros.* (Insel-Bücherei 778) Insel-Verlag, Frankfurt / M. 1963.
*Zur Situation der modernen Kunst.* Aufsätze und Reden. Forum-Verlag, Wien / Hannover / Berlin 1963.
*Gewaltig staunt der Mensch.* Eingel. und ausgew. von Heimito von Doderer. (Stiasny-Bücherei 134) Stiasny, Graz / Wien 1963.
*Kain und Abel.* Eine Legende. Piper, München 1963.
*Der Lügner unter Bürgern.* Roman. Piper, München 1964.
*Der innere Erdteil.* Aus den »Wörterbüchern«. Piper, München 1966.
*Zwischen den Zeiten.* Texte und Miniaturen. Hrsg. von Heribert Hutter, Brüder Rosenbaum, Wien 1967.
*Der Lügner unter Bürgern.* Roman. (Fischer-Bücherei 1065) Fischer, Frankfurt / M. 1965.

*Die Fabel von der Freundschaft.* Ein sokratischer Roman. Piper, München 1969.
*Miniaturen zur Schöpfung.* Eine kleine Zeitgeschichte. Residenz, Salzburg 1970.
*Albert Paris Gütersloh. Aquarelle – Zeichnungen.* 220. Ausstellung, Graphische Sammlung Albertina, 7. Okt.–29. Nov. 1970.
*Paradiese der Liebe.* Aus unveröffentlichten Schriften. Hrsg. von Alfred Focke. (Bücher aus der Schatztruhe) Kremayr und Scheriau, Wien 1972.
*Die tanzende Törin.* Roman. Mit einem Nachwort von Wolfdietrich Rasch. Langen Müller, München / Wien 1973.
*Treppe ohne Haus oder Seele ohne Leib.* Späte Gedichte. Edition Roetzer, Eisenstadt 1974.
*Beispiele.* Schriften zur Kunst. Bilder. Werkverzeichnis. Hrsg. von Heribert Hutter, Jugend und Volk, Wien / München 1977.
*Die tanzende Törin.* (Das besondere Taschenbuch 28) Heyne, München 1979.
*Briefe an Milena* (1932–1970). Hrsg. Reinhard Tötschinger, Niederösterreichisches Pressehaus, St. Pölten 1980.
*Albert Paris Gütersloh. Retrospektive.* Eine Ausstellung der Niederösterreichischen Gesellschaft für Kunst und Kultur. Frauenbad, Baden bei Wien, 4. Sept.–10. Okt. 1982.
*Sonne und Mond.* Roman. (Serie Piper 305) Piper, München 1984.
*Der Lügner unter Bürgern.* (Serie Piper 335) Piper, München 1984.
*Eine sagenhafte Figur.* Ein platonischer Roman. (Serie Piper 372) Piper, München 1985.
*Die Fabel von der Freundschaft.* Ein sokratischer Roman. (Serie Piper 460) Piper, München 1985.
Heimito von Doderer, Albert Paris Gütersloh: *Briefwechsel 1928–1962.* Biederstein, München 1986.

## II. Von A. P. Gütersloh herausgegebene Werke

Der Knockabout. Eine Zeitschrift. Hrsg. von Karl Adler und A. P. Gütersloh. Wien 1914 (Nur ein Heft erschienen).
Die Rettung. Blätter zur Erkenntnis der Zeit. Hrsg. von Franz Blei, P. Gütersloh, Jg. 1, Nr. 1–12/14, Harbauer, Wien 1918–1919; Jg. 2, Nr. 1–4/5 Hegner, Hellerau 1919.
Blei, Franz: Schriften in Auswahl. Mit einem Nachwort von A. P. Gütersloh. Biederstein, München 1960.

## III. Beiträge von A. P. Gütersloh in Zeitschriften und Sammelwerken

Schönberg der Maler, in: Arnold Schönberg. Mit Beiträgen von Alban Berg u. a. Piper, München 1912, S. 65–74.
Hintergründe für F. A. Hartas Darstellungen des Montparnass in Paris, in: Internationale Schwarz-Weiß-Ausstellung, 1912, S. 10–18.
Bewertung der Nacht, in: Der Ruf (1913) H. 4, S. 1–5.
Das Plagiat als Ökonomie der Kunst. Katalog 1912, in: Die Aktion 3 (1913). Sp. 140–142.

Die Tänzerin Rita Aurel, in: Die Aktion 3 (1913) Sp. 568–572.

Rede an einen Abiturienten des Unterbewußtseins, in: Die Aktion 3 (1913), Sp. 73–76.

Dichter, Verleger, Leser, in: Zehnjahreskatalog Georg Müller (1913), S. 58–61.

Gedichte aus dem »Inneren Erdteil«, in: Die Aktion 4 (1914), Sp. 314–315.

Zwischen der Sinnlichkeit, in: Die Aktion 4 (1914), Sp. 349–351.

Gefühl, Gedichte aus dem »Inneren Erdteil«, in: Die Aktion 4 (1914), Sp. 562–568.

Zwischen der Liebe, in: Die Aktion 4 (1914), Sp. 568–578.

Sentimentalität, in: Die Aktion 4 (1914), Sp. 589–590.

Gedichte, in: Der Knockabout 1 (1914), H. 1, S. 5–6.

Zwischen Gut und Böse, in: Der Knockabout 1 (1914), H. 1, S. 9–10.

Lenz Scholander. Ein Roman. Die Ankunft, in: Der Knockabout 1 (1914), H. 1, S. 11-16.

Adonis. Novelle, in: Die Neue Rundschau 26 (1915), S. 961–965.

Eine Untersuchung, in: Die Aktion 5 (1915), Sp. 97–103.

Der sentimentale junge Mann, in: Der Neue Merkur 2, 1 (1915–16), S. 704–712.

Anruf und Erkenntnis, in: Die Aktion 6 (1916), Sp. 350–351.

Entschlossen zur Abseitigkeit, in: Die Aktion 6 (1916), Sp. 396.

Entschlossen zur Abseitigkeit, in: Das Aktionsbuch, Die Aktion, Berlin 1917, S. 226.

Vision des Abendlands, in: Der Aufbruch 1 (1917–18), H. 12, S. 4.

Intuitionen, in: Das Flugblatt 1 (1917), H. 3, S. 7.

Deutung des Expressionismus. (Anläßlich der 49. Ausstellung der Wiener Sezession), in: Der Friede 1 (1918), S. 262.

Hodler. Dem Rosenkreutzer, in: Der Friede 1 (1918), S. 503–505.

Intuitionen, in: Das Flugblatt 3 (1918), S. 7.

Klimt. Ein Bild in Worten, in: Der Friede 1 (1918), S. 114–115.

Grabrede. [Für Gustav Klimt], in: Der Friede 1 (1918), S. 115.

Der Rausch der Abstracta. Stücke aus dem Roman, in: Die Dichtung 1, 2 (1918), S. 58–65.

Das gefesselte Individuum, in: Daimon 1 (1918), S. 43–47.

[Offener Brief an Franz Blei], in: Die Rettung 1 (1918), S. 1–9.

Wer ist der Mörder in: Die Rettung 1/2 (1918), S. 17–21.

Der Meisterbürger, in: Die Rettung 1/4 (1918), S. 33–37.

Über Politik, in: Die Rettung 1/5 (1919), S. 44–48.

Der Ruhetag, in: Die Rettung 1/7 (1919), S. 57–60.

Die neue Grundlage, in: Die Rettung 1/9 (1919), S. 73–78.

Zur Kirche und Ehe, in: Die Rettung 1/10 (1919), S. 85–88.

Tagebuchblätter, in: Die Rettung 1/11 (1919), S. 94–96.

Alpha und Omega, in: Die Rettung 1/12–14 (1919), S. 100–108.

Über den Essay, in: Die Rettung 1/12–14 (1919), S. 119–120.

Über die Prägnanz, in: Die Rettung 1/12–14 (1919), S. 120.

Die Zeit in der Politik, in: Die Rettung 2 (1919), S. 13–14.

Eines tut not, in: Die Rettung 2/3 (1919), S. 29–30.

Kleine Zeit, in: Die Rettung 2/3 (1919), S. 31–32.

Aus der Beichte des Vaters der Prinzessin Coralie ..., in: Die Dichtung, Roland, München 1920, S. 21–22.

Grabschrift für viele Tage unseres Lebens, in: Die Dichtung, Roland, München 1920, S. 22.

Gedichte, in: Der Anbruch. Ein Jahrbuch neuer Jugend, hrsg. von Otto Schneider und Ernst Rutra, Roland, München 1920, S. 40–41.

Gedichte, in: Die Botschaft. Neue Gedichte aus Österreich, hrsg. von E. A. Rheinhardt, Strache, Wien/Prag/Leipzig 1920, S. 121–126.

[Der sanfte Innocenz]: Gespräch über die Dichtung Österreichs, in: Der Ararat 2, Sonderheft Wien (1921), H. 8/9, S. 233–237.

Bei uns zu Hause, in: Der Ararat 2 (1921), S. 237–238.

Gedichte, in: Verkündigung. Eine Anthologie junger Lyrik, hrsg. von Rudolf Kayser, Roland, München 1921, S. 63–66.

Egon Schiele. Versuch einer Vorrede, in: In memoriam Egon Schiele, hrsg. von Arthur Roessler, Lanyi, Wien 1921, S. 24–29.

Worte für V ..., in: Der Zeitgeist 1 (1922), H. 2, S. 94–99.

Innozenz oder der Sinn der Unschuld. Stück aus der Erzählung, in: Die Dichtung 2, 2 (1923), S. 86–106.

Prokop. Stück aus der Erzählung. Wie Prokop einfach aus dem Kriege ging, in: Die Dichtung 2, 2 (1923), S. 107–115.

Unterhaltung über einen Vater, in: Neue Schweizer Rundschau 24 (1931), S. 701–709.

Das Lied von der Scheidung, in: Das Silberboot 1 (1935), S. 12.

Schicksalsdeutung, in: Das Silberboot 1 (1935), S. 75–76.

Grabschrift für viele Tage unseres Lebens, in: Das Silberboot 1 (1935), S. 117.

Ein Idiot. Novelle, in: Das Silberboot 1 (1935), S. 223–237.

Die Bekehrung, in: Plan 1 (1945–47), S. 191–206.

Gedichte, in: Plan 1 (1945–47), S. 737–740.

Was verdanken Sie dem französischen Geist?, in: Plan 1 (1945–47), S. 867.

Die Fabel von der Pythia. Euandria an Aristipp, in: Agathon. Almanach a. d. J. 46 (1945), S. 138–173.

[Einleitung zu:] Antoinette Langer, 6 aquarellierte Blumenzeichnungen. Herbarium für den Liebhaber, Luckmann, Wien [1946].

Der Brief aus Amerika, in: Die Fähre 1 (1946), S. 357–363.

Gedichte, in: Sonores Saitenspiel. Österreichische Lyrik seit der Jahrhundertwende, Luckmann, Wien [1947], S. 75–81.

Der Brief aus Amerika. Erzählung, in: Das Silberboot 2 (1946), S. 59–64.

H. B. Ein Bildnis in Bildern, in: Boeckl, Metten, Wien 1947, S. 13–14.

Aus »Prokop«. Ein Heldenlied. »Wie Prokop aus dem Kriege ging.«, in: Phaidros 1 (1947), S. 114–121.

Grabschrift für viele Tage unseres Lebens, in: Die Fähre 2 (1947), S. 205.

Das Lied von der Scheidung, in: Das Silberboot 3 (1947), S. 70.

Aus der Materiologie »Sonne und Mond«, in: Plan 2 (1947), S. 15–27.

[Gaza, Hieronymus von]: Wenn Gütersloh über Gütersloh schriebe ..., in: Die Galerie der Wiener Secession: Albert Paris Gütersloh, Selbstverlag der Vereinigung bildender Künstler, »Wiener Secession«, Wien 1948, S. 2–6.

Welches Buch nehmen Sie in den Urlaub mit?, in: Freude an Büchern 3 (1952), S. 185–187.

Der »Turm«. Beginn des 7. Kap. der Materiologie, in: Freude an Büchern 3 (1952), S. 188–189.

Prinzipelle Vorbemerkung zur Ausstellung Marc Chagall in der Albertina, in: Die Schau 1 (1953), H. 4, S. 11–12.

Röntgenisierte Kunst, in: Die Schau 1 (1953), H. 4, S. 12.

Kunst – Abbild der Natur? Rede, gehalten anläßlich der Eröffnung der Sezessionsausstellung am 2. 4. 1953, in: Die Schau 1 (1953), H. 5, S. 11–12.

Drei Worte zum Verständnis der »Moderne«, in: Die Schau 1 (1953), H. 5, S. 12.

Kunst auf dem Weg nach Paneuropa, in: Die Schau 1 (1953), H. 8, S. 11–12.

Beitrag zum Verständnis der modernen Kunst, in: Die Schau 1 (1953), H. 17–18, S. 16–18.

Rede, gehalten anläßlich der Eröffnung der neuen Art-Club-Galerie im Domcafé am 28. Februar 1953, in: Der Bau 8 (1953), H. 3–4, S. 70–71.

Beitrag zur Erkenntnis der Zeit und ihrer Kunst. Rede anläßlich der Inauguration zum Rector magnificus der Akademie der bildenden Künste in Wien, in: Der Bau 9 (1954), H. 1, S. 18–19.

Über Hans Robert Pippal. Anläßlich der Eröffnung einer Ausstellung in der Wiener Secession, in: Der Bau 9 (1954), H. 5–6, S. 126–127.

Sonne und Mond. Anfang eines Testaments im gleichnamigen Roman, in: Lebendige Stadt, Wien 1954, S. 173–179.

Kunst und Kunstwissenschaft. Ein Vortrag in der Radiohochschule, in: Der Bau 10 (1955), H. 5–6, S. 117–122.

Malerei. Aus dem Wörterbuch zu »Sonne und Mond«, in: Wort in der Zeit 1 (1955), S. 147–148.

Die Menschenfreunde, in: Wort in der Zeit 1 (1955), S. 135–146.

Ein österreichisches Erlebnis, in: Wort in der Zeit 1 (1955), S. 38–40.

Grundsätzliches zu Gustav Klimt, in: Wort in der Zeit 2 (1956), S. 615 bis 618.

Erzählung der Prinzessin Coralie, in: Ahnung und Aufbruch, hrsg. von K. Otten, Luchterhand, Darmstadt 1957, S. 371–376.

Die Selbstlosen. Eine Erzählung, in: Continuum. Zur Kunst Österreichs in der Mitte des 20. Jahrhunderts, Brüder Rosenbaum, Wien 1957, S. 105–111.

Grundsätzliches über Sergius Pauser, in: Forum 4 (1957), S. 156–157.

Das Abbaskapital. Aus: »Sonne und Mond«. Eine Materiologie, in: Die österreichischen Blätter 1 (1958), H. 3, S. 41–49.

[Einführung zu:] Peppino Wieternik. Malerei und Graphik 1955–1957. Katalog zur Ausstellung, Österreichische Staatsdruckerei, Wien 2. April–15. April 1958.

Aus der »Materiologie von Sonne und Mond«, in: Wort in der Zeit 4 (1958), S. 461–468.

Spruch des Hiob, in: Die Diakonieschwester 55 (1959), S. 169.

Laßt uns den Menschen machen. Eine – natürlich erfundene – darwinistische Geschichte, in: Heute 3 (1960), Nr. 46, S. 13–15.

Italien spricht zu mir, in: Hoffnung und Erfüllung. Eine Anthologie österreichischer Gegenwartsdichtung, hrsg. von Viktor Suchy, Stiasny, Wien 1960, S. 99.

Aphorismen. Aus dem Wörterbuch zu »Sonne und Mond«, in: Jahresring 1961/ 62, S. 176–184.

Liebe, in: Wort in der Zeit 7 (1961), H. 10, S. 17–19.

Aus dem Testament des Baron Enguerrand oder Der Brand des Opernhauses, in: Wort und Wahrheit 17 (1962), S. 130–136.

Aus den »Wörterbüchern«, in: Albert Paris Gütersloh. Zum 75. Geburtstag, Piper, München 1962, S. 19–39.

Gespräch im Wasser, in: Die gute neue Zeit. Erzählungen aus unserem Jahrhundert, hrsg. von Elisabeth Pablé und Hans Weigel, Residenz, Salzburg 1962, S. 117–124.

Folgen einer dramatischen Laune des Schöpfers, in: Albert Paris Gütersloh, Autor und Werk, München 1962, S. 19–24.

Aus einem Brief, in: Albert Paris Gütersloh, Katalog, Grafik-Galerie Junge Generation, Wien 15. 10.–9. 11. 1963, S. 9.

Über Egon Schiele. Kleine Rede, gehalten am 30. Oktober 1948 in der Albertina zu Wien, in: Albert Paris Gütersloh, Katalog, Grafik-Galerie Junge Generation, Wien 15. 10.–9. 11. 1963, S. 10–15.

Ergebung in das Schicksal, in: Albert Paris Gütersloh, Katalog, Grafik-Galerie Junge Generation, Wien 15. 10.–9. 11. 1963, S. 16.

Das Lied von der Scheidung, in: Das zeitlose Wort. Eine Anthologie österreichischer Lyrik von Peter Altenberg bis zur Gegenwart, hrsg. von Joseph Strelka, Stiasny, Graz/Wien 1964, S. 63.

Über Kritik und über mich selbst, in: Forum 11 (1964), S. 258–261.

Die Geschichte vom Abbas Bruno, in: Wort in der Zeit 10 (1964), H. 7/8, S. 28–35.

Frühe Gedichte, in: Wort in der Zeit 10 (1964), H. 7/8, S. 35–37.

Die Ankunft der Kaiserin, in: Eröffnungen 5 (1965), Nr. 14, S. 3–11.

Die Ankunft der Kaiserin. Das erste Kapitel eines Romans, in: Wort in der Zeit 11 (1965), H. 1/2, S. 37–40.

Eine Malergeschichte, in: Jahresring 1965/66, S. 170–177.

Auf dem Linienwall, in: Forum 13 (1966), H. 145, S. 46–47.

Aus den Wörterbüchern zu »Sonne und Mond«, in: Literatur und Kritik 1 (1966), H. 1, S. 7–11.

Wie Prokop aus dem Kriege ging, in: Neues Forum 13 (1966), S. 388–390.

Dialog auf dem Bauernhof. Ein Kapitel aus dem Roman »Sonne und Mond«, das in der Buchausgabe nicht enthalten ist, in: Protokolle 1966, S. 32–45.

Der unterirdische Art Club, in: Aufforderung zum Mißtrauen. Literatur – Bildende Kunst – Musik in Österreich, hrsg. von Otto Breicha und Gerhard Fritsch, Residenz, Salzburg 1967, S. 83–84.

Weiler, in: Aufforderung zum Mißtrauen, S. 98–99.

Rede auf Maria Lassnig, in: Aufforderung zum Mißtrauen, S. 116–117.

Rede auf Ernst Fuchs, in: Aufforderung zum Mißtrauen, S. 219–222.

Bemerkungen zu Anton Lehmden, in: Aufforderung zum Mißtrauen, S. 277–278.

273

Bootes und Strossos, in: Aufforderung zum Mißtrauen, S. 370–383.

Gespräch im Wasser, in: Die gute neue Zeit. Erzählungen aus unserem Jahrhundert, Residenz, Salzburg [1967], S. 117–124.

Des Abbas Bruno Brief an Till, in: Eröffnungen 8 (1967), Nr. 20, S. 2–6.

Torgglers Brief an Till, in: Eröffnungen 7 (1967), Nr. 20. S. 7–9.

Rede zur Eröffnung des Art-Club-Lokales (1951), in: Eröffnungen 7 (1967), Nr. 20, S. 11.

Rede anläßlich der Eröffnung der neuen Art-Club-Galerie im Dom-Café (28. Februar 1953), in: Eröffnungen 7 (1967), Nr. 20, S. 12–13.

Einleitende Worte zur Lesung Dr. Doderer (26. März 1953), in: Eröffnungen 7 (1967), Nr. 20, S. 14.

Über Berthold Viertel, in: Eröffnungen 7 (1967), Nr. 20, S. 15–16.

Einleitende Worte zur Dichterlesung H. C. Artmann (23. 4. 1953), in: Eröffnungen 7 (1967), Nr. 20, S. 17–18.

Kurze Einführung in die »Fabel von der Freundschaft«, in: Literatur und Kritik 1967, S. 1–5.

Vorrede als Entwurf einer guten Nachrede, in: Neues Forum 14 (1967), S. 155.

Wir Materiologen. Unveröffentlichtes aus den Wörterbüchern zu »Sonne und Mond«, in: Protokolle 1967, S. 130–147.

Worte zur Ehe, in: Literatur und Kritik 1968, S. 513–518.

Eine Ehegeschichte. Beginn des fragmentarischen Romans »Achtung, scharfer Hund! oder Die geldlose Landschaft«, in: Protokolle 1968, S. 63–65.

Schiele damals (1911), in: Protokolle 1968, S. 205–206.

Achtung, scharfer Hund! oder Die geldlose Landschaft, in: Literatur und Kritik 1969, S. 449–451.

Quirinus, in: Protokolle 1969, S. 223–226.

Über die Prägnanz, in: Protokolle 1969, S. 226–227.

Grabrede für Gustav Klimt, in: Ver Sacrum 1969, S. 3.

Miniaturen zur Schöpfung, in: Ver Sacrum 1969, S. 48–52.

Gedichte, Wort und Wahrheit 24 (1969), S. 206.

Ein Held seiner Zeit, in: Dichtung aus Österreich, Bd. 2, Prosa, Österreichischer Bundesverlag, Wien 1969, S. 654–666.

Miniaturen zur Schöpfung, in: Neues Forum 17 (1970), S. 263–264.

Wo steht die Dichtung heute?, in: Literatur und Kritik 1972, S. 449–450.

Kurzgefaßter Prolog zu meinen Schriften, in: Literatur und Kritik 1972, S. 450–452.

Der Roman und die Materiologie, in: Literatur und Kritik 1972, S. 452–456.

Worte Kirills, in: Wort und Wahrheit 28 (1973), S. 144–155.

In fernen Spiegeln. Reflexionen zum eigenen Leben, in: Ver Sacrum 1974, S. 85–101.

Neuer autobiographischer Versuch / »Achtung! Scharfer Hund« Aus dem Nachlaß hrsg. und eingel. von Alfred Focke, in: Pannonia 3, (1975) H. 3–4, S. 83–88.

Aus den »Wörterbüchern« zu »Sonne und Mond«, in: Literatur und Kritik 1977, S. 142–146.

Tandaradei, in: Literatur und Kritik 1977, S. 134–139.

Die tanzende Törin. Ein Roman des Märchens. [Beginn und Schluß der Originalfassung], in: Protokolle 1981, S. 184–205.

Was ist nun der Art-Club? Rede vom 12.4.1947 zum ersten Hervortreten des Art-Clubs mit einer Vorschau auf die für Rom vorbereitete Ausstellung seiner Mitglieder, in: Der Art-Club in Österreich. Zeugen und Zeugnisse eines Aufbruchs, hrsg. von Otto Breicha, Verlag Jugend und Volk, Wien 1981, S. 7–8.

Was denn, wenn nicht unser Bestes! Aus dem Katalog der 1. Jahresausstellung des Art Clubs in der Wiener Kunsthalle, April 1948, in: Der Art Club in Österreich, S. 8–9.

Nahe am Gefrierpunkt. Rede vom 14.11.1948 zur Eröffnung der Herbstausstellung des Art Clubs, in: Der Art Club in Österreich, S. 10–11.

Was nun die Probleme anlangt. Rede vom 7.10.1950 zur Eröffnung der internationalen Art-Club-Ausstellung in der Wiener Secession, in: Der Art Club in Österreich, S. 12–13.

Bedenken Sie doch die Zeit, in der wir leben. Rede vom 15.12.1951 zur Eröffnung der neuen Art-Club-Galerie im »Strohkoffer«, in: Der Art-Club in Österreich, S. 14–15.

Hier, wenn irgendwo. Rede vom 28.2.1953 zur Eröffnung der zweiten Art-Club-Galerie im Dom-Café, in: Der Art Club in Österreich, S. 15–17.

Wir Materiologen. Rede zur Einleitung einer Lesung Heimito Doderers im Art Club am 26.3.1953, in: Der Art Club in Österreich, S. 17–18.

Wenn man die Secession betritt. Zur internationalen Ausstellung des Art Clubs, in: Der Art Club in Österreich, S. 20–22.

Der unterirdische Art Club, in: Der Art Club in Österreich, S. 22–24.

Deswegen sollen wir unsere Maßstäbe nicht aus den Museen holen. Rede auf Maria Lassnig, in: Der Art Club in Österreich, S. 115–116.

Was bleibt, ist die Erde. Bemerkungen zu Anton Lehmden, in: Der Art Club in Österreich, S. 118–119.

Apologie für Johanna, in: Der Art Club in Österreich, S. 148.


*IV. Literatur über A. P. Gütersloh*

Abels, Ludwig W., Abschied von Gütersloh, in: Neues Wiener Journal, 23.4.1928.

Adel, Kurt, Güterslohs »Fabel von der Freundschaft« und die Tradition, in: Literatur und Kritik 1972, S. 307–309.

Albert Paris Gütersloh. Zum 75. Geburtstag, Piper, München 1962.

Albert Paris Gütersloh. Autor und Werk, Piper, München 1962.

Alker, Ernst, Albert Paris Gütersloh. Sonne und Mond. Autor und Werk, in: Universitas 18 (1962), S. 1229–1230.

Anonym, Four German Writers, in: The Times Literary Supplement, 1.1.1949.

Bahr, Hermann, Expressionismus, Delphin, München 1916.

Baru, Robert, Paris Gütersloh, in: Die graphischen Künste 48 (1925), S. 61–68.

Basil, Otto, Panorama vom Untergang Kakaniens, in: Wort in der Zeit 7 (1961), H. 7, S. 40–52.

Batavia, Ludovici, Der Roman, der sich selber liest. Anmerkungen zu Albert Paris Gütersloh, in: Die Diagonale 1 (1966), S. 43–47.

Bereza, Henryk, Zur polnischen Ausgabe von »Sonne und Mond«, in: Literatur und Kritik (1968), S. 48–52.

B[ermann], R[ichard], A[lfons], Die Wiener Expressionisten, in: Die Zeit, Morgenblatt, 7. 3. 1918.

Bien, Günter, Von Kunst also keine Rede?, in: Text und Kritik 1964, Nr. 5, S. 25.

Blauhut, Robert, Albert Paris Gütersloh, in: R. B., Österreichische Novellistik des 20. Jahrhunderts, Braumüller, Wien/Stuttgart 1966, S. 230–236.

Blei, Franz, Paris Gütersloh, in: Ararat 2, Sonderheft (1921), S. 229–230.

Blei, Franz, P. Gütersloh, in: F. B., Zeitgenössische Bildnisse, de Lange, Amsterdam 1940, S. 229–233.

Blei, Franz, Kleine Rede auf Gütersloh (1937), in: Agathon. Almanach a. d. J. 47 Agathon, Wien 1946, S. 67–73.

Blöcker, Günter, Der Triumph des Amateurs. Zu A. P. Güterslohs Romanwerk »Sonne und Mond«, in: Forum 10 (1963), S. 490–491.

Bonfatti, Emilio, A. P. Gütersloh. Sole e luna, in: Il romanzo tedesco del Novecento, hrsg. von G. Baioni, G. Bevilacqua, C. Cases und C. Magris (Einaudi Paperbacks 39) Einaudi, Turin 1973, S. 513–525.

Bonfatti, Emilio, A. P. Gütersloh – »Sonne und Mond«, in: Literatur und Kritik 1973, S. 540–548.

Brand, Guido K., Paris Gütersloh: Die Vision vom Alten und vom Neuen. – Innozenz oder Sinn und Fluch der Unschuld, in: Das literarische Echo 25 (1922/23), Sp. 300–301.

Breicha, Otto, Trampolin ins Metaphorische, in: Worte in der Zeit 11 (1965), H. 6, S. 50.

Carsten, Catarina: Albert Paris Gütersloh [Beispiele], in: Neue Deutsche Hefte 24 (1977), S. 808–809.

Doderer, Heimito von: Der Fall Gütersloh, Haybach, Wien 1930; Neuausgabe Biederstein, München 1961. Nachgedruckt in: H. v. D., Die Wiederkehr der Drachen. Aufsätze – Traktate – Reden, hrsg. von Wendelin Schmidt–Dengler, Biederstein, München 1970, S. 39–109.

–: Von der Unschuld im Indirekten. Zum 60. Geburtstag A. P. Güterslohs, in: Plan 2 (1947/48), S. 2–14. Nachgedruckt in: Aufforderung zum Mißtrauen, Salzburg 1967, S. 61–72; und in: H. v. D., Die Wiederkehr der Drachen, S. 111–125.

[Doderer, Heimito von] René Stangeler, Offener Brief an Baron Kirill Ostrog, in: Plan 2 (1947/48), S. 398–402. Nachgedruckt in: H. v. D., Die Wiederkehr der Drachen, S. 126–132.

Doderer, Heimito von, Albert Paris Gütersloh, in: Freude an Büchern 3 (1952), S. 178–179.

–: Gütersloh, in: Wort in der Zeit 1 (1955), S. 129–134.

–: Eine sagenhafte Figur. Nachträgliche Niederschrift der zur Feier des 70. Geburtstages A. P. Güterslohs im PEN-Club am 4. Februar 1957 gehaltenden Rede, in: magnum (1957), H. 12, S. 81–82.

–: Der Rausch der Abstrakta, in: Frankfurter Allgemeine Zeitung, 1. 12. 1962.

–: Gütersloh. Zu seinem 75. Geburtstage, in: Die Wiederkehr der Drachen, S. 133–136.

–: Das Ende des Falles Gütersloh. Eine kleine Dokumentensammlung, in: Die Wiederkehr der Drachen, S. 137–145.

–: Rescript zum Artikel »Roman« aus dem Wörterbuch zu »Sonne und Mond«, zweites Rescript [...], in: Literatur und Kritik 1972, S. 457–458.

Dopierala, Mariola, Zur Dialektik von Gut und Böse in Albert Paris Güterslohs Roman »Die Fabel von der Freundschaft«, (Diplomarbeit) Universität Poznań 1980.

Eisenreich, Herbert, Was heißt heute noch »Junge Literatur«? Offener Brief an A. P. Gütersloh, in: Wort und Wahrheit 13 (1958), H. 1, S. 41–44.

–: Albert Paris Gütersloh, in: Handbuch der deutschen Gegenwartsliteratur, hrsg. v. Hermann Kunisch, Nymphenburger Verlagsbuchhandlung, München 1965, S. 225–226.

–: À Dieu, in: Die Pestsäule (1973), H. 6, S. 494.

Fink, Humbert, »Der Fall Gütersloh ...«, in: Hochland 55 (1962/63), S. 92–93.

–: Österreichisches Zweigestirn. Die Erzähler Gütersloh und Doderer, in: Der Monat 15 (1963), H. 176, S. 61–66.

–: Das versunkene Labyrinth, in: Süddeutsche Zeitung 5. 1. 1963.

Focke, Alfred, Albert Paris Gütersloh, der Materiologe (Zu seinem 80. Geburtstag am 5. Februar 1967), in: Österreichische Akademische Blätter 1967, H. 1, S. 6–10.

–: Versuch über A. P. Güterslohs Materiologie, in: Literatur und Kritik 1972, S. 466–472.

–: Grabrede für Paris von Gütersloh, in: Literatur und Kritik 1973, S. 449–453.

–: Albert Paris Güterslohs Materiologie, in: Wort und Wahrheit 28 (1973), S. 156–175.

–: Albert Paris Gütersloh, in: Neue Österreichische Biographie ab 1815, Bd. 19, Amalthea, Wien/München 1977, S. 49–60.

–: Güterslohs Glaube oder Ein sublimer Kannibalismus, in: Morgen. Kulturzeitschrift aus Niederösterreich, 12/80 (1980), S. 173–174.

Fröhlich, Hans Jürgen, Der vollkommene Doppelkopf. Zum Gedenken an Albert Paris Gütersloh, in: Stuttgarter Zeitung 18. 5. 1973.

Graf, Hansjörg, Die Schlüssel zum Schloß. Notizen zu A. P. Güterslohs »Sonne und Mond«, in: Albert Paris Gütersloh. Zum 75. Geburtstag, S. 40–45.

–: Proteus der alten Welt. Über Albert Paris Gütersloh, in: Der Monat 17 (1965), H. 203, S. 74–78.

–: Die Größe des Undefinierbaren. Zum Tode von Albert Paris Gütersloh, in: Frankfurter Allgemeine Zeitung 18. 5. 1973.

Graf-Blauhut, Heidrun, Die schönste Weltordnung, in: Sodalitas Florhofiana. Festgabe für Professor Heinz Haffter [...], Julius, Zürich 1970, S. 161–166.

Günther, Joachim, Sonne und Mond, in: Eckart-Jahrbuch 1963/64, S. 265–290.

Haas, Willy, Monströs, aber respektgebietend. Österreichischer Irrgarten des Weltalls, in: Die Welt, 5. 1. 1963.

Härtling, Peter, Das Spiegelreich des Albert Paris Gütersloh, in: Deutsche Zeitung, 24. 12. 1962.

Hartl, Edwin, Gütersloh – den gibt es wirklich, in: Wort in der Zeit 9 (1963), H. 3, S. 36–39.

Heißenbüttel, Helmut, Zu Albert Paris Gütersloh »Sonne und Mond«, in: Albert Paris Gütersloh, Autor und Werk, München 1962, S. 31–40.

–: Der innere Erdteil, in: Süddeutsche Zeitung, 22.9.1966.

Höck, Wilhelm, Schöne Kunstfigur, in: Frankfurter Hefte 25 (1970), S. 520–521.

Höllerer, Walter, Albert Paris Gütersloh, in: Weltstimmen 22 (1953), H. 7, S. 325–329.

Hopf, Karl, Gütersloh oder Der Mensch als apperzeptive Anstalt betrachtet, in: Neue Wege 22 (1967), S. 3–5.

Horst, Karl August, Güterslohs planetarisches Labyrinth, in: Merkur 17 (1963), S. 97–98.

Hutter, Heribert, Der feindliche Zwilling. Zum 80. Geburtstag, in: Forum 13 (1966), H. 156 und Forum 14 (1967), H. 158.

–: Zu A. P. Güterslohs »Fabel von der Freundschaft«, in: alte und moderne kunst (1970), H. 112, S. 28–30.

–: Zu einem Gütersloh-Archiv, in: Literatur und Kritik 1977, S. 132.

–: Zwischen Kloster und großem Welttheater. Unbekanntes aus dem Nachlaß von A. P. Gütersloh, in: Morgen. Kulturzeitschrift aus Niederösterreich 2 (1977), S. 105.

–: Beginn und Schluß der »Tanzenden Törin« von A. P. Gütersloh, in: Protokolle 1981, S. 206.

–: Apokalyptisches Reden. »Der Fall Gütersloh«, in: Das größere Österreich, hrsg. von Kristian Sotriffer, Edition Tusch, Wien 1982, S. 397–407.

Ignotus, [Hugo], Paris von Gütersloh, in: Pester Lloyd 24.12.1911. Gekürzte Fassung in: Die Aktion 3 (1913), Sp. 702–706.

Jens, Walter, Noch einmal die ganze Welt. Albert Paris Güterslohs österreich-katholische Universal-Chronik, in: Die Zeit, 7.12.1962.

Knilli, Friedrich, Der Umweg als kürzester Weg, in: Sprache im technischen Zeitalter 1963, S. 577–580.

Koeppen, Edlef, [Antwort auf die Rundfrage nach den vernachlässigten Dichtern …: Paris von Gütersloh …], in: Die Lebendige Reihe 3 (1930), Nr. 1/2.

Kraus, Wolfgang, Er machte es dem Leser schwer. Zum Tod von Albert Paris Gütersloh, in: Hannoversche Allgemeine, 17.5.1973.

Langer, Norbert, Albert Paris Gütersloh, in: N. L., Dichter aus Österreich. Vierte Folge, Österreichischer Bundesverlag, Wien/München 1960, S. 52–57.

Langner, Ilse, Darf er das?, in: Frankfurter Hefte 25 (1970), S. 518.

Lüdtke, Susanne, Humor und Mythos. Eine Studie zu Albert Paris Güterslohs Roman »Sonne und Mond«, (Dissertation) Wien 1974.

Mayrhofer, Reinhard, Distanz und Integration. Essayistische Strukturen in den Romanen Albert Paris Güterslohs, (Dissertation) Salzburg 1975.

Mohler, Arnim, Der Wiener Roman nach dem Mondwechsel, in: Christ und Welt, 8.3.1963. Leicht geändert in: Die Furche, Dezember 1963.

Morello, Riccardo, A. P. Gütersloh e l'etica della conoscenza, in: Anima ed Esattezza, hrsg. von R. M., Marietti, Casale Monferrato, S. 185–191.

Müller, Robert, Ein katholischer Maler–Schriftsteller, in: Prager Presse, 17. 8. 1924, Beilage »Dichtung und Welt« Nr. 33.

Obermayer, August, Bemerkungen zu Albert Paris Güterslohs Romanfragment »Tandaradei«, in: Literatur und Kritik 1977, S. 140–142.

Olles, Helmut, Albert Paris Gütersloh, Der Lügner unter Bürgern, in: Neue Deutsche Hefte 12 (1965), H. 103, S. 148–151.

–: Zirzensische Künste, in: Frankfurter Hefte 20 (1965), S. 577–580.

Onghia, Gabriella d', »Die tanzende Törin« di Albert Paris Gütersloh, in: CoMe. Dil. Neapel 1979.

–: La favola dell' amicizia, in: Annali Studi tedeschi 26 (1983), S. 452–456.

Orłowski, Hubert, Albert Paris Gütersloh und das dialogische Erzählprinzip, in: Thematisierung der Sprache in der österreichischen Literatur des 20. Jahrhunderts, hrsg. von Michael Klein und Sigurt Paul Scheichl, (= Innsbrucker Beiträge zur Kulturwissenschaft, Germanistische Reihe Bd. 7) Innsbruck 1982, S. 71–81.

Pabisch, Peter und Best, Alan, The »total novel«: Heimito von Doderer and Albert Paris Gütersloh, in: Modern Austrian Writing, Literature and Society after 1945, hrsg. von A. B. und Hans Wolfschütz, Oswald Wolff, London, und Barnes and Noble, Totowa (N. J.) 1980, S. 63–78.

Pack, Claus, Parturiunt montes, in: Wort und Wahrheit 18 (1963), S. 226–228.

Portele, Gerhard, Ein Roman-Monument, in: Zeitwende – Die neue Furche 34 (1963), S. 775–776.

Prokop, Hans F., Albert Paris von Gütersloh Bibliographie, in: Literatur und Kritik 1972, S. 483–492.

Randak, Ernst, »Sonne und Mond«. Zu dem Roman von Albert Paris Gütersloh, in: Du 23 (1963), H. 6, S. 53–54.

Rheinhardt, Emil Alphons, Porträt des Dichters Paris von Gütersloh, in: Der Ruf (1912/13), H. 4, S. 6.

Rieder, Heinz, Jenseits des Romans: Albert Paris Güterslohs »Sonne und Mond«, in: H. R., Österreichische Moderne. Studien zum Weltbild und Menschenbild in ihrer Epik und Lyrik, Bouvier, Bonn 1968, S. 109–117.

–: A. P. Gütersloh. Sonne und Mond, in: Neue Deutsche Hefte 10 (1964), H. 98, S. 133–139.

Rieser, Hannes, Doderer und Gütersloh. Metaphorik und »totaler« Roman, (Dissertation) Salzburg 1968.

[Roessler, Arthur], Paris von Gütersloh, in: Die Aktion 4 (1914), Sp. 561 bis 562.

–: Paris Gütersloh, in: A. R., Kritische Fragmente. Aufsätze über Österreichische Neukünstler, Richard Lanyi, Wien 1918, S. 57–75.

Sapper, Theodor, Albert Paris Gütersloh. Miniaturen zur Schöpfung, in: Literatur und Kritik 1971, S. 185–187.

–: »Der Gedankensee«. Albert Paris Gütersloh, in Th. S., Alle Glocken der Erde. Expressionistische Dichtung aus dem Donauraum, Europa, Wien 1974, S. 92–96.

Scharang, Michael, Das grammatische Denken, in: Protokolle 1967, S. 125–129.

Schäfer, Georg, Neue Romane, in: Hochland 20, 2 (1922/23), S. 432–435.

Scheible, Hartmut, Metaphernsuppe, in: Frankfurter Hefte 25 (1970), S. 519–520.

Schmeller, Alfred, Häupter. Aus einem größeren Zusammenhang – Hollegha. Über Gütersloh als Maler. Friederike Mayröcker. Max Weiler, in: Protokolle 1968, S. 4–10.

–: Hommage à Gütersloh, in: Wort in der Zeit 10 (1964), H. 7/8, S. 26–28.

Schmied, Wieland, Albert Paris Gütersloh, »Musik zu einem Lebenslauf«, in: Wort in der Zeit 3 (1957), S. 503.

–: Der essayistische Mensch, in: Wort in der Zeit 6 (1960), S. 30–34; 40–42.

Schmidt-Dengler, Wendelin, Die Anfänge des »Falles Gütersloh«, in: Literatur und Kritik 1972, S. 472–479.

Sebestyén, György, Aufzeichnungen über Albert Paris Gütersloh, in: G. S., Studien zur Literatur, Edition Roetzer, Eisenstadt 1980, S. 153–161.

Seyppel, Joachim, Der Roman als Vorwand, in: Colloquim, Mai 1964, S. 18–20.

Spunda, Hans, Über Paris Gütersloh, in: Orplid 2 (1925/26), H. 10, S. 52–54.

–: Bekenntnisse eines modernen Malers, in: Die literarische Welt 3 (1927), Nr. 3, S. 6.

Thurner, Felix, Albert Paris Gütersloh. Studien zu seinem Romanwerk, Herbert Lang, Bern 1970.

Tramin, Peter von, Unterwegs zum totalen Roman, in: Forum 9 (1962), S. 103–104.

–: Ontisch geht vor logisch, in: Wort in der Zeit 9 (1963), H. 5, S. 47–51.

Trommler, Frank, Doderer und Gütersloh, in: F. T., Roman und Wirklichkeit, Kohlhammer, Stuttgart/Berlin/Köln/Mainz 1966, S. 133–167.

Urbach, Reinhard, Die Fabel von der Freundschaft. Ein sokratischer Roman, in: Literatur und Kritik 1970, S. 309–310.

Walter, Hans-Albert, Der Augenblick als Ewigkeit, in: Frankfurter Hefte 20 (1965), S. 580–581.

Weilen, Alexander von, Die tanzende Törin, Roman, in: Das literarische Echo 16 (1913/14), Sp. 126–127.

Wetzel, Hellmuth, Die tanzende Törin, in: Die Aktion 4 (1914), Sp. 548–551.

Welzig, Werner, Der deutsche Roman im 20. Jahrhundert, Kröner, Stuttgart 1970², S. 221–227.

Wiedner, Laurenz, Albert Paris Gütersloh, Die Fabeln vom Eros, in: Das Silberboot 3 (1947), S. 385.

Zech, Paul, Paris Gütersloh, in: Der Querschnitt 4 (1924), S. 83–84.

# Abbildungen

# Register